Die Transformation nationaler Steuersysteme in der Europäischen Union

Staatlichkeit im Wandel

Herausgegeben von Philipp Genschel, Stephan Leibfried, Patrizia Nanz und Frank Nullmeier für den Sonderforschungsbereich »Staatlichkeit im Wandel« der Deutschen Forschungsgemeinschaft in Bremen.

Susanne Uhl, PhD, unterrichtet derzeit am Internationalen Studiengang Politikmanagement an der Hochschule Bremen.

Susanne Uhl

Die Transformation nationaler Steuersysteme in der Europäischen Union

Campus Verlag
Frankfurt/New York

Dieser Band ist im Rahmen des Sonderforschungsbereichs 597 »Staatlichkeit im Wandel« an der Universität Bremen entstanden und wurde auf Veranlassung des Sfb unter Verwendung der ihm von der Deutschen Forschungsgemeinschaft zur Verfügung gestellten Mittel gedruckt.

Bibliografische Information der Deutschen Nationalbibliothek
Die Deutsche Nationalbibliothek verzeichnet diese Publikation in der Deutschen Nationalbibliografie; detaillierte bibliografische Daten sind im Internet über http://dnb.d-nb.de abrufbar.
ISBN 978-3-593-38615-7

Gedruckt auf säurefreiem und chlorfrei gebleichtem Papier.
Printed in Germany

Besuchen Sie uns im Internet: www.campus.de

Inhalt

Dank

Alle Seiten sind geschrieben. Dies hat auch viel mit Anderen zu tun. Sie verantworten zwar nicht den Inhalt und die Form, haben aber dennoch Wesentliches zur Entstehung beigetragen: Rahmen und offene Ohren gewährt, Zweifeln Raum gelassen, eingeordnet, diskutiert und die Freiheit für Eigenes eröffnet, Verständliches und an Maßstäben Orientiertes angeregt.

Namen, die dafür stehen sind Philipp Genschel, Markus Jachtenfuchs, Frank Nullmeier, Dieter Wolf und meine Kolleginnen und Kollegen – allen voran Thomas Rixen und Ingo Rohlfing. Ihnen allen – und dem Bremer Sonderforschungsbereich »Staatlichkeit im Wandel« als diskussionsfreudigem Kollektiv – meinen herzlichen Dank.

Trügen diese Seiten eine Widmung – sie gälte Max und Andreas Bachmann.

Hamburg, im Januar 2008 *Susanne Uhl*

Einleitung

Kein Geld mehr da? Ein Blick in Tageszeitungen europäischer Staaten macht die Diskussion in der Bundesrepublik Deutschland nicht zur Ausnahme: Die Krise der öffentlichen Finanzen ist (fast) überall.

Ohne Geld aber ist kein Staat zu machen. Oder, etwas weniger pointiert formuliert, dafür aber mit Blick auf die »Blütezeit« der europäischen Wohlfahrtsstaaten: Ohne staatliche Steuereinnahmen und die Umverteilungsfunktion der Besteuerung ist der Sozialstaat der Moderne nur schwer denkbar. Nicht nur, dass die europäischen Wohlfahrtsstaaten auf Steuereinnahmen angewiesen waren und sind, um soziale Rechte wie beispielsweise ein gewisses Existenzminimum garantieren und soziale Sicherungssysteme und Dienste, Bildung und öffentliche Infrastruktur (mit) finanzieren zu können. Die europäischen Wohlfahrtsstaaten haben mit ihren Steuersystemen selbst eine soziale Funktion verbunden: So soll(t)en mit dem Ziel gesellschaftlicher Umverteilung Einkommensunterschiede angeglichen werden, beispielsweise durch eine deutlich progressive und umfassende Einkommensbesteuerung.

Diese engen Zusammenhänge zwischen Sozialstaat und »Steuerstaat« – ein Begriff, den Rudolf Goldscheid Anfang des letzten Jahrhunderts prägte – beschäftigt seither auch die Staatsrechtslehre. Dabei waren im historischen Rückblick unterschiedliche steuerpolitische Konzepte und Steuerarten mit »dem Staat« in seiner jeweiligen Ausprägung verbunden. Die Entwicklung der steuerpolitischen Gerechtigkeitsvorstellungen und ihre jeweilige staatspolitische Konkretion waren dabei durchaus fortschrittlich: weg von den Kontributionen und Schatzungen (einmalige, direkte Abgaben) und dem Prinzip von Leistung und Gegenleistung im Feudalismus, hin zur teilweisen Verallgemeinerung der Besteuerung durch die Akzisen (was in etwa den Verbrauchsteuern entspricht) des späten Absolutismus und schließlich – über die proportionale – hin zur progressiven Besteuerung von Einkommen, Erträgen, Vermögen im modernen demokratischen und sozialen Rechtsstaat. Dabei wandelten sich auch die Zielsetzungen, die mit der Besteuerung verbunden wurden: Neben dem fiskalischen Ziel der mehr oder weniger gerecht gestalteten Mittelbeschaffung zur Budgetdeckung gewannen zunehmend sozial- und wirtschaftspolitische Vorstellungen Einfluss auf die Steuergestaltung und mit ihnen der Gedanke der Einkommensumverteilung über die Besteuerung.

Über Steuern nachzudenken kann entsprechend kein bloßer Selbstzweck sein. Der bürgerliche, demokratische Rechts- und Wohlfahrtsstaat ist eng verknüpft mit dessen Fähigkeit, Steuern zu gestalten und zu erheben, um die Aufgaben zu erfüllen, die in teilweise langen politischen Auseinandersetzungen als öffentliche erstritten wurden und die in ihrer institutionellen Konkretion gesellschaftliche Kompromisse darstellen. Und: der Steuerstaat des 20. Jahrhunderts ist verknüpft mit dem Grundgedanken, Einkommensunterschiede auch über die Besteuerung selbst auszugleichen, wofür insbesondere die Umverteilung über die einkommensbezogenen Steuern auf Erträge und Vermögen steht.

Wenn heute die Fähigkeit, Steuern zu erheben, ins Gerede gekommen ist, geht der Blick in Richtung Europa. Im politischen Raum wird die Erwartung formuliert, zumindest auf europäischer Ebene den Steuersenkungswettlauf bei der Kapital- und Unternehmensbesteuerung zu stoppen. Dabei ist Europa nicht zufällig der Ort, auf den sich die Blicke richten: Europa ist der Ort, der bereits über erprobte gemeinsame Institutionen verfügt. Und Europa ist der Ort, an dem aus Sicht der europäischen Mitgliedstaaten Facetten der sogenannten Globalisierung spürbar werden, wie die seit Ende der 1980er Jahre stetig wachsende Kapitalmobilität.

Dies sind Gründe genug, Europa als Ort der Zusammenarbeit in Steuerfragen ins zentrale Blickfeld zu rücken und dabei sehr schnell auf ein weit geteiltes Urteil zu stoßen: dass die nationalen Steuertraditionen und deren konkrete Ausprägungen im Steuersystem viel zu unterschiedlich seien, als dass eine Politik der europäischen Harmonisierung denkbar wäre. Überdies seien die institutionellen Anforderungen des EU-Vertrages an einen diesbezüglichen Beschluss im Rat – die Einstimmigkeit – kaum zu erreichen. Deshalb stehe auch die steuerpolitische Integration Europas noch immer erst an ihrem Anfang (Mette 1994; Radaelli 1995; Randzio-Plath 1999; Scharpf 1999b; Cnossen 2000; Genschel 2002). Loukas Tsoukalis (2005: 127) fasst seine Befunde mit folgenden Worten zusammen: »Taxes are an issue on which the Union has spent an inordinate amount of time with rather little to show for it.« Um es gleich vorwegzunehmen: Meine Beschäftigung mit der Integration und Europäisierung nationaler Steuerpolitiken lässt mich heute zu einem anderen Schluss kommen: Zwar haben sich die europäischen Institutionen und Akteure tatsächlich ausgiebig mit dem Thema Steuern befasst, aber sie haben auch einiges dafür vorzuweisen. Und zwar immerhin so viel, dass sie heute – so eine der Thesen dieses Buches – ihre Steuerautonomie weitgehend eingebüßt haben. Die Vertreterinnen und Vertreter der Mitgliedstaaten haben sich seit den

1960er Jahren etappenweise und aktiv auf diese steuerstaatliche Transformation in Richtung Europa eingelassen – mit der Konsequenz, dass Europa selbst mittlerweile steuerstaatliche Qualität aufweist. So geht es mir im Folgenden darum,

- aufzuzeigen, welche steuerpolitischen Vorgaben auf europäischer Ebene bereits geschaffen wurden und wie diese in Bezug auf die Steuerautonomie in die Nationalstaaten zurückwirken (Kapitel 1),
- aus den öffentlichen politischen Diskussionen und Dokumenten historische Abläufe herauszuarbeiten, die Anhaltspunkte zur Beantwortung der Frage liefern, warum sich die Nationalstaaten auf diese weitreichende europäische Integration und Transformation ihrer nationalen Steuerpolitiken eingelassen haben (Kapitel 2), und
- zu begründen, warum die steuerpolitische Verfasstheit Europas heute wettbewerbsföderale Züge trägt (Kapitel 3).

Das erste Kapitel wird damit beginnen, die Maßnahmen der steuerpolitischen Integration und Europäisierung aufzuzeigen. Die empirische Aufarbeitung und Beschreibung des Status quo wird dabei sowohl diejenigen steuerpolitischen Vorgaben umfassen, die seitens der Mitgliedstaaten im Wege der Kompetenzübertragung an die europäische Ebene beschlossen wurden, als auch die Darstellung der Rück- beziehungsweise Auswirkungen dieser Maßnahmen auf die einzelnen Mitgliedstaaten. Gezeigt werden wird, dass vieles, darunter steuerpolitisch Einschneidendes beschlossen wurde. Dies gelang im Übrigen trotz hoher institutioneller Hürden wie der Unterschiedlichkeit der mitgliedstaatlichen Steuersysteme oder der Einstimmigkeitserfordernis im Europäischen Rat. Untersucht werden im ersten Kapitel auch die Auswirkungen von einmal geschaffenem europäischem Recht beziehungsweise europäischer Koordination und europäischem Wettbewerb auf alle relevanten Steuerarten und wie dies *de jure* oder *de facto* die Autonomie, das heißt die Gestaltungs- und Verwaltungshoheit der Nationalstaaten beschränken.

Warum sich die Nationalstaaten auf eine derart weitreichende europäische Integration ihrer Steuerpolitiken eingelassen haben, diese sogar vorangetrieben haben, diese Frage steht im Mittelpunkt des zweiten Kapitels. Ich möchte versuchen, diejenigen Abläufe historisch zu rekonstruieren, die zu einer steuerpolitischen Kompetenzübertragung auf die europäische Ebene geführt haben. Hierzu wurden sowohl die europäischen Dokumente und die Berichte von Expertenkommissionen ausgewertet, als auch die europa- und steuerpolitische Berichterstattung in Qualitätszeitungen ausgewählter Mitgliedstaaten seit den frühen 1960er Jahren.

Eines der Ergebnisse des zweiten Kapitels ist die Identifizierung von zwei Phasen der steuerpolitischen europäischen Integration: in einer ersten Phase bis Ende der 1980er Jahre wurden die materiellen steuerpolitischen Problemlagen im Gemeinsamen Markt im Wesentlichen über eindeutige Kompetenzverlagerungen auf die europäische Ebene beantwortet. Im Rahmen einer zweiten Phase ab Anfang der 1990er Jahre zeigt sich der ideelle und schließlich auch institutionell verankerte Paradigmenwechsel hin zu wettbewerbsförmigen Verfahren in der europäischen Steuerpolitik. In dieser Phase dominieren die *De-facto*-Autonomieverluste der Nationalstaaten, die in erster Linie aus dem steuerlichen Standortwettbewerb resultieren. Dennoch sind auch in dieser Phase zunehmend *De-jure*-Autonomieverluste zu verzeichnen – die Urheberin dessen ist allerdings ein anderer europäischer Akteur: der Europäische Gerichtshof.

Wenn die europäischen Mitgliedstaaten aber entsprechend meiner These nur noch über eine sehr eingeschränkte Autonomie in Steuerfragen verfügen, das heißt ihre steuerpolitischen Gestaltungs- und Verwaltungsmöglichkeiten weitgehend an die europäische Ebene abgegeben haben, was bedeutet dies am Ende für die steuerpolitische Verfasstheit Europas? In der politikwissenschaftlichen Literatur wird darauf hingewiesen, dass es sich bei der EU um ein System *sui generis* handele (Jachtenfuchs 1997; Benz 1998). Damit soll einerseits auf den hybriden Charakter verwiesen werden, der sich aus der Verbindung bundesstaatlicher Strukturen im Bereich der vergemeinschafteten Politik und einer staatenbündischen (intergouvernementalen) Kooperation ergibt. Andererseits sind mit diesem Begriff die ausgeprägten Verflechtungen zwischen den Ebenen angesprochen, die der EU eigen sind (Benz 2003: 317; Scharpf 1985). Dennoch geben auch viele Autoren dem »inhärenten Drang zum Vergleich mit bestehenden staatlichen Gebilden« (Wessels 2005: 437) nach und suchen nach einem Prädikat, um die »Natur des politischen Systems der EU« zu erfassen. So auch ich.

Den Rahmen hierfür bildet ein Analyseraster, das aus den theoretisch beziehungsweise konzeptionell geführten Debatten rund um die Stichworte Wettbewerbsföderalismus versus Kooperativer Föderalismus abgeleitet wird. Das Ziel dieses Unterfangens ist es, in dieses Raster sowohl die Ergebnisse aus der Untersuchung europäischer Steuerpolitiken einzuordnen als auch die diesbezüglichen Befunde aus real existierenden föderal verfassten Besteuerungssystemen. Hierzu bieten sich insbesondere die Strukturen der heutigen Steuersysteme aus den USA und Deutschlands an. So verfügen die Gliedstaaten in den USA über einen vergleichsweise hohen Grad an steuerpolitischer Autonomie. Entsprechend tendieren die USA zu einem Wettbewerbsföderalismus; für manche Autoren gelten sie diesbezüglich sogar als Musterbeispiel (zum

Beispiel Feld 2004). Demgegenüber gilt die Bundesrepublik Deutschland spätestens seit der Finanzverfassungsreform im Jahr 1969 und ihre damit (erneut) eingegangenen deutlicheren Verflechtungen der Finanz(ausgleichs-)beziehungen der staatli-chen Ebenen untereinander für ein Beispiel eines Kooperativen Föderalismus.

Nicht verheimlichen möchte ich, dass sich auch mir die Frage stellte, warum sich die Frage nach der »Natur« des steuerpolitischen Mehrebenensystems überhaupt zu stellen lohnt. Warum kann sie nicht offen bleiben, um gerade nicht den Fehler zu begehen, den ein Vergleich mit Bestehendem immer birgt: einerseits das originär Neue nicht zu erkennen oder andererseits die Bandbreite des Existierenden unzulässig zu verengen, um überhaupt Charakteristika für einen Vergleich handhabbar zu machen. Warum ich die Frage nach der »Natur« des steuerpolitischen Europa dennoch diskutieren möchte, lässt sich so beantworten: weil eine Beschreibung anhand fiskalföderaler Kategorien die steuerpolitische europäische Verwicklung begrifflich auf einen Punkt bringen kann, an dem das Beharren auf Steuersouveränität den Widerspruch zwischen Zuschreibung und tatsächlichem Gehalt offen legt. Diesen Widerspruch deutlich zu machen ist aus meiner Sicht eine der Voraussetzungen dafür, die Debatte über die steuer- aber auch staatspolitische Zukunft Europas und seiner Mitgliedstaaten offen und politisch kontrovers führen zu können.

Dafür zunächst: der Blick zurück.

Kapitel 1
Zum Status quo europäischer Vorgaben und seinen Konsequenzen für die nationalstaatliche Steuerautonomie

So geht es zunächst darum, aufzuzeigen, welche Vorgaben betreffend jeweils welche Steuerart auf europäischer Ebene bereits geschaffen wurden und wie diese die nationalstaatliche Steuerautonomie einschränken. Dementsprechend sollen im Folgenden Antworten gefunden werden auf Fragen wie diese: Wie weit geht die europäische Zusammenarbeit in Steuerfragen? Welche europäischen Vorgaben hinsichtlich der Gestaltung und Verwaltung von Steuern existieren mit Stand Dezember 2007? Und: Was bedeuten diese Vorgaben im Hinblick auf die rechtlichen und faktischen Möglichkeiten der Nationalstaaten, autonom ihre Steuerpolitiken zu gestalten und zu verwalten? Was können die nationalen Gesetzgeber in Fragen der Besteuerung noch allein entscheiden, und können sie die Entscheidungen noch autonom umsetzen?

Fragen wie diese beantworten zu wollen, setzt zunächst die Klärung dessen voraus, wann ein moderner Staat überhaupt als autonom in Steuerfragen gelten kann. Er ist dann autonom – so die Definition im Rahmen meiner Untersuchung – wenn er die Gestaltung und die Verwaltung seiner Steuern frei von der Einflussnahme anderer Staaten beziehungsweise der europäischen Ebene organisieren kann. Die Gestaltungskompetenz umfasst dabei sowohl die Frage nach dem Erfindungsrecht (Darf über alle neu einzuführenden Steuerarten, die national gewollt werden, auch autonom entschieden werden?) als auch die Frage nach der autonomen Gestaltung der Steuer selbst und zwar bezogen auf

- die Steuersysteme (Nach welchem Grundmuster wird die Steuer erhoben?),
- die Bemessungsgrundlagen (Was und wer wird unterhalb dieser Ebene besteuert?) und schließlich
- die Steuersatzgestaltung (Welche Spielräume gibt es der Höhe nach oder aber auch bezogen auf Ausnahmen, verminderte Sätze, Nullsätze o.ä.?).

Auch die autonome Möglichkeit der Verwaltung von Steuern, das heißt die konkreten Regeln, nach denen die Steuern schließlich bezogen auf die Steuerpflichtigen ermittelt und eingetrieben werden, sind Ausdruck staatlicher

Steuerautonomie. Die Vorwürfe, die in den verschiedenen europäischen Ländern immer wieder gegenüber den Steuerbehörden erhoben werden – es würden nicht genug Steuerprüfer eingesetzt, um die Durchsetzung der allgemeinen Steuerpflicht zu gewährleisten und dies begünstige insbesondere die Begüterten – geben hiervon beredtes Zeugnis.

Darüber hinaus möchte ich im Folgenden zwei Arten von Autonomieverlusten in Steuerfragen voneinander unterscheiden: Von *De-jure-Autonomieverlusten* der Nationalstaaten spreche ich dann, wenn die europäische Ebene in den oben genannten jeweiligen Bereichen von Steuergestaltung und -verwaltung entweder der nationalen Ebene institutionelle Modelle rechtlich verbindlich vorgibt, die diese bei der Gestaltung und Verwaltung der Steuern beachten muss oder aber es werden die nationalen Gelegenheitsstrukturen in der Hinsicht verändert, dass bestimmte nationale Gestaltungsoptionen ausgeschlossen sind. Von *De-facto-Autonomieverlusten* der Nationalstaaten spreche ich dann, wenn sich aufgrund näher zu beschreibender Prozesse veränderte politische Problemwahrnehmungen und -lösungen mehrheitlich durchgesetzt haben, die dazu führen, dass de jure verbliebene Gestaltungs- und Verwaltungsmöglichkeiten national nicht mehr genutzt werden.

Die Darstellung folgt der Unterteilung nach Steuerarten: Mehrwertsteuer, spezielle Verbrauchsteuern, Kapitalverkehrsteuern und schließlich der Einkommensbesteuerung (siehe Tabelle 1.1). Viele weitere Steuer- und Abgabearten werden im Laufe der Darstellung ebenfalls in die Bewertung einbezogen werden.

Diese Systematisierung folgt auch der Schwierigkeit, die Maßnahmen im Bereich der Einkommensbesteuerung den einzelnen Steuerarten (persönliche Einkommensteuer, Körperschaftsteuer, Kapitalbesteuerung) getrennt zuzurechnen. So existieren in den Mitgliedstaaten der Gemeinschaft Einkommensteuersysteme in unterschiedlicher Trennschärfe: beispielsweise sind mit Stand Dezember 2007 in Deutschland persönliche Einkommensteuer, Kapitalbesteuerung und Unternehmensbesteuerung noch relativ eng miteinander verwoben – was sich allerdings durch die bereits beschlossene Abgeltungssteuer im Jahr 2009 deutlich ändern wird –, wogegen beispielsweise die nordischen Mitgliedstaaten sogenannte duale Einkommensteuern erheben, die die einzelnen Einkommensarten getrennt voneinander betrachten.

Tabelle 1.1 Steuereinnahmen nach Steuerarten der EU-27 Mitgliedsländer 2005 in Prozent des Gesamtsteueraufkommens

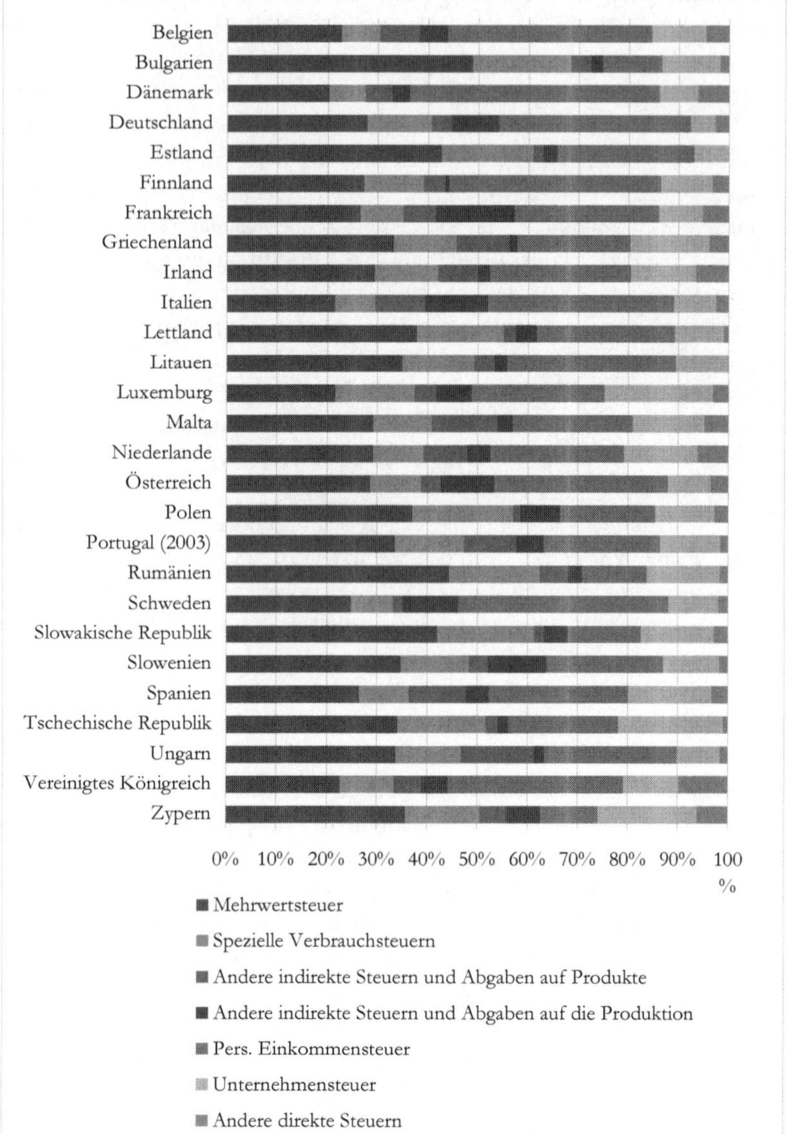

Quellen: European Commission 2006; European Commission 2007

Ein paar Worte zum Befund vorweg: Wie ich im Folgenden zeigen möchte, ist keine der wesentlichen Steuerarten heute mehr frei von europäischen Vorgaben, auch wenn die Eingriffstiefe nach wie vor differiert. Insbesondere die indirekten Steuern, Mehrwertsteuer, spezielle Verbrauchsteuern und Kapitalverkehrsteuern sind in Gestaltung und Verwaltung nach europäischen Vorgaben strukturiert und nach Vorgaben zu strukturieren. Dies schließt die mitgliedstaatliche Unmöglichkeit ein, indirekte[1] Steuern unabhängig von europäischen Vorgaben und europäischer Kontrolle neu einzuführen. Weniger dicht sind die Vorgaben hinsichtlich der direkten Steuern auf die unterschiedlichen Einkommensarten. Die Tendenz, die direkten Steuern anzugleichen, ist jedoch steigend. Früh sind die Mitgliedstaaten der Aufforderung aus dem EG-Vertrag gefolgt und haben untereinander Doppelbesteuerungsabkommen getroffen. Seit den 1990er Jahren ist jedoch darüber hinaus – insbesondere was die Angleichung der Bemessungsgrundlagen über die Rechtsprechung des Europäischen Gerichtshof angeht – einiges in Bewegung gekommen.

Wie darüber hinaus gezeigt werden wird, ist es einigermaßen verwegen, heute noch von einer steuerpolitischen Autonomie der europäischen Nationalstaaten zu sprechen. Tatsächlich sind die autonomen Gestaltungs- und Verwaltungsmöglichkeiten schon *de jure* erheblich eingeschränkt, wie sich anhand der indirekten Steuern, aber auch an Einzelfragen der direkten Steuern zeigen lässt. Wo die Nationalstaaten formal noch über souveräne Möglichkeiten verfügen, werden diese *de facto* nur eingeschränkt genutzt, wie am Beispiel der direkten Besteuerung gezeigt werden wird. Es sind im Wesentlichen die unterschiedlichen Implikationen aus dem steuerlichen Standortwettbewerb und der recht einhellige europaweite Umgang mit diesen, der *de facto* dazu führt, dass die Mitgliedstaaten ihre verbliebene rechtliche Autonomie selbst einschränken. Dabei hat über die Jahre gesehen die Verteidigung der Reste mitgliedstaatlicher *De-jure*-Steuerautonomie dazu geführt (»wir harmonisieren die Unternehmensteuer nicht«), dass der *De-facto*- Autonomieverlust sich auf Basis geteilter Interpretationen noch vergrößern konnte (»wir müssen die Steuern senken, um gegenüber anderen Mitgliedstaaten wettbewerbsfähig zu bleiben«). Und umgekehrt: Der mitgliedstaatliche Glaube an die eigene steuerliche Autonomie ist konstitutiv für das Agieren im Wettbewerb der Standorte: nur in den in Rede

1 Mehrwertsteuer und spezielle Verbrauchsteuern auf Mineralöl, Tabak, Alkohol werden als »indirekte Steuern« bezeichnet, während die unterschiedlichen Steuern auf Einkommen als direkte Steuern zusammengefasst werden. Die Einteilung in direkte/indirekte Steuern ist finanzwissenschaftlich keinesfalls unumstritten, da das Kriterium der »Überwälzbarkeit«, welches für indirekte Steuern gelten soll, nicht trennscharf ist. Dennoch hat sich diese Differenzierung auch auf europäischer Ebene eingebürgert.

stehenden steuerpolitischen Fragen *de jure* autonome Staaten können sich gegeneinander im Wettbewerb positionieren.

Im Folgenden werden entsprechend der Ankündigung in erster Linie europäische Dokumente ausgewertet: programmatische Schriften von Europäischer Kommission und Rat, öffentlich zugängliche Sitzungsprotokolle und Rechtsakte seitens der europäischen Institutionen: Europäische Verträge, Richtlinien und Verordnungen, Entscheidungen etc.[2] sowie Urteile des Europäischen Gerichtshofes (EuGH).[3]

1.1 Die Mehrwertsteuer: der europäische Status quo und seine Bedeutung für die nationalstaatliche Steuerautonomie

Seit die Römischen Verträge zur Gründung der Europäischen Gemeinschaften im Jahre 1958 in Kraft traten, galt das Bestreben auf europäischer Ebene dem erklärten Ziel, durch Harmonisierung die Wettbewerbsverzerrungen im Gemeinsamen Markt zu beseitigen und schließlich die Steuergrenzen aufzuheben.[4] Obwohl die Mitgliedstaaten den Vorschlägen der Europäischen Kommission teilweise nur sehr schleppend und häufig nur unter erheblicher Modifizierung der Vorschläge gefolgt sind, ist die Mehrwertsteuer, die im

2 Der Artikel 249 des Vertrages zur Gründung der Europäischen Gemeinschaft (EGV) definiert die Qualität der Rechtsakte, die von den Organen der Gemeinschaft erlassen werden können. Verordnungen haben danach allgemeine Geltung, sind in allen Teilen verbindlich und gelten unmittelbar in jedem Mitgliedstaat. Richtlinien sind verbindlich hinsichtlich des zu erreichenden Ziels, überlassen den Mitgliedsstaaten jedoch die Wahl der Form und Mittel der Umsetzung. Daneben können Entscheidungen getroffen werden (die in all ihren Teilen für diejenigen verbindlich ist, die sie bezeichnet) und unverbindliche Empfehlungen und Stellungnahmen abgegeben werden.

3 Alle in dieser Untersuchung näher bezeichneten Richtlinien, Verordnungen, Entscheidungen, Beschlüsse und Abkommen werden wegen ihrer großen Anzahl nicht im Literaturverzeichnis einzeln aufgeführt. Stattdessen möchte ich auf die Internetadresse verweisen, unter das gesamte europäische Primär- und Sekundärrecht unter Angabe der Drucksachennummer gefunden werden kann: http://eur-lex.europa.eu/de/index.htm (zuletzt aufgerufen am 5.1.2008). Dasselbe gilt für den Europäischen Gerichtshof und dessen Gericht erster Instanz, dessen anhängige Verfahren, Schlussanträge und Urteile unter der Internetadresse http://curia.europa.eu/de/index.htm (zuletzt aufgerufen am 5.1.2008) zu finden sind.

4 Wettbewerbsverzerrungen im Gemeinsamen Markt können – kurz gefasst – grundsätzlich durch unterschiedliche Steuersysteme, unterschiedliche Steuerbemessungsgrundlagen und -sätze zustande kommen. Steuergrenzen sind dagegen Teil der »materiellen Schranken« zwischen den Mitgliedstaaten, die die Europäische Kommission 1985 (Rn 168) im Weißbuch zur »Vollendung des Binnenmarktes« rügte: So sollten alle Behinderungen, die den freien Verkehrsfluss an den Grenzübergängen zwischen den Mitgliedstaaten behindern, wegfallen.

Prinzip auf alle wirtschaftlichen Tätigkeiten in Form der Herstellung und des Absatzes von Gegenständen und der Erbringung von Dienstleistungen erhoben und als Prozentsatz des Preises berechnet wird, heute durch ein dichtes Netz rechtlicher europäischer Vorgaben strukturiert. Bezogen auf die autonomen nationalen Spielräume ist zusammenzufassen, dass diese *de jure* und *de facto* – über das engmaschige Netz institutionalisierter Zusammenarbeit – kaum noch existieren. Doch der Reihe nach.

1.1.1 Der Status quo: mehrwertsteuerliche Vorgaben heute

Im Gegensatz zu den direkten Steuern auf Einkommen von Personen und Unternehmen wurden die indirekten Steuern bereits in den Römischen Verträgen von 1957 explizit erwähnt. So enthält der EWG-Vertrag im Hinblick auf die indirekten Steuern sowohl Diskriminierungsverbote (Artikel 95 bis 98 – neu: Artikel 90 – 92)[5] sowie ein Harmonisierungsgebot (Artikel 99, neu: Artikel 93). Bis zur Verabschiedung der Einheitlichen Europäischen Akte (EEA) 1987 enthielt Artikel 99 lediglich in Ergänzung zu den Artikeln 100 und 101 EWG-Vertrag (neu: Art. 94, 95 und 96) den Auftrag an die Kommission zu prüfen, wie die indirekten Steuern im Interesse des Gemeinsamen Marktes harmonisiert werden könnten. In der Fassung der EEA enthält Artikel 99 EGV einen Auftrag zu Harmonisierung der Rechtsvorschriften über indirekte Steuern, soweit diese Harmonisierung für die Errichtung und das Funktionieren des Binnenmarktes notwendig ist.

Auch bezogen auf die Rechts- und Verwaltungsvorschriften der Mitgliedstaaten fordert bereits der EG-Vertrag in Art. 101 (neu: 96), dass die Kommission mit den betreffenden Staaten in Beratungen eintritt, wenn sie feststellt, dass vorhandene Unterschiede die Wettbewerbsbedingungen auf dem Gemeinsamen Markt verfälschen und damit eine Verzerrung hervorrufen. Führten diese Beratungen nicht zur Beseitigung der Verzerrung, ist der Rat angehalten, auf Vorschlag der Kommission mit qualifizierter Mehrheit die zur Beseitigung der Verzerrung erforderlichen Richtlinien zu beschließen. Allerdings können Maßnahmen der Rechtsangleichung auch über den bereits oben eingeführten Art. 100 (neu: Art. 94 und 95) begründet werden, was interessanterweise faktisch in Bezug auf die Abgleichung der Verwaltungsmaßnah-

5 Mit dem Vertrag von Amsterdam wurde der EG-Vertrag 1997 in mehrerlei Hinsicht geändert. Unter anderem wurden einige Artikel aufgehoben, andere wiederum in zwei Artikel geteilt, so dass sich eine neue Nummerierung ergab. Im Folgenden werden die alte und neue Nummerierung benutzt, soweit es sich um Artikel handelt, die sich bereits zuvor im Vertrag fanden.

men im Steuerbereich immer auch geschehen ist und damit im Falle der Steuern der einstimmigen Beschlussfassung unterlag.

Zur Angleichung der Systeme bei der Umsatzsteuer/Mehrwertsteuer[6]

Als die Römischen Verträge 1958 in Kraft traten, hatten die damals 6 Mitgliedstaaten (Belgien, Deutschland, Frankreich, Italien, Luxemburg und die Niederlande) bereits konkrete Erfahrungen mit den Schwierigkeiten gemacht, wie sich die ganz unterschiedlichen Umsatzsteuersysteme innerhalb der Gemeinschaft in einem gemeinsamen Markt auswirken würde (Hahn 1988: 126). So stritten sich Deutschland und Frankreich bereits 1953 im sogenannten Steuerstreit der Montanunion über die Auswirkungen des Wegfalls der Zollschranken. Die deutsche Umsatzsteuer beruhte auf dem Prinzip einer kumulativen Allphasensteuer, die auf jeder Stufe des Produktions- und Absatzweges der Waren von neuem und zwar ohne Rücksicht darauf erhoben wurde, welcher steuerlichen Belastung das Erzeugnis auf den Vorstufen bereits unterworfen war. Das französische Umsatzsteuersystem – an dem sich später die harmonisierte europäische Mehrwertsteuer orientierte – war nicht kumulativ und ließ auf jeder Stufe den Abzug der Steuer der Vorstufen zu. Praktisch belastete dieses System Waren nur einmal. Die Steuerbefreiung der Ausfuhrwaren bedeutete daher im französischen System eine effektive und nahezu vollständige steuerliche Entlastung, während das deutsche System nur die letzte Stufe steuerlich entlastete. Dadurch fühlte sich die deutsche Eisen- und Stahlindustrie gegenüber den französischen Konkurrenten benachteiligt (Schmölders 1953a).

Der Streit konnte damals nicht beigelegt werden, verdeutlicht aber an einem Beispiel die Schwierigkeiten, die sich in einem Gemeinsamen Markt aus der Unterschiedlichkeit der Steuersysteme ergeben konnten: Wenn im Gemeinsamen Markt wettbewerbsneutral besteuert werden sollte, käme es – wenn nur die letzte Steuerstufe einer kumulativen Allphasensteuer an der Grenze ausgeglichen würde – zu einer Benachteiligung der Produzierenden des Herkunfts-/Ursprungslandes. Sollte jedoch die gesamte Steuer ausgeglichen werden, wäre es – würde weiterhin eine kumulative Allphasensteuer erhoben – nahezu unmöglich festzustellen, wie viel Steuern tatsächlich im Endpreis eines Produkts enthalten sind. Somit bestand aus Sicht der Gralshüter des »neutralen Wettbewerbs« immer die Gefahr, dass die Mitgliedstaaten ihre Ausfuhren

6 Die Mehrwertsteuer wird im Prinzip auf alle wirtschaftlichen Tätigkeiten in Form der Herstellung und des Absatzes von Gegenständen und der Erbringung von Dienstleistungen erhoben. Sie ist eine Steuer auf den Verbrauch, da sie letztlich vom Endverbraucher getragen wird (vom Produzenten auf diesen überwälzt wird). Sie wird als Prozentsatz des Preises berechnet.

dadurch subventionierten, dass sie den Betrag der bei der Ausfuhr zu erstattenden Steuer absichtlich oder unabsichtlich zu hoch ansetzen. Wie sich zeigen sollte, war dies eine Befürchtung, die nicht aus der Luft gegriffen war, erhöhten doch Belgien und die Niederlande pünktlich zur ersten Zollsenkung im Januar 1959 ihren Grenzausgleich. Beide Regierungen konnten den Verdacht nicht aus der Welt schaffen, dass die höheren Ausgleichsteuersätze dazu dienten, die Auswirkungen der niedrigeren Zölle zu kompensieren (Genschel 2002: 65). Die Kommission sah sich um ihren ersten Erfolg betrogen: Solange die Zölle nicht gesenkt, sondern lediglich durch Steuern ersetzt wurden, konnte die Wirtschaft kaum von den Vorteilen der EG überzeugt werden (Hahn 1988: 87).

Obwohl es auch in den folgenden Jahren kein Zuckerschlecken war, zu einer Einigung unter den Mitgliedstaaten zu kommen – bis auf Frankreich mussten alle Mitgliedsländer ihre Steuersysteme mit anerkanntermaßen schwerwiegenden Folgen auf budgetärem, wirtschaftlichem und sozialem Gebiet verändern – gelang mit der Verabschiedung der beiden ersten Umsatzsteuer-Richtlinien im Februar 1967 ein Erfolg. So einigten sich die Mitgliedstaaten darauf, bis zum 1. Januar 1970 ihre kumulativen Mehrphasensteuersysteme aufzugeben und ein gemeinsames Mehrwertsteuersystem einzuführen, dessen Anwendungsbereich alle Produktions- und Vertriebsstufen sowie den Bereich der Dienstleistungen umfasst. In einer Ersten Richtlinie (67/227/EWG) wurden Leitsätze formuliert, in einer Zweiten Richtlinie (67/228/EWG) zur Struktur wurde eine große Zahl von Einzelbestimmungen mit Auslegungen, Abweichungen und einige ausführliche Anwendungsmodalitäten beschlossen. Eine Abweichung im Steuersystem oder die gleichzeitige Erhebung einer der Mehrwertsteuer vergleichbaren Steuer ist seitdem nicht mehr möglich.

Zur Angleichung der mehrwertsteuerlichen Bemessungsgrundlagen

Obwohl die beiden ersten Richtlinien zur Einführung eines einheitlichen Mehrwertsteuersystems aus dem Jahr 1967 bereits eine gewisse Regelungsdichte im Hinblick auf die steuerlichen Bemessungsgrundlagen aufwiesen, dauerte es noch zehn Jahre, bis im Rahmen der Sechsten Richtlinie (77/388/EWG) eine weitgehend vereinheitlichte steuerpflichtige Bemessungsgrundlage beschlossen werden konnte.[7] Diese Richtlinie ersetzte und erwei-

7 Nicht unerwähnt bleiben soll an dieser Stelle, dass die Mitgliedstaaten schon vor der vollständigen Harmonisierung der indirekten Steuern der Bevölkerung »die Realität des Gemeinsamen Marktes stärker zum Bewusstsein« bringen wollten. Zu diesem Zweck sollten »Maßnahmen zur weitergehenden Liberalisierung« in Form von Steuerbefreiungen getroffen

terte die bereits 1967 beschlossene Zweite Richtlinie erheblich und definierte offen gebliebene Begriffe. So wurden die Begriffsbestimmungen des Steuertatbestands und des Steueranspruchs im Wesentlichen mit dem Ziel harmonisiert, dass die Anwendung und die späteren Änderungen eines gemeinschaftlichen Steuersatzes (dessen Einführung jedoch noch 15 Jahre dauern sollte) in allen Mitgliedstaaten zum gleichen Zeitpunkt wirksam werden würde. Auch die Besteuerungsgrundlage bedürfe, wie die Richtlinie ausführt, einer Harmonisierung, damit die Anwendung des gemeinschaftlichen Satzes auf die steuerbaren Umsätze in allen Mitgliedstaaten zu vergleichbaren Ergebnissen führt. Aber es wurden auch Bedingungen an die mitgliedstaatlich erhobenen Steuersätze definiert: diese müssen den normalen Abzug der Steuerbelastung der vorausgehenden Umsatzstufe ermöglichen.

Auch wurde eine gemeinsame Liste der Steuerbefreiungen aufgestellt und einige Steuerabzugsregelungen wurden harmonisiert. Darüber hinaus wurde festgelegt, wer Steuerschuldner ist, und es wurden die Pflichten der Steuerpflichtigen insoweit harmonisiert, als nötig war, um die erforderliche Gleichmäßigkeit bei der Steuererhebung in allen Mitgliedstaaten sicherzustellen. Schließlich wurden die verschiedenen Sonderregelungen harmonisiert und die Ausnahmen hiervon (zum Beispiel für Kleinunternehmer oder Landwirte) detailliert geregelt. Um eine koordinierte Anwendung der Bestimmungen der Richtlinie zu gewährleisten wurde ein gemeinschaftliches Konsultationsverfahren vorgesehen. Die Einsetzung eines Mehrwertsteuerausschusses sollte es ermöglichen, in diesem Bereich eine enge Zusammenarbeit zwischen den Mitgliedstaaten und der Kommission herbeizuführen.

Zur Angleichung der Steuersätze der Mehrwertsteuer

Dieser Einigung bei den Mehrwertsteuerbemessungsgrundlagen vorausgegangen waren Kommissionsvorschläge, die eine weitgehende Vereinheitlichung der Sätze empfahlen. Jedoch konnten sich die Mitgliedstaaten erst im Rahmen einer Ergänzung zur Sechsten Richtlinie einigen – allerdings lediglich auf eine Annäherung der Steuersätze (92/77/EWG), die nach wie vor eine Bandbreite

werden, so die Kommission unisono in den Begründungen der später durch den Rat beschlossenen Richtlinien (zum Beispiel 68/297/EWG oder 69/169/EWG). So wurden bereits seit 1968 in einer ganzen Reihe von Richtlinien der Treibstoff von Nutzfahrzeugen (68/297/EWG), der grenzüberschreitende Reiseverkehr (69/169/EWG) und die Einfuhr von Waren in Kleinsendungen nichtkommerzieller Art mit Herkunft aus Drittländern (74/651/EWG) von der Steuer befreit. Weitere Richtlinien betrafen die vorübergehende Einfuhr von Verkehrsmitteln (83/182/EWG) und die Einfuhr persönlicher Gegenstände durch Privatpersonen (83/183/EWG) von den Steuern befreit. Um diese fünf Hauptmaßnahmen gruppieren sich in weiteren 27 Richtlinien Ergänzungen und Änderungen.

zulässt. Derzeit gilt, dass der Normalsatz zwischen 15 und 25 Prozent liegen muss (wobei der Höchstsatz das Ergebnis einer politischen Verpflichtung ist) und dass die Mitgliedstaaten einen oder zwei ermäßigte Sätze für bestimmte Gegenstände und Dienstleistungen kultureller oder sozialer Art von mindestens 5 Prozent anwenden können. Bestehende Nullsätze oder stark ermäßigte Sätze (unter 5 Prozent) konnten und können (vorübergehend) beibehalten werden. Die Höchstsätze beziehungsweise sogenannte Luxussätze mussten aufgehoben werden.

Im Hinblick auf die Gestaltung der Mehrwertsteuersätze ist noch eine weitere Richtlinie betreffend den Umgang mit Dienstleistungen von Bedeutung. So hat der Rat 1999 (1999/85/EG) die Einführung eines ermäßigten Mehrwertsteuersatzes auf bestimmte arbeitsintensive Dienstleistungen beschlossen. Zunächst beschränkt auf drei Jahre, inzwischen zweimal verlängert, sollten die Auswirkungen auf Arbeitsplatzschaffung und die Bekämpfung der »Schattenwirtschaft« untersucht werden. Insgesamt neun Mitgliedstaaten (Belgien, Griechenland, Spanien, Frankreich, Italien, Luxemburg, die Niederlande, Portugal und Großbritannien) beantragten in der Folge, auf bestimmte Dienstleistungen einen ermäßigten Mehrwertsteuersatz anzuwenden (2000/185/EG), eine Ermäßigung, die Anfang 2006 bis zum 31.12.2010 verlängert wurde.

Ausnahmen wie diese sind nicht unabhängig von einer »Rahmenrichtlinie« des Rates möglich. So räumt die über die Jahre erheblich erweiterte Sechste Richtlinie (77/388/EWG) und deren Neufassung aus dem Jahr 2006[8] den Mitgliedstaaten in punkto Steuersätze grundsätzlich keine Ausnahmen ein. Noch bestehende ermäßigte Steuersätze und Steuerbefreiungen, die zum Zeitpunkt 31. Dezember 1975 galten, sollten noch befristet weiter gelten können. Alle fünf Jahre sollen diese vom Rat auf der Grundlage eines Berichts der Kommission überprüft werden, welcher gegebenenfalls einstimmig die erforderlichen Maßnahmen zu deren schrittweisen Beseitigung beschließt.

8 Zum 1.1.2007 wurde die Sechste Richtlinie (77/388/EWG) aufgrund mehrfacher erheblicher Änderungen in der Vergangenheit – jedoch ohne inhaltliche Änderungen des zu diesem Zeitpunkt geltenden Rechts – neu gefasst (Richtlinie 2006/112/EG des Rates). In diesem Zusammenhang wurde die Erste Richtlinie aus dem Jahr 1967 in den nun neuen Text übernommen und entsprechend aufgehoben. Am Ende des Textes der neu gefassten Richtlinie findet sich eine Entsprechungstabelle der Artikel der alten Richtlinien und der neuen, das europäische Mehrwertsteuerrecht zusammenfassenden Richtlinie, die aufgrund der textlichen Integration auf nunmehr 414 Artikel angewachsen ist.

Zur Angleichung der Verwaltungsvorgaben

Mit dem zeitlich näherrückenden Binnenmarkt wurde auch der Druck erneut höher, das Thema der Abschaffung der Steuergrenzen ins Blickfeld zu nehmen, denn die Verwirklichung des Binnenmarktes setzte die Beseitigung der Steuergrenzen zwischen den Mitgliedstaaten quasi voraus. Ab dem 1. Januar 1993 sollten somit die Kontrollen zu steuerlichen Zwecken an den Binnengrenzen für den gesamten Waren- und Dienstleistungsaustausch zwischen Mitgliedstaaten endgültig abgeschafft werden.

Eine Abschaffung der Grenzkontrollen in der Gemeinschaft ließen die bisher praktizierten steuerlichen Grenzausgleichsmechanismen nicht mehr zu. Bis dahin wurde zum Beispiel im Falle der Mehrwertsteuer ein sogenannter Grenzausgleich durchgeführt, das heißt an den Grenzen wurde kontrolliert, ob Güter, die eine Ausfuhrrückerstattung erhalten hatten, auch tatsächlich exportiert wurden – und nicht beispielsweise unversteuert wieder reimportiert wurden. Umgekehrt wurde kontrolliert, ob importierte Güter mit der Einfuhrausgleichsteuer nachbelastet wurden.

Dass eine Abschaffung von Grenzkontrollen im Gemeinschaftsgebiet unsinnig sein würde, sollten die Mechanismen des Grenzausgleichs – das heißt die Besteuerung bei der Einfuhr und die Steuerbefreiung bei der Ausfuhr im Handelsverkehr zwischen den Mitgliedstaaten – weiter praktiziert werden, war den Beteiligten durchaus klar. Denn rund 80 Prozent der Kontrollen an den Grenzen galten Steuertatbeständen (Bundesministerium der Finanzen 2004).

Um das Ziel der Abschaffung der Grenzkontrollen bis zur Vollendung des Binnenmarktes überhaupt umsetzen zu können, beschlossen die Mitgliedstaaten schließlich keine tatsächliche Abschaffung der Steuergrenzen – wie es die jahrelangen Vorschläge der Kommission durch die Einführung des Ursprungslandprinzips[9] vorsahen –, dennoch gelang es, sich dem Anspruch faktisch anzunähern. So wurde mit den 1991 (91/680/EWG) und 1992 (92/111/EWG) angenommenen Änderungen der Sechsten Richtlinie eine sogenannte Übergangsregelung eingeführt, in deren Rahmen die Aufhebung der Steuerkontrollen an den Binnengrenzen der Gemeinschaft für Privatpersonen und Unternehmen gleichermaßen beschlossen wurde.

9 Das Ursprungslandprinzip besagt, dass beispielsweise Waren zu den Bedingungen besteuert werden, die im Land ihrer Herstellung gelten. Werden diese in ein anderes Land exportiert, gilt nach wie vor der Steuersatz des Ursprungslandes, obwohl die gleichen Waren im Bestimmungsland, das heißt dem Land, in dem die Waren schließlich an Endverbraucher verkauft werden, möglicherweise einem viel höheren Satz unterliegen. Dieses Beispiel zeigt, dass in einem solchen Fall die Waren, die im Bestimmungsland produziert wurden, allein durch den höheren Steuersatz benachteiligt wären. Hinfällig würden diese Probleme durch eine vollständige mitgliedstaatliche Angleichung der Steuersätze.

Grenzüberschreitende Einkäufe privater Endverbraucher unterliegen seither dem Ursprungslandprinzip, das heißt, Privatpersonen können überall in der EU Gegenstände unter Zahlung der jeweiligen Mehrwertsteuer erwerben und in ihr Heimatland mitnehmen. Allerdings gibt es bestimmte Ausnahmen von dieser Regel, zum Beispiel beim Kauf von neuen Fahrzeugen und beim Versandhandel. Für diese gilt – wie für den gesamten kommerziellen Handel zwischen umsatzsteuerpflichtigen Unternehmen – weiter das Bestimmungslandprinzip.[10]

Der im Fall der Besteuerung nach dem Bestimmungslandprinzip nach wie vor nötige Grenzausgleich wurde jedoch quasi dadurch ins Binnenland verlegt, dass Exporte und Importe jeweils bei den örtlichen Finanzverwaltungen bearbeitet werden. Dies gilt sowohl für die Steuerbefreiung im Falle der Ausfuhr als auch für die Nachversteuerung im Falle der Einfuhr, ein Prozedere, das im Rahmen der normalen Umsatzsteuererklärung des Importeurs vollzogen wird. Überwacht wird dieses Verfahren durch ein innergemeinschaftliches Kontrollverfahren, wonach jedes umsatzsteuerpflichtige Unternehmen eine eigene Identifikationsnummer erhält und die Liste seiner grenzüberschreitenden Transaktionen regelmäßig beim Finanzamt vorlegen soll. Diese Daten werden dann von den Finanzämtern der Mitgliedsländer ausgetauscht und abgeglichen. Der Wert der Gegenstände, die innerhalb der Gemeinschaft mehrwertsteuerfrei zirkulieren beträgt nach Angaben der Kommission jährlich mittlerweile über 1.500 Milliarden Euro (Europäische Kommission 2003, Pressemitteilung IP/03/1350).

Da die Gegenstände steuerfrei zwischen den Mitgliedstaaten befördert werden, ist dieses System betrugsanfällig, wenn die Steuerbehörden der Mitgliedstaaten nicht in vollem Umfang zusammenarbeiten. Besonders besorgniserregend aus Sicht der Gemeinschaft ist der seit Öffnung der Grenzen wachsende Karussellbetrug. Hier werden innerhalb eines Kreises von Unternehmen aufeinanderfolgende (grenzüberschreitende) Umsätze getätigt. Da bei grenzüberschreitenden Lieferungen die Mehrwertsteuer nicht im Ursprungsland der Lieferung zu entrichten ist, sondern im Bestimmungsland, taucht dann der Empfänger der Lieferung unter, ohne die Steuer zu entrichten. In der Regel wird das tatsächliche Geschehen aber durch eine lange, komplizierte Umsatzkette unter Einbeziehung mehrerer Länder verborgen. Karussellbetrug hat erhebliche Steuerausfälle zur Folge. Allein in Deutschland entgehen dem Fiskus hierdurch rund 17 Milliarden Euro jährlich. Das entspräche in etwa Ein-

10 Das Bestimmungslandprinzip besagt, dass beispielsweise Waren zu den Bedingungen des Landes besteuert werden, in dem sie schließlich an Endverbraucher verkauft werden. Im Übrigen siehe die vorangehende Fußnote.

nahmen von 2 Prozentpunkten der deutschen Umsatzsteuer (Himsel 2007: 1–2). Laut Kommission gaben mehrere Mitgliedstaaten im Rahmen einer Befragung an, dass die betrugsbedingten Steuereinbußen bis zu 10 Prozent der MwSt-Einnahmen ausmachten (Europäische Kommission 2003, Pressemitteilung IP/03/1350).

Angesichts dieser Entwicklungen wurde schnell deutlich, dass die 1992 (im Rahmen der Verordnung EWG 218/92) getroffenen Regelungen für ein gemeinsames System der Verwaltungszusammenarbeit nicht ausreichend detailliert waren. Es dauerte dennoch bis 2003, bis im Bereich der Mehrwertsteuer einheitliche Rechtsgrundsätze des Verwaltungshandelns beschlossen wurden. Mit der Verordnung (EG 1798/2003) des Rates über die Zusammenarbeit der Verwaltungsbehörden auf dem Gebiet der Mehrwertsteuer waren hauptsächlich folgende drei Ziele verbunden (Europäische Kommission 2003, Pressemitteilung IP/03/1350): die Vorgabe klarer und verbindlicher Regeln für den Informationsaustausch, die Sicherstellung direkterer Kontakte zwischen den nationalen Betrugsbekämpfungsstellen und die Erleichterung des Austauschs umfassenderer Informationen.

So werden – laut Richtlinie – insbesondere Regeln und Verfahren festgelegt, nach denen die zuständigen Behörden der Mitgliedstaaten zusammenarbeiten und einander – auch auf elektronischem Wege – Auskünfte erteilen, die die korrekte Festsetzung der Mehrwertsteuer gewährleisten sollen. Jeder Mitgliedstaat benennt ein einziges zentrales Verbindungsbüro, das in seinem Auftrag für die Verbindung zu den anderen Mitgliedstaaten auf dem Gebiet der Zusammenarbeit der Verwaltungsbehörden hauptverantwortlich ist. Auf Ersuchen oder automatisch werden Informationen zwischen den zuständigen Behörden der Mitgliedsländer ausgetauscht. Darüber hinaus ist jeder Mitgliedstaat aufgefordert, eine elektronische Datenbank zu unterhalten, auf deren Grundlage die zuständige Behörde eines Mitgliedstaats von jedem anderen Mitgliedstaat automatisch und unverzüglich Informationen wie die Umsatzsteuer-Identifikationsnummern und den Gesamtwert aller innergemeinschaftlichen Lieferungen – erhalten oder direkt abrufen können.

Um die Steuererhebung zu vereinfachen sowie Steuerhinterziehungen oder -umgehungen zu verhüten, kann der Rat darüber hinaus einstimmig auf Vorschlag der Kommission jeden Mitgliedstaat ermächtigen, von der Sechsten Richtlinie abweichende Regelungen zu treffen (bis 31.12.2006 gemäß Artikel 27 der Sechsten Richtlinie; seit dem 1.1.2007 Artikel 395 der neu gefassten Richtlinie 2006/112/EG). Die Regelungen dürfen allerdings nicht im Widerspruch zu den Festlegungen in den geltenden Richtlinien stehen und den Betrag der im Stadium des Endverbrauchs fälligen Steuer nur in unerheblichem Masse beeinflussen. Noch vor der Neufassung der Sechsten Richtlinie hat der

Rat das Verfahren eine Ausnahmeregelung zu erwirken dadurch etwas vereinfacht (Richtlinie 2006/69/EG), dass einige der bisherigen nationalen Sondermaßnahmen als harmonisierte, ständige Alternativregelung in der Richtlinie selbst normiert wurden.

Neben dem Waren- und dem Dienstleistungsaustausch, auf den sich die Mehrwertsteuer traditionell bezieht, stellte auch der zunehmende Internet-Handel nicht nur die Europäische Gemeinschaft vor neue Herausforderungen: elektronisch erbrachte Dienstleistungen aus Ländern außerhalb der EU, die sich aber einer Besteuerung entzogen, da noch völlige Unklarheit darüber herrschte, wo und zu welchen Bedingungen der Cyberspace »geerdet« werden könnte. Dieses Problem konnten die Mitgliedstaaten schließlich in vergleichsweise kurzer Zeit regeln: so verständigte sich der Rat 2002 (2002/38/EG) auf eine mehrwertsteuerliche Behandlung von bestimmten elektronisch erbrachten Dienstleistungen aus Drittstaaten. Es gilt seitdem das Prinzip der »Einortregistrierung«, das heißt ein Unternehmen eines Drittstaates muss sich innerhalb der EU an einem Ort seiner Wahl registrieren. Es gilt jedoch nicht der Steuersatz des Registrierungslandes, sondern weiterhin das Bestimmungslandprinzip. Das heißt, dass das Unternehmen die Pflicht hat, seine Umsätze nach Ländern aufzuschlüsseln. Die Finanzverwaltung des Registrierungslandes verteilt schließlich die Steuereinnahmen entsprechend auf die anderen Mitgliedsländer. Mit der Einführung dieses Systems wurde die EU das erste Steuergebiet, das die innerhalb der OECD[11] vereinbarten Besteuerungsprinzipien umgesetzt hat.

Die Angleichung der Verwaltungsvorgaben über FISCALIS

Seit 1998 – mit einer Laufzeit zunächst bis Ende 2007 – hat sich die Gemeinschaft darüber hinaus auf ein gemeinschaftliches Aktionsprogramm (FISCALIS-Programm) zur Verbesserung des Funktionierens der Systeme zur indirekten Besteuerung im Binnenmarkt verständigt (Entscheidungen 888/98/EG und 2235/2002/EG). Mit dem Programm soll »ein hohes Niveau« an Übereinstimmung bei der Auslegung des Gemeinschaftsrechts, insbesondere im Bereich der indirekten Steuern, und seiner Anwendung in den Mitgliedstaaten durch die zuständigen Beamten erreicht werden. Gleichzeitig soll die Kooperation der Mitgliedstaaten untereinander und mit der Kommis-

11 Die OECD-Prinzipien über die Besteuerung des elektronischen Handels wurden im Jahr 1998 anlässlich der Konferenz von Ottawa vereinbart. Demnach soll die Besteuerung (zum Beispiel durch die Mehrwertsteuer) im Bestimmungsland (Land des Verbrauchs) stattfinden. Die OECD sprach sich auch dafür aus, dass ein Rahmen zur vereinfachten Online-Registrierung der Handelsunternehmen die einzig gangbare Option für die Erhebung von Steuern auf den elektronischen Handel durch nicht-ansässige Steuerpflichtige ist.

sion gewährleisten, dass eine ständige Verbesserung der Verwaltungsabläufe durch Ausarbeitung und Verbreitung sogenannter guter Verwaltungspraktiken stattfinden kann. Zur Sicherstellung der Interoperabilität der Systeme sollten alle Mitgliedstaaten dieselbe Hard- und Software anschaffen, um Austausch und Vernetzung sicherzustellen. Kommission und Mitgliedstaaten organisieren den Austausch von Beamten, veranstalten Seminare und führen bilaterale und multilaterale Kontrollen nach den gemeinschaftlichen Rechtsvorschriften über die Verwaltungszusammenarbeit durch.

Doch was bedeuten die genannten Beschlüsse und Vorgaben heute *de jure* und *de facto* für die Autonomie der Mitgliedstaaten, ihre Mehrwertsteuer zu gestalten und zu verwalten?

1.1.2 Nationale Autonomieverluste bei der Gestaltung und Verwaltung der Mehrwertsteuer

Um den Blick zu schärfen für die europaweit bereits erreichte Regelungsdichte sollen an dieser Stelle einige Forderungen betreffend die Mehrwertsteuer aus dem bundesrepublikanischen Bundestags-Wahlkampf 2005 dahingehend befragt werden, ob sie als rechtlich souveräne Entscheidung des deutschen Gesetzgebers überhaupt möglich wären. Beginnen möchte ich mit der Wahlkampf-Forderung der CDU nach einer Erhöhung der Mehrwertsteuer um 2 Prozent. Könnte diese Forderung autonom umgesetzt werden? Ja. Zum 1.1.2007 wurde der bundesdeutsche Mehrwertsteuersatz sogar um 3 Prozent angehoben, ohne dass europäische Gremien hätten zustimmen müssen. Die deutsche Bundesregierung war lediglich verpflichtet, der Europäischen Kommission die Erhöhung zu melden. Könnten aber zum Beispiel die Schweden ihre Mehrwertsteuer auch einfach so erhöhen? Ja und Nein: Sie haben die Obergrenze der europaweit zulässigen Bandbreite bereits erreicht. Diese Obergrenze ist allerdings nicht rechtlich verbindlich fixiert, sondern basiert auf einer politischen Vereinbarung der Mitgliedstaaten. Dennoch müssten Kommission und Mitgliedstaaten einer Überschreitung zustimmen. Könnte die deutsche Mehrwertsteuer aber zum Beispiel autonom um 5 Prozent gesenkt werden? Nein: Die Untergrenze der zulässigen Bandbreite ist mit 15 Prozent rechtlich verbindlich fixiert. Könnte denn der im Wahlkampf 2005 von Frau Merkel geforderte Null-Prozent-Steuersatz für Kinderkleidung autonom beschlossen werden? Nein. Aber die Briten haben diesen Steuersatz für Kinderkleidung doch auch! Ja, aber dieser wurde vom Europäischen Rat als befristete Ausnahme zum Zeitpunkt der Verhandlungen rund um die Angleichung der Mehrwertsteuersätze einstimmig beschlossen. Und wie sieht es aus mit der Forderung des ehemaligen Außenministers Joschka Fischer nach einem Luxussteuersatz für sogenannte Luxusautos? Könnte ein solcher erhoben werden? Nein. Um beide Forderungen erfüllen zu können – die nach einem Nullsteuersatz und die nach einem Luxussteuersatz – müsste zuerst in einem aufwendigen und einstimmig zu entscheidenden Verfahren das europäische Sekundärrecht geändert werden. Und was ist mit der Forderung von Finanzminister Steinbrück vom Beginn des Jahres 2006 nach Umstellung auf eine sogenanntes »Reverse-Charge-Modell«? Wäre dies autonom vom deutschen Gesetzgeber zu beschließen? Ebenfalls nein. Die Liste könnte mühelos fortgesetzt werden. Doch im Einzelnen:

Weder in Fragen der Gestaltung ihrer Mehrwertsteuersysteme noch in Fragen der Verwaltung können die europäischen Mitgliedstaaten heute noch rechtlich autonom Beschlüsse fassen. Die Mehrwertsteuer wurde von den Organen der Gemeinschaft in System, Bemessungsgrundlagen und Sätzen weitgehend so (vor-)strukturiert, dass heute keine nationale Entscheidung mehr getroffen werden kann, ohne zuvor mindestens die europäische Ebene dazu befragt zu haben. Und so stellen die beschlossenen Regelungen zur Mehrwertsteuer mittlerweile eine regelrechte europäische Rahmengesetzgebung dar, die vom Europäischen Gerichtshof – angerufen über die nationalen Gerichte von Seiten der Betroffenen in den Mitgliedsländern oder über die Europäische Kommission – auf ihre Einhaltung hin überprüft wird.

Gestaltungsspielräume im Hinblick auf System und Bemessungsgrundlagen

Hinsichtlich des Systems der Mehrwertsteuer sind es die Europäische Kommission und der Europäische Gerichtshof (EuGH), die laufend mit der Frage befasst sind, ob irgendeine mitgliedstaatliche Steuer ähnliche Merkmale aufweist wie die Mehrwertsteuer oder nicht oder ob diese Steuer im Verkehr zwischen den Mitgliedstaaten mit Formalitäten beim Grenzübergang verbunden wären.[12] In beiden Fällen darf eine Steuer nicht eingeführt oder beibehalten werden. Die Prüfung obliegt zunächst der Europäischen Kommission, die jede neu einzuführende nationale Steuer auf ihre Konformität mit dem euro-

12 So bestimmte bereits Artikel 33 der Sechsten Richtlinie (77/388/EWG) und seit dem 1.1.2007 Artikel 401 der inhaltsgleichen Neufassung (Richtlinie 2006/112/EG) Folgendes: »Unbeschadet anderer gemeinschaftsrechtlicher Vorschriften hindert diese Richtlinie einen Mitgliedstaat nicht daran, Abgaben auf Versicherungsverträge, Spiele und Wetten, Verbrauchsteuern, Grunderwerbsteuern sowie ganz allgemein alle Steuern, Abgaben und Gebühren, die nicht den Charakter von Umsatzsteuern haben, beizubehalten oder einzuführen, sofern die Erhebung dieser Steuern, Abgaben und Gebühren im Verkehr zwischen den Mitgliedstaaten nicht mit Formalitäten beim Grenzübertritt verbunden ist.«

päischen Recht überprüft. Schließlich unterliegt die Steuer der Kontrolle des EuGH, angerufen von den nationalen Gerichten oder der Europäischen Kommission. Ob ein Tatbestand der Besteuerung unterliegt oder nicht, ist dabei regelmäßig Gegenstand von Befassungen des EuGH. Allein seit der Jahrtausendwende bis Mitte 2006 urteilte der EuGH in über 130 Fällen in Fragen, die die Bemessungsgrundlage der Mehrwertsteuer betreffen.

Hinsichtlich der Merkmale der Mehrwertsteuer, denen andere Steuern nicht ähnlich sein dürfen, hat der EuGH in einer ganzen Reihe von Urteilen (insbesondere im Urteil Dansk Denkavit[13]), ungeachtet einiger redaktioneller Unterschiede, im Wesentlichen vier solche Merkmale herausgearbeitet:[14]

- die allgemeine Geltung der Steuer für alle sich auf Gegenstände und Dienstleistungen beziehenden Geschäfte;
- die Festsetzung ihrer Höhe proportional zum Preis, den der Steuerpflichtige als Gegenleistung für die Gegenstände und Dienstleistungen erhält;
- die Erhebung der Steuer auf jeder Produktions- und Vertriebsstufe einschließlich der Einzelhandelsstufe, ungeachtet der Zahl der vorher bewirkten Umsätze;
- der Abzug der auf den vorhergehenden Stufen bereits entrichteten Beträge von der vom Steuerpflichtigen geschuldeten Steuer, so dass sich die Steuer auf einer bestimmten Stufe nur auf den auf dieser Stufe vorhandenen Mehrwert bezieht und die Belastung letztlich vom Verbraucher getragen wird.

Dabei geht die europäische Rechtsprechung dahin, die Beurteilung der Merkmale einer streitigen nationalen Abgabe im Lichte des Zweckes der einstigen Harmonisierung vorzunehmen, »damit jede Störung der grundlegenden Ziele verhindert wird: Ersetzung kumulativer Mehrphasenumsatzsteuern, Schaffung gesunden Wettbewerbs im Binnenmarkt, Beseitigung steuerlicher Unterschiede, die den Wettbewerb verfälschen oder den Handel behindern können, und Sicherstellung gleicher Besteuerungsbedingungen für ein und denselben Umsatz ohne Rücksicht darauf, in welchem Mitgliedstaat er getätigt wird.«[15] Ob es sich dabei um sogenannte indirekte oder direkte Steuern handelt, ist für die juristische Bewertung unerheblich.

Das im Oktober 2006 abgeschlossene Vorabentscheidungsersuchen rund um die regionale italienische Wertschöpfungsteuer »Imposta regionale sulle

13 Urteil vom 31. März 1992 in der Rechtssache C-200/90.

14 EuGH Urteil vom 3. Oktober 2006 in der Rechtssache C-475/03, Rn. 28.

15 Schlussanträge der Frau Generalanwalt Christine Stix-Hackl vom 14. März 2006 in der Rechtssache C-475/03, Rn.33.

attività produttive (IRAP)«[16] verdeutlicht die eng gesteckten Prämissen, denen die Nationalstaaten Rechnung tragen müssen, auf recht deutliche Weise, auch wenn das überraschende Urteil des Gerichtshofes in der diesbezüglichen Rechtssache C-475/03 vom 3. Oktober 2006 – wonach die IRAP mit dem Gemeinschaftsrecht doch vereinbar ist – gleichermaßen die Position der Europäischen Kommission wie die der Mitgliedstaaten stärkte. Überraschend war das Urteil deshalb, weil zuvor beide mit dem Fall befassten Generalanwälte[17] in ihren Schlussanträgen zu einer entgegengesetzten Auffassung gelangten und das Gericht in der Regel diesen Anträgen folgt.

Bemerkenswert im Hinblick auf die Autonomie der Mitgliedstaaten sind an diesem Verfahren folgende Punkte:

Dem Gericht kommt es nicht darauf an, ob eine Steuer nur örtlich oder regional erhoben wird. So hatte die ungarische Regierung im Laufe des Verfahrens eingewandt, dass eine Steuer dann nicht allgemein gelte – und somit Gegenstand eines europäischen Verfahrens sein könnte – wenn sie örtlich oder regional erhoben werde. Dies gelte insbesondere dann, wenn die Steuer optional sei und/oder die örtliche oder regionale Behörde bestimmen können, zu welchem Satz sie erhoben werde. Nach Auffassung der Generalanwältin Stix-Hackl stellt sich demgegenüber lediglich die Frage, ob die Steuer innerhalb ihres Geltungsbereichs allgemein Anwendung findet, ganz gleich, ob es sich um einen nationalen oder einen nur regionalen Geltungsbereich handele.[18]

Des Weiteren müssen neu einzuführende Steuern ausnahmslos der Europäischen Kommission zur Prüfung vorgelegt werden, was jedoch keine Garantie auf »Gerichtsfestigkeit« impliziert. So wird die Neueinführung von Steuern nicht nur aus Gründen der möglichen juristischen Überprüfung durch den EuGH schwierig. Im Falle der italienischen IRAP wurde darüber hinaus

---

16 So lag dem Europäischen Gerichtshof ein Vorabentscheidungsersuchen der Commissione Tributaria Provinciale (Provinzialfinanzgericht) aus Cremona zur Beurteilung vor, worin im Wesentlichen die Frage aufgeworfen wurde, ob eine Steuer wie die IRAP mit dem gemeinschaftlichen Verbot anderer nationaler Umsatzsteuern als der Mehrwertsteuer vereinbar ist. Im italienischen Ausgangsverfahren wollte die Banca Popolare di Cremona die Erstattung verschiedener Beträge erreichen, die sie in den Jahren 1998 und 1999 als IRAP entrichtet hatte. Italien hatte 1998 seine Gewerbesteuer durch eine regionale Steuer auf Produktionstätigkeiten ersetzt, eine Art kommunaler Betriebssteuer. So wird die IRAP allgemein auf alle gewerblichen Umsätze angewandt, die mit der Produktion beziehungsweise Erbringung oder dem Austausch von Gegenständen und Dienstleistungen erzielt werden, das heißt beim Betrieb von Unternehmen oder bei der Ausübung von Handwerken und anderen Berufen.

17 Schlussanträge des Generalanwalts Francis G. Jacobs vom 17. März 2005 und Schlussanträge der Frau Generalanwalt Christine Stix-Hackl vom 14. März 2006 in der Rechtssache C-475/03, Banca Popolare di Cremona gegen Agenzia Entrate Ufficio Cremona.

18 Schlussanträge der Frau Generalanwalt Christine Stix-Hackl, 14. 03.2006, Rs. C-475/03, Rn.84.

die Europäische Kommission im Vorfeld mit der Frage nach der Vereinbarkeit mit EU-Recht befragt. So wurden die Rechtsvorschriften der Kommission als Entwurf (damals noch mit der Bezeichnung »IREP« für die Steuer) bekannt gegeben und der für Zölle und indirekte Besteuerung zuständige Generaldirektor kam in einem Antwortschreiben vom 10. März 1997 zu folgendem – vorbehaltlichen – Schluss: »Was [...] die IREP anbelangt, so kann ich Ihnen nach eingehender Prüfung der vorgelegten Unterlagen mitteilen, dass der Vorschlag für diese neue Steuer in seiner derzeitigen Form nicht als mit den im Bereich der Mehrwertsteuer geltenden Rechtsvorschriften unvereinbar erscheint.«[19] Dieser Auffassung folgten beide mit dem Fall betrauten Generalanwälte nicht.

Das italienische Beispiel macht aber nicht nur deutlich, wie eng die Gestaltungs- und Entscheidungskompetenzen im Bereich der Steuersystemgestaltung im Umfeld der Mehrwertsteuer sind, sondern zeigt auch die finanziellen Risiken, die mit einem wie auch immer gearteten nationalen Agieren verbunden sind: für die italienischen Kommunen ergab sich aus der möglichen Unvereinbarkeit der IRAP mit dem Gemeinschaftsrecht ein geradezu dramatisches finanzielles Risiko: ohne eine Befristung des zeitlichen Rückerstattungsanspruchs hätte ein negatives Urteil die italienischen Regionen rund 120 Milliarden Euro gekostet.

Bemerkenswert an dem Urteil des EuGH im Zusammenhang mit der italienischen Wertschöpfungsteuer ist dabei kurz nach dem Urteilsspruch zunächst, dass es – wie oben bereits erwähnt – die Position der Gemeinschaft ebenso stärkt wie in der Sache die Mitgliedstaaten, ohne sich dabei auf andere als die selbst entwickelten Merkmale einer Mehrwertsteuer zu beziehen.

Die Position der Europäischen Kommission wird dadurch gestärkt, dass die Auffassung des Gerichts der Zustimmung zur IRAP durch die Kommission, durch ihren Generaldirektor, folgt.

Die Position der Mitgliedstaaten wird im Ergebnis gestärkt, da eine negative Rechtsprechung nicht nur für Italien, sondern auch für diejenigen Mitgliedstaaten problematisch gewesen wäre, die bereits über eine Form der kommunalen betrieblichen Wertschöpfungsteuer verfügen, so zum Beispiel Ungarn. Auch in Deutschland gibt es bereits eine langjährige Diskussion um eine kommunale Wertschöpfungsteuer.[20] Dies gilt auch für Frankreich, wo ein

19 Schlussanträge des Generalanwalts Francis G. Jacobs, 17.3.2005, Rs. C-475/03, Rn. 77.

20 Beispielsweise kam der überwiegend von Finanzwissenschaftlern gebildete Wissenschaftliche Beirat beim Bundesministerium der Finanzen (1982) in seinem »Gutachten zur Reform der Gemeindesteuern in der Bundesrepublik Deutschland« zu dem Schluss, eine gemeindliche Wertschöpfungssteuer bei gleichzeitigem Wegfall der Gewerbesteuer zu befürworten. In der Folge entwickelten verschiedene Institutionen Modelle, zuletzt – explizit auch orientiert am

diesbezüglicher Vorschlag, präsentiert von Staatspräsident Chirac in seiner Neujahrsansprache 2006, unter anderem mit dem Hinweis auf die EU-Rechtswidrigkeit von Seiten der Ökonomen des Arbeitgeberverbandes Medef zurückgewiesen wurde. Ob das eher unerwartete EuGH-Urteil die nationalen Debatten ermutigt oder ob die Mitgliedstaaten im Gegenteil risikoavers reagieren und ihre nationale Autonomie quasi im Vorgriff weiter selbst einschränken, bleibt abzuwarten.

Festzuhalten bleibt jedenfalls, dass sowohl die Europäische Kommission als auch der Europäische Gerichtshof deutlich darauf achten, dass die dichten europäischen Vorgaben im Hinblick auf die Gestaltung des Mehrwertsteuersystems wie auch der Bemessungsgrundlagen eingehalten werden. *De jure* besteht in dieser Hinsicht so gut wie keine nationale Autonomie mehr. Nicht nur die Mehrwertsteuer selbst, sondern auch dritte Steuerarten können darüber hinaus von den Kriterien, die die Mehrwertsteuer auszeichnen, betroffen sein.

Gestaltungsspielräume im Hinblick auf die Mehrwertsteuersätze

Lediglich im Bereich der Normalsätze der Mehrwertsteuer bleiben den Staaten *de jure* Gestaltungsoptionen. Die festgelegten Bandbreiten zwischen 15 und 25 Prozent wurden durch einstimmigen Beschluss festgelegt. Auch können die Mitgliedstaaten ihre ermäßigten Sätze für bestimmte Gegenstände und Dienstleistungen kultureller oder sozialer Art oberhalb der Mindestgrenze von 5 Prozent variieren. Welche Länder – neben Deutschland – von diesem Satzgestaltungs-Spielraum noch Gebrauch machen könnten, zeigt nachfolgende Tabelle. Nullsätze oder stark ermäßigte Sätze (unter 5 Prozent) konnten und können (vorübergehend und befristet) beibehalten werden. Nullsätze und stark ermäßigte Sätze dürfen nicht mehr neu erhoben werden. Es gilt lediglich eine Art Bestandschutz, der für einige Länder seit inzwischen mehr als dreißig Jahren alle fünf Jahre einstimmig vom Europäischen Rat verlängert werden muss und auch verlängert wird. Die neuen Mitgliedsländer haben ihre Nullsätze und befristeten Sätze in den Beitrittsverträgen – ebenfalls befristet – gesichert.

---

italienischen Vorbild – das Modell des bayerischen Städtetages vom Januar 2003 (Bayerischer Städtetag 2003).

Tabelle 1.2 Mehrwertsteuersätze der EU-27 Mitgliedstaaten am 1.5.2007

Mitgliedstaat	*stark ermäßigte Sätze*	*ermäßigte Sätze*	*Normal-Satz*	*Null-Sätze – Anzahl der Produktgruppen*
Belgien	-	6	21	2
Bulgarien	-	7	20	-
Dänemark	-	-	25	1
Deutschland	-	7	19	-
Estland	-	5	18	1
Finnland	-	8 / 17	22	2
Frankreich	2,1	5,5	19,6	-
Griechenland	4,5	9	19	-
Irland	4,8	13,5	21	12
Italien	4	10	20	3
Lettland	-	5	18	-
Litauen	-	5 / 9	18	-
Luxemburg	3	6	15	-
Malta	-	5	18	7
Niederlande	-	6	19	-
Österreich	-	10	20	
Polen	3	7	22	1
Portugal	-	5 / 12	21	-
Rumänien	-	9	19	-
Schweden	-	6 / 12	25	2
Slowenien	-	8,5	20	-
Slowakische Republik	-	10	19	
Spanien	4	7	16	-
Tschechische Republik	-	5	19	-
Ungarn	-	5	20	-
Vereinigtes Königreich	-	5	17,5	20
Zypern	-	5	15	2

Quellen: Europäische Kommission 2007, Bundesministerium der Finanzen 2005a.

Allerdings hat die Kommission 2005 bereits angekündigt, die Ausnahmen einer strengen Prüfung unterziehen zu wollen. Denn – so der für Steuern und Zölle zuständige Kommissar Laszlo Kovacs in der *Frankfurter Allgemeinen Zeitung* vom 15.2.2005 – die Beitrittsländer hätten für ihre Übergangsregelungen Endtermine zwischen 2007 und 2010 und wären wohl nicht bereit, auf diese zu verzichten, sollten die alten Mitgliedsländer unbefristet auf ihre Ausnahmen – zum Beispiel die Nullsätze – bestehen. In einer Pressemitteilung der Europäischen Kommission vom 5. Juli 2007 (IP/07/1017), in welcher die Kommission eine Verlängerung aller Ausnahmeregelungen bis 2010 vorgeschlagen hatte, um eine »ausführliche Debatte ohne unnötigen Zeitdruck zu ermöglichen« bekräftigte er: »Wir sind der Auffassung, dass wir für die Mitgliedstaaten eine neue, rationalere und transparentere Rahmenregelung für die Anwendung ermäßigter Steuersätze brauchen«.

Im Unterschied zu den Nullsätzen und den reduzierten Sätzen mussten die sogenannten Luxussätze, die 1990 noch in sechs von zwölf Mitgliedsländern auf bestimmte Produktgruppen erhoben wurden bereits im Rahmen der Mehrwertsteuersatzangleichung 1992 abgeschafft werden. Neue Luxussätze oder erhöhte Sätze dürfen generell – auch als Ausnahmen – nicht mehr (auch nicht einstimmig) genehmigt werden.

Dabei ist nicht nur im deutschen Wahlkampf 2005 auf die Möglichkeit von Luxussteuersätzen bei der Mehrwertsteuer verwiesen worden. Insbesondere unter Gerechtigkeitsaspekten und als Ausgleich für eine Senkung der Einkommensteuerspitzensätze oder der Unternehmensteuersätze taucht diese Forderung auch in der französischen oder belgischen Diskussion zyklisch immer wieder auf. Ohne jedoch das Sekundärrecht selbst einstimmig auf Vorlage der Kommission und im Mitbestimmungsverfahren durch das Europäische Parlament zu verändern, ist eine solche Forderung nicht umzusetzen.

Insgesamt gilt so auch im Zusammenhang mit den Mehrwertsteuersätzen: *de jure* ist eine autonome Gestaltung der Sätze durch die Mitgliedstaaten weitestgehend ausgeschlossen. 25 von 27 Mitgliedsländern haben noch die Möglichkeit, ihre Normalsätze in mehr oder weniger geringem Umfang in Richtung Höchstsatz von 25 Prozent zu bewegen. Die theoretische Möglichkeit der Satzreduzierung ist nur für zwei Mitgliedstaaten – Luxemburg und Zypern – ausgeschlossen, da sie sich auf dem unteren Wert bei 15 Prozent bewegen. Auch der ermäßigte Satz kann in gewissem Umfang erhöht – oder gesenkt – werden. Allerdings können die Mitgliedstaaten nicht autonom darüber entscheiden, für welche Produktgruppen dieser ermäßigte Satz erhoben werden kann. Diese sind im Sekundärrecht (Richtlinie 2006/112/EG) genau definiert.

Kaum noch nationale Verwaltungsspielräume

Welche Vorgaben hinsichtlich der Organisation des gemeinsamen Mehrwertsteuersystems im Binnenmarkt ohne Grenzkontrollen existieren, wurde bereits beschrieben. Tatsächlich arbeiten die Behördenvertreter im Rahmen von Fiscalis und weiteren Arbeitsgruppen (Fiscalis-Ausschuss) eng zusammen; die Verfahren zur Steuereinziehung wurden bereits europaweit weitgehend angeglichen, EDV-Programme sind vereinheitlicht und werden in einem laufenden Prozess weiterentwickelt.

Welche Vorteile insbesondere das Fiscalis-Programm aus Sicht der Mitgliedstaaten hat, erläutert eine Protokollnotiz aus dem Fiscalis-Jahreserfolgsbericht 2003: »Die Mitgliedstaaten erwähnten, daß der Hauptnutzen von den organisierten Veranstaltungen, um den Beamten zu ermöglichen, eine hohe gemeinsame Norm zu erreichen, das Gemeinschaftsrecht und seine Realisierung zu verstehen, darin besteht, die Interpretation von Richtlinien zu klären, die eine harmonisierte und konsequente Realisierung zuläßt.«

Jedoch werden autonome mitgliedstaatliche Handlungsspielräume nicht nur durch den institutionalisierten laufenden Austausch eingeschränkt, sondern auch durch die Vorgaben im Sekundärrecht selbst, wie am eingangs erwähnten Beispiel betreffend die Steinbrück´sche Forderung nach einem sogenannten »Reverse-Charge-Modell« deutlich werden soll.

So sind Ausnahmeregelungen, um die Steuererhebung zu vereinfachen oder Steuerhinterziehungen beziehungsweise -umgehungen zu verhindern, auf Basis geltenden EU-Rechts möglich. Die Ausnahmen beruhen dabei auf zwei verschiedenen möglichen Verfahren (Artikel 27 der Sechsten Richtlinie 77/388/EWG beziehungsweise Artikel 394 und 395 der seit dem 1.1.2007 neuen umfassenden Mehrwertsteuerrichtlinie 2006/112/EG). Danach durften und dürfen die Mitgliedstaaten, diejenigen Sondermaßnahmen zur Vereinfachung der Steuererhebung oder zur Verhütung der Steuerhinterziehung oder -umgehung weiter anwenden, die sie bereits am 1. Januar 1977 angewandt hatten (alt: Art. 27, Abs. 5; neu: Art. 394). Artikel 27 regelt darüber hinaus in seinen Absätzen 1 bis 4 (neu: Art. 395) das Verfahren für seit dem 1.1.1977 neu beantragte oder zu beantragende Sondermaßnahmen. Danach entscheidet der Rat einstimmig auf Vorlage der Kommission über Ausnahmen. Diese sind ausnahmslos befristet und dürfen den Betrag der im Stadium des Endverbrauchs fälligen Steuer nur in unerheblichem Maße beeinflussen.

Wie Tabelle 1.3 zeigt, nahmen am 31.12.2006 17 von 27 Mitgliedsländern insgesamt 111 Ausnahmeregelungen für sich in Anspruch. Sechzig der bewilligten Ausnahmen beziehen sich auf mitgliedstaatliche Maßnahmen von vor 1978. 51 Sondermaßnahmen schließlich wurden vom Rat einstimmig auf Vorlage der Kommission beschlossen. Mit achtzehn bewilligten nationalstaatlichen Ausnahmeregelungen liegt Deutschland an der Spitze, gefolgt von den Niederlanden, dem Vereinigten Königreich, Belgien, Frankreich und Irland, die sich ebenfalls im zweistelligen Ausnahmen-Bereich bewegen. Bei den bewilligten Maßnahmen handelt es sich sowohl um einzelprojektbezogene Ausnahmen – beispielsweise genehmigte der Rat Deutschland verschiedentlich eine Vereinfachung der Mehrwertsteuer-Berechnung im Zusammenhang mit Infrastrukturprojekten, wie zum Beispiel dem Bau und den Unterhalt von Brücken oder der Erweiterung von Häfen – als auch um strukturelle Maßnahmen, die sich zum Beispiel auf die Art und Weise des Vorsteuerabzugs beziehen.

Tabelle 1.3 Anzahl der auf Basis der Sechsten Richtlinie 77/388/EWG (neu: 2006/112/EG) bewilligten nationalen MwSt.-Ausnahmeregelungen am 1.1.2007

Mitgliedstaat	*Anzahl der Sondermaßnahmen*	*Rechtsgrundlage*
Belgien	12	Artikel 27, Abs. 1–4: 2 Artikel 27, Abs. 5: 10
Dänemark	7	Artikel 27, Abs. 1–4: 2 Artikel 27, Abs. 5: 5
Deutschland	18	Artikel 27, Abs. 1–4: 11 Artikel 27, Abs. 5: 7
Finnland	1	Beitrittsvertrag
Frankreich	10	Artikel 27, Abs. 1–4: 6 Artikel 27, Abs. 5: 4
Griechenland	1	Artikel 27, Abs. 1–4: 1
Irland	10	Artikel 27, Abs. 1–4: 1 Artikel 27, Abs. 5: 9
Italien	9	Artikel 27, Abs. 1–4: 1 Artikel 27, Abs. 5: 8
Lettland	1	Artikel 27, Abs. 1–4: 1
Litauen	1	Artikel 27, Abs. 1–4: 1
Luxemburg	7	Artikel 27, Abs. 1–4: 2 Artikel 27, Abs. 5: 5
Niederlande	14	Artikel 27, Abs. 1–4: 5 Artikel 27, Abs. 5: 9
Österreich	3	Artikel 27, Abs. 1–4: 3
Portugal	1	Artikel 27, Abs. 1–4: 1
Schweden	1	Artikel 27, Abs. 1–4: 1
Spanien	2	Artikel 27, Abs. 1–4: 2
Vereinigtes Königreich	13	Artikel 27, Abs. 1–4: 10 Artikel 27, Abs. 5: 3

Quelle: Europäische Kommission 2006/2007.

Einen nationalen Vorstoß zur Umgestaltung des Mehrwertsteuersystems griff im Januar 2006 der deutsche Finanzministers Steinbrück (*Süddeutsche Zeitung* vom 4. Januar 2006) von seinen Länderkollegen Kurt Faltlhauser (CSU, Bayern) und Gernot Mittler (SPD, Rheinland-Pfalz) auf. Diese hatten gemeinsam mit den Finanzministern der Länder bereits im Herbst 2005 vorgeschlagen, ein sogenanntes Reverse-Charge-Modell einzuführen, um national und international organisierten Steuerbetrug stärker zu unterbinden (FAZ vom 20.10.2005; Berliner Zeitung vom 21.10.2005). Im derzeitigen Umsatzbesteuerungsverfahren entrichtet jeder Unternehmer die auf seinen Umsatz entfallende Umsatzsteuer an das Finanzamt, sobald er die Leistung erbracht hat. Die Höhe der Umsatzsteuer berechnet sich nach dem vereinbarten Entgelt (Sollbesteuerung). Ist der Abnehmer der Leistung Unternehmer, kann er die in der ihm erteilten Rechnung ausgewiesene Umsatzsteuer als Vorsteuer beim Finanzamt geltend machen (auch wenn die Rechnung noch nicht bezahlt wurde). Diese Möglichkeit des Vorsteuerabzugs birgt erhebliches Betrugspotenzial. Im Reverse-Charge-Modell soll die Steuerschuld bei Umsätzen zwischen Unternehmern auf den Leistungsempfänger verlagert werden, wenn der Rechnungsbetrag mehr als 5.000 Euro beträgt. Umsatzsteuerschuld und Vorsteuerabzug vereinigen sich dann in der Person des Leistungsempfängers. Die Leistung würde netto (ohne Umsatzsteuer) in Rechnung gestellt, wodurch Manipulationsmöglichkeiten bei der Vorsteuer ausgeschlossen werden sollen.

Am 20.7.2006 entschied die Kommission jedoch, dass sie dem Antrag Deutschlands bezogen auf die Einführung des »Reverse-Charge-Modells« als Sondermaßnahme nicht folgen könne, weil die Rechtsgrundlage hierfür nach ihrer Auffassung nicht ausreiche. Um der Forderung Deutschlands zu folgen, müsste die Sechste Mehrwertsteuerrichtlinie selbst auf Vorlage durch die Kommission und danach einstimmig im Ministerrat geändert werden. Der deutsche Bundesfinanzminister Steinbrück kündigte im Folgenden an, die Kommission zu einem Änderungsvorschlag bewegen zu wollen. Laut seiner Pressemitteilung vom 20.7.2006 habe die Kommission ausgeführt, dass sie die Notwendigkeit einer Einführung des »Reverse-Charge-Modells« sehr aufgeschlossen untersuche (Bundesministerium der Finanzen, Pressemitteilung vom 20.7.2006, Nr. 93/2006).

Tatsächlich beschloss der Rat auf Vorlage der Kommission bereits am 24. Juli 2006 eine seit dem 1.1.2007 gültige Richtlinie (2006/69/EG), mit welcher er eine Vereinfachung einiger Ausnahmeregelungen dadurch geschaffen hat, dass er die zugrundeliegenden Tatbestände für alle harmonisierte und als zu wählende Alternative direkt im Sekundärrecht verankerte. Die neue Richtlinie ermöglicht es den Mitgliedstaaten unter anderem in einigen begrenzten Bereichen, in denen sich die Steuerkontrolle für die Mitgliedstaaten als schwierig erwiesen hat, die Steuerschuldnerschaft zur Abführung der Mehrwertsteuer umzukehren (unter anderem bei Umsätzen mit Grundstücken und Gebäuden,

Abfallstoffen sowie Bau- Wartungs- und Abbruchleistungen). Dies entspricht dem Prinzip nach der Forderung von Minister Steinbrück, allerdings begrenzt auf einige eng umrissene Branchen und Tatbestände. Deutschland bekam diese begrenzte Steuerlastumkehr bereits in der Vergangenheit als Ausnahme genehmigt.

Insgesamt weist die Kommission darauf hin, dass die neue Richtlinie (2006/69/EG) gegen Steuerhinterziehung oder –umgehung wirken soll und zur Vereinfachung der Erhebung der Mehrwertsteuer beitrage. Darüber hinaus bewirke sie durch ihre Verallgemeinerung bisheriger Sondermaßnahmen, dass 21 der bestehenden Ausnahmeregelungen (siehe Tabelle 1.3) ausdrücklich oder durch die Richtlinie automatisch (in einem Fall teilweise) aufgehoben würden.

Bezogen auf die autonomen nationalen Spielräume im Bereich der Verwaltungshoheit bleibt zusammenzufassen, dass diese *de jure* und *de facto* – über die Mehrwertsteuerrichtlinie und das engmaschige Netz institutionalisierter Zusammenarbeit (Umgang mit und Neueinführung von Computerprogrammen, Schulungen über die Interpretation des Gemeinschaftsrechts, spezieller Austausch zur EDV-gestützten Außenprüfung etc.) – kaum noch existieren.

Ein ähnliches Bild wie bei der Mehrwertsteuer ergibt sich hinsichtlich der Dichte der verbindlichen Vorgaben und ihrer Auswirkungen auf die Mitgliedstaaten bei den speziellen Verbrauchsteuern, wie im folgenden Abschnitt gezeigt wird.

1.2 Spezielle Verbrauchsteuern: der europäische Status quo und seine Bedeutung für die nationalstaatliche Steuerautonomie

Verglichen mit der Harmonisierung der Mehrwertsteuersysteme 1968 und den mehrwertsteuerlichen Bemessungsgrundlagen 1977 sind die Gemeinschaftsvorschriften im Bereich der Verbrauchsteuern jüngeren Datums, obwohl auch die Verbrauchsteuern – wie die Mehrwertsteuer – unmittelbar den innergemeinschaftlichen Warenverkehr betreffen und für diese ebenso ein aus dem EG-Vertrag abzuleitendes Harmonisierungsgebot[21] bestand. Die Verbrauch-

21 Auch für die speziellen Verbrauchsteuern und die Kapitalverkehrsteuern gelten laut EWG-Vertrag sowohl Diskriminierungsverbote (Artikel 95 bis 98, neu: Artikel 90–92) sowie ein Harmonisierungsgebot (Artikel 99, neu: Artikel 93). Auch bezogen auf die Rechts- und Verwaltungsvorschriften der Mitgliedstaaten fordert Art. 101 (neu: 96), dass die Kommission mit den betreffenden Staaten in Beratungen eintritt, wenn sie feststellt, dass vorhandene Unter-

steuern werden auf den Verbrauch oder die Nutzung bestimmter Erzeugnisse, Waren, erhoben und über den Preis an die VerbraucherInnen weitergegeben. Im Gegensatz zur Mehrwertsteuer sind dies in der Regel spezifische Steuern, das heißt, sie werden als Geldbetrag je Erzeugnismenge angegeben. Am häufigsten angewandt werden Verbrauchsteuern auf alkoholische Getränke, Tabakwaren und Energieerzeugnisse (Kraftstoffe und Brennstoffe wie Erdöl und Benzin, elektrischer Strom, Erdgas, Kohle und Koks). Alle Mitgliedstaaten der EU erheben auf diese drei Warenkategorien Verbrauchsteuern.

Entsprechend können erhebliche Unterschiede bei den Verbrauchsteuern ebenso zu Wettbewerbsverzerrungen führen wie entsprechende Unterschiede bei der Umsatzsteuer. Auch hier wurde der Grenzübertritt einer Ware als steuerauslösender Tatbestand gesehen – ein Grenzausgleich war nötig, Steuergrenzen behinderten den freien Handel.

Wie im Folgenden gezeigt wird, ist heute *de jure* kein europäisches Mitgliedsland mehr frei in der Gestaltung seiner Verbrauchsteuersysteme und seiner Bemessungsgrundlagen. Auch ein autonomes Steuererfindungsrecht gibt es nicht mehr. Jede neue Steuer muss der Europäischen Kommission zur Überprüfung vorgelegt werden, sowohl hinsichtlich ihrer potenziellen Ähnlichkeit mit gemeinschaftsrechtlich normierten Steuern als auch im Hinblick auf ihre Grenzwirksamkeit. Dies gilt auch für lediglich örtlich erhobene Steuern – das heißt solche beispielsweise, die ausschließlich in Kommunen erhoben werden. Auch die Verfahren der Verwaltung sind europäisch normiert – bis zu den Feinheiten von Formularen.

1.2.1 Der Status quo: Vorgaben an die speziellen Verbrauchsteuern heute

Der Begriff der Verbrauchsteuer umfasste noch in den 1970er Jahren eine große Vielfalt von mehreren Hundert verschiedener Verbrauchsteuerarten in der Gemeinschaft, die von der Bananensteuer in Italien bis zur Salzsteuer in Deutschland reichte.

Zur Angleichung der Systeme der speziellen Verbrauchsteuern

So sah das Grundkonzept, welches die Kommission zur Harmonisierung der Verbrauchsteuern 1972 vorlegte (Kommission der Europäischen Gemeinschaften 1972) vier verschiedene Umgangsformen mit der Vielfalt an Steuern

schiede die Wettbewerbsbedingungen auf dem Gemeinsamen Markt verfälschen und damit eine Verzerrung hervorrufen.

vor: Es sollte einen Bereich von harmonisierten Verbrauchsteuern geben, die in allen Mitgliedstaaten gleichermaßen erhoben werden sollten: Steuern auf Mineralöle, Tabakwaren und Alkohole. Andere Verbrauchsteuern sollten in die Mehrwertsteuer integriert werden – so beispielsweise die Verbrauchsteuern auf Spielkarten, Zündhölzer und Schallplatten. Verbrauchsteuerarten, die nicht den Grenzausgleich und den Handel zwischen den Mitgliedstaaten betrafen, wie beispielsweise Steuern auf Unterhaltung und Wetten, sollten nach dem Grundkonzept beibehalten werden können. Eine letzte Gruppe von Steuern sollte schlicht abgeschafft werden. Hierfür wurden im Wesentlichen drei verschiedene Begründungen genannt: erstens seien aus diesen Steuern ohnehin keine wesentlichen Einnahmen zu erzielen, zweitens würden sie auf Produkte aus den sogenannten Entwicklungsländern erhoben, zum Beispiel Tee oder Kaffee, und drittens würden Produkte besteuert, die zu einem erheblichen Teil Rohstoffe für Industrieprodukte seien, zum Beispiel Zucker (Cnossen 1986; Kommission der Europäischen Gemeinschaften 1972; Takacs 1998).

Im Zusammenhang mit der Tabaksteuer reagierte der Rat recht schnell: Noch im Jahr 1972 wurde ein mehrstufiger Harmonisierungsprozess eingeleitet. In einer ersten Richtlinie (72/464/EWG) wurden allgemeine Grundsätze der Harmonisierung festgelegt, in einer späteren (79/32/EWG) die anzuwendenden besonderen Kriterien ihrer Erhebung. Ziel war es erklärtermaßen, Wettbewerbsverfälschungen im Gemeinsamen Markt zwischen den einer gleichen Gruppe zugehörigen Kategorien von Tabakwaren zu verhindern und eine Öffnung der nationalen Märkte der Mitgliedstaaten zu befördern. Das vorgenannte Ziel würde – so die Richtlinien – bei Zigaretten am besten durch ein System erreicht, das im Rahmen der Besteuerung eine proportionale Verbrauchsteuer mit einer spezifischen Verbrauchsteuer verbindet, deren Höhe jeder Mitgliedstaat nach gemeinschaftlichen Kriterien festlegt.

Obwohl der Prozess um die Harmonisierung der Tabaksteuer recht früh eingeleitet wurde, dauerte es noch rund 15 weitere Jahre und vier weitere Mitteilungen der Kommission, bis sich die Mitgliedstaaten unter dem Druck der Vollendung des Binnenmarktes auf eine weitgehende Vereinheitlichung der als wesentlich erachteten speziellen Verbrauchsteuern auf Mineralöl, Tabak und Alkohol verständigten, die auch die Beseitigung der Steuerkontrollen an den Binnengrenzen mit einschloss.

So stellten Kommission und Rat in der Richtlinie 92/12/EWG des Rates vom 25. Februar 1992 über das allgemeine System, den Besitz, die Beförderung und die Kontrolle verbrauchsteuerpflichtiger Waren fest, dass der Binnenmarkt den freien Verkehr der Waren einschließlich der verbrauchsteuerpflichtigen Waren voraussetze. Diese sogenannte Systemrichtlinie definiert unter anderem den Begriff »verbrauchsteuerpflichtige Waren« – beschreibt somit genau, welche Produktgruppen (Mineralöle, Tabake und Alkohole) nach dem gemeinschaftlichen System besteuert werden sollten und schließt gleichzeitig die Beibehaltung oder Einführung anderer indirekter Steuern aus, die mit dem Überschreiten einer Grenze verbundenen Formalitäten nach sich ziehen könnten. Diese Regelung führte in der Folge dazu, dass in den Mitgliedstaaten – wie weiter unten noch gezeigt wird – Steuerarten ganz abgeschafft beziehungsweise so umstrukturiert wurden, dass sie nicht mehr grenzüberschreitend wirksam werden konnten.

Auch die Bemessungsgrundlagen – das heißt die Vorgaben hinsichtlich der Fragen wer besteuert wird sowie welche Tatbestände überhaupt und wie genau besteuert werden – wurden 1992 rechtlich verbindlich angeglichen.

Zur Angleichung der Bemessungsgrundlagen bei den speziellen Verbrauchsteuern

Zum Zeitpunkt der Harmonisierung der Steuersysteme der speziellen Verbrauchsteuern wurden im Hinblick auf die Vollendung des Binnenmarktes im Jahr 1992 auch drei Richtlinien betreffend die Bemessungsgrundlagen verabschiedet. Die bis dahin in den Mitgliedstaaten sehr unterschiedlichen Bestimmungen über den jeweiligen Steuergegenstand wurden vereinheitlicht; detailliert wurden Steuertatbestände und Steuerbefreiungstatbestände festgelegt, und zwar getrennt nach Warengruppen für Mineralöl (basierend auf den Richtlinien 92/12/EWG und 92/81/EWG), Tabak (92/78/EWG) und Alkohol (92/83/EWG). So wurde folglich festgestellt, welche Erzeugnisse als Mineralöle gelten (vorwiegend Erdölprodukte, die zum Verbrauch als Kraftstoff bestimmt sind), was als Tabak gilt (wesentlich Rauchtabak) und was unter dem Stichwort Alkohol (wesentlich Bier und Schaumwein) besteuert werden darf. Diese Definitionen waren auch Gegenstand von Präzisierungen durch den EuGH, jedoch in erheblich geringerem zahlenmäßigen Umfang als im Zusammenhang mit der Mehrwertsteuer.

Einiges – wenn auch für viele Beobachter nicht genug[22] – hat sich im Laufe der 90er Jahre hinsichtlich der Umstrukturierung der Mineralöl-Richtlinien getan. Unter dem Titel »Restrukturierung der gemeinschaftlichen Rahmenvorschriften zur Besteuerung von Energieerzeugnissen und elektrischem Strom« wurden nicht zuletzt der Steuergegenstand erweitert und die zugrundeliegenden Steuersätze verändert. Mit den Zielen Umweltschutz und Förderung des Verbrauchs von Energieerzeugnissen aus erneuerbaren Quellen hatte die Kommission bereits 1992 und 1995 recht weitgehende Vorschläge unterbreitet. Doch erst eine 1997 vorgelegte, deutlich eingeschränkte Neufassung auf

22 Schlegelmilch 1999, 2002; Müller/Meyer 2002; Tews 2002; Zito 2002.

Basis der vorherigen Mineralöl-Richtlinien konnte schließlich 2003 (2003/96/EG) als europäische »Ökosteuer« vom Rat beschlossen werden. Mit der Richtlinie 2003/96/EG des Rates vom 27. Oktober 2003 wurde die ursprünglich auf Mineralöle beschränkte EU-Regelung über die Mindestbesteuerung auf alle Energieerzeugnisse, namentlich Kohle, Erdgas und Strom, ausgedehnt. Die Richtlinie steckt den allgemeinen Rahmen für die Besteuerung dieser Erzeugnisse ab und bietet den Mitgliedstaaten gleichzeitig eine breite Palette von Möglichkeiten, für bestimmte politische Zwecke einige Erzeugnisse und Verwendungszwecke steuerlich zu begünstigen. Die Anhänge I und II enthalten mehr als einhundert Abweichungen, wodurch die Mitgliedstaaten ermächtigt werden, aus verschiedenen politischen Erwägungen weitere Steuerbefreiungen oder -ermäßigungen zu gewähren. Die meisten dieser Ausnahmeregelungen stammen aus den 1990er Jahren und wurden damals aufgrund der zuvor geltenden Rechtsvorschriften zugelassen. Sie wurden 2001 ein letztes Mal verlängert und später (mit unwesentlichen Änderungen) als Anhang II in die Energiesteuerrichtlinie aufgenommen. Eine vergleichbare Regelung wurde für einige der neuen Mitgliedstaaten eingeführt, die der Gemeinschaft 2004 beigetreten sind (Anhang III).

Zur Angleichung der Steuersätze der speziellen Verbrauchsteuern

Auch im Hinblick auf eine Angleichung der Verbrauchsteuersätze haben sich die Mitgliedstaaten im Rat schließlich auf Mindeststeuersätze verständigt (auf Zigaretten in Richtlinie 92/79/EWG, andere Tabakwaren 92/80/EWG, Mineralöle 92/82/EWG und Alkohol und alkoholische Getränke 92/84/EWG). Dabei gelten für die Berechnung der jeweiligen Steuersätze ganz unterschiedliche Systematiken. Beispielsweise setzen sich die Verbrauchsteuern auf Zigaretten aus einer spezifischen und einer Ad-valorem-Komponente zusammen. Die spezifischen Verbrauchsteuern werden auf der Grundlage der Zigarettenmenge erhoben. Die Ad-valorem-Steuern sind ein bestimmter Prozentsatz des Verkaufspreises. Außerdem wurden für verschiedene Tabakprodukte unterschiedliche Steuersätze festgelegt.

Im Allgemeinen wurde in den Richtlinien vorgesehen, dass Rat und Kommission die Mindeststeuersätze alle zwei bis vier Jahre im Hinblick auf das reibungslose Funktionieren des Binnenmarktes und den Realwert dieser Steuersätze überprüfen.

Zur Angleichung der Verwaltungsvorgaben

Auch im Zusammenhang mit dem gemeinsamen Verbrauchsteuersystem musste 1992 noch vor der Vollendung des Binnenmarktes ein System gefunden werden, wie die Nationalstaaten trotz aufgehobener Grenzkontrollen ihren Steueranspruch durchsetzen konnten. Im Falle der speziellen Verbrauchsteuern entschied sich der Rat für das System eines sogenannten Steuerlagerverbundes, wonach die grenzüberschreitende Beförderung der verbrauchsteuerpflichtigen Waren zwischen den Steuerlagern steuerfrei – unter Beigabe eines Begleitdokuments zur Identifizierung – erfolgt. Es wurde ein Verfahren festgelegt, durch das die Steuerbehörden der einzelnen Mitgliedstaaten von den Marktteilnehmern über versandte oder empfangene Warensendungen mittels dieses Begleitpapiers unterrichtet werden. So ging es darum, eine entsprechende Kontrolle des Verfahrens sicherzustellen. Um diese Kontrolle zu gewährleisten, wurde schon im Rahmen der Strukturrichtlinie (92/12/EWG) zur Vereinheitlichung der Verbrauchsteuersysteme festgelegt, dass die Amtshilferichtlinie des Rates von 1977 (77/799/EWG) auch auf die Verbrauchsteuern ausgedehnt werden sollte.

Die Einzelheiten des gesamten Verfahrens wurden in der Systemrichtlinie (92/12/EWG) nahezu vereinheitlicht. Für den Eigenbedarf von Privatpersonen gilt – ähnlich wie bei der Mehrwertsteuer – das Ursprungslandprinzip für begrenzte Mengen. Bei Kraftstoffen beschränkt sich dies beispielsweise auf die Füllung des Fahrzeugtanks und eines Reservebehälters.

Im Juni 2003 wurde darüber hinaus vom Rat eine Entscheidung angenommen, die vorsieht, die bei der innergemeinschaftlichen Beförderung verbrauchsteuerpflichtiger Waren (Alkohol, Tabakwaren und Energieerzeugnisse) unter Steueraussetzung erforderliche Begleitdokumentation auf EDV umzustellen. Das mit der Entscheidung eingeführte EDV-System sollte den Mitgliedstaaten ermöglichen, laufende Beförderungen in Echtzeit zu verfolgen und die erforderlichen Vorabkontrollen zu veranlassen. Das damalige papiergestützte System reiche nicht aus, um dem zunehmenden Betrug im Bereich der Verbrauchsteuern, insbesondere bei Tabakwaren und Alkohol, Einhalt zu gebieten. Außerdem sei es nach Auffassung der Wirtschaftsbeteiligten zu kompliziert.

Weitreichende Ergänzungen und detaillierte Regelungen enthält – neben den erwähnten – die Verordnung (EG 2073/2004) des Rates, die die systematische Herauslösung der Verbrauchsteuern aus der Amtshilferichtlinie von 1977 vorsieht. Die Verordnung sollte die Zusammenarbeit der Steuerverwaltungen auf dem Gebiet der Verbrauchsteuern stärken und für engere Kontakte zwischen den Verbrauchsteuererhebungsstellen der Mitgliedstaaten und damit einen schnelleren Informationsfluss sorgen.

Die Verordnung sieht neben dem Austausch von Informationen auf Ersuchen ein größeres Ausmaß an automatischem und spontanem Informationsaustausch vor. Konkret muss jeder Mitgliedstaat den anderen Mitgliedstaaten und der Kommission mitteilen, welcher »zuständigen Behörde« er die Anwendung der Verordnung überantwortet hat. Ferner benennt er ein »zentrales Verbindungsbüro«, das für die anderen Mitgliedstaaten die bevorzugte Anlaufstelle für die Zusammenarbeit der Verwaltungsbehörden ist. Das zentrale Verbindungsbüro ist in erster Linie für den Austausch von Informationen über die Beförderung verbrauchsteuerpflichtiger Waren zuständig, das heißt den Austausch der Daten in der EDV-gestützten Datenbank über zugelassene Lagerinhaber, registrierte Wirtschaftsbeteiligte und der als Steuerlager zugelassene Lagerstätten.

Auf Ersuchen erteilt die Behörde alle Auskünfte, die einer ordnungsgemäßen Verbrauchsteuerfestsetzung dienlich sein können und lässt gegebenenfalls die zur Erlangung dieser Auskünfte notwendigen behördlichen Ermittlungen durchführen. Ersuche sind sobald wie möglich, spätestens aber vor Ablauf von drei Monaten nach Eingang zu beantworten. Sollten in der Vergangenheit darüber hinaus Zweifel an der Praxis eines Steuerpflichtigen aufgekommen sein, so ermöglicht die Richtlinie einen gelegentlichen oder regelmäßigen automatischen Austausch von Informationen.

Was die geschilderten Vereinheitlichungen bei der Gestaltung und Verwaltung der speziellen Verbrauchsteuern *de jure* und *de facto* für die Autonomie der Mitgliedstaaten bedeuten wird im folgenden Abschnitt erläutert.

1.2.2 Autonomieverluste bei der Gestaltung und Verwaltung der speziellen Verbrauchsteuern

Auch im Falle der speziellen Verbrauchsteuern gilt: *de jure* hat ein weitestgehender Autonomieverlust der Mitgliedstaaten stattgefunden. Dennoch geht hier der Autonomieverlust noch einen Schritt weiter, da ganze Steuerarten betroffen sind, die nicht mehr eingeführt werden dürfen beziehungsweise grundsätzlich der Überprüfung durch die Kommission und den Europäischen Gerichtshof unterliegen.

Auch an dieser Stelle möchte ich einige Fragen vorweg stellen: Könnte beispielsweise der britische Gesetzgeber rechtlich autonom beschließen, wieder eine grenzüberschreitend wirksame Teesteuer einzuführen, auf deren Durchsetzung er beispielsweise gegenüber den amerikanischen Kolonien als

Zeichen seiner Souveränität um das Jahr 1770 herum noch bestand, was schließlich zur sogenannten Boston Tea Party und in deren Folge zur »Amerikanischen Revolution« führte? Nein. Ein anderes Beispiel: Könnte irgendwer in der Gemeinschaft autonom beschließen Zigaretten nicht mehr zu besteuern? Nein. Oder: Kann das deutsche oder französische Parlament autonom darüber entscheiden Flugbenzin zu besteuern? Nein. Vor 2003 war es explizit ausgeschlossen, seither könnten sich die Mitgliedstaaten die Besteuerung von Inlandsflügen von Seiten der Kommission genehmigen lassen. Was ist mit der Steuer auf sogenannte Alkopops, die Deutschland mit Wirkung vom 1.7.2004 eingeführt hat? Sie konnte eingeführt werden, allerdings erst nach Prüfung durch die Europäische Kommission. Was bedeutet dies für die Gestaltung sonstiger neuer Steuern? Ist deren Einführung autonom und ohne Prüfung durch die Kommission möglich? Nein.

Kaum noch nationale Gestaltungsspielräume

Grundsätzlich gilt bei den hier zu beschreibenden Steuern, dass weder Steuern, die vor 1993 galten, noch Steuern, die neu eingeführt werden in irgendeiner Form grenzwirksam sein dürfen. Vergleichbar mit den sogenannten kleinen kommunalen Verbrauchsteuern dürfen sie lediglich einen örtlichen (nationalen) Bezug haben, jedoch ohne den im Gemeinschaftsrecht harmonisierten Steuern ähnlich zu sein, beziehungsweise in den Richtlinien explizit ausgeschlossen zu sein.

So verwies beispielsweise die ehemalige rot-grüne deutsche Bundesregierung auf die aus ihrer Sicht nicht nur politische Notwendigkeit einer europäischen Beschlussfassung, als es im Rahmen der Gestaltung der Ökosteuer auch um eine Regelung hinsichtlich der Besteuerung von Flugbenzin – Kerosin – ging (Trittin 2002: 40). Tatsächlich war ein entsprechender Steuerbefreiungstatbestand auf europäischer Ebene im Rahmen der Richtlinie (92/81/EWG) zur Mineralölsteuer normiert. Dass die Nichteinführung letztendlich nicht nur am fehlenden formalen europäischen Rahmen lag und liegt, zeigt sich seit 2003, als mit der »Ökosteuer«-Richtlinie (2003/96/EG) zumindest Bestimmungen geschaffen wurden, die den Mitgliedstaaten die Besteuerung von Flugkraftstoff für Inlandflüge und – aufgrund bilateraler Abkommen – für innergemeinschaftliche Flüge ermöglichen sollen. Dies sind Möglichkeiten, von denen allerdings kein Mitgliedsland bisher Gebrauch gemacht hat.

Dennoch müsste auch eine nationale Kerosinsteuer – wie jede andere noch so kleine oder nur örtlich erhobene Steuer zunächst der Kommission zur Prüfung vorgelegt werden, wie schon im Falle der regionalen italienischen Wertschöpfungsteuer oben erwähnt. Die Prüfung gilt dann sowohl der Frage, ob die Steuer einer im Gemeinschaftsrecht normierten Steuer (auf Tabake, Energieerzeugnisse und Alkohole oder der Mehrwertsteuer) ähnlich ist – und damit ausgeschlossen – oder ob sie grenzüberschreitend wirksam wäre. So musste beispielsweise auch die 2004 in Deutschland unter dem Stichwort »Lenkungssteuer« neu eingeführte Steuer auf sogenannte Alkopops zunächst der Kommission zur Prüfung vorgelegt werden.[23] Würde Großbritannien eine Teesteuer oder Abgabe einführen wollen, wie sie diese um 1770 als Ausdruck seiner Souveränität geltend machte, würde diese den Prüfungskriterien der Kommission nicht standhalten, da die Steuer nur dann wirksam wurde, wenn Produkte – in diesem Fall Tee – grenzüberschreitend (vom »Mutterland« in die »Kolonien«) gehandelt wurden.

Bezogen auf bereits bestehende Steuern in den Mitgliedsländern sind die Abgrenzungen gegenüber anderen gemeinschaftsrechtlich geregelten Steuerarten auch im Fall der Verbrauchsteuern häufig Streitfall vor dem Europäischen Gerichtshof. Die jüngsten Fälle wurden allerdings weitgehend zugunsten der Mitgliedsländer entschieden: Sowohl die belgische Handy-Masten-Steuer[24] wie die kommunale italienische Werbesteuer[25] oder die österreichische Normverbrauchsabgabe[26] (eine Verbrauchsteuer auf die Einführung von PKW bei Arbeitsplatzwechsel in einen anderen Mitgliedstaat) wurden zuletzt vom EuGH als grundsätzlich zulässig erklärt. Dennoch gilt auch in diesem Zusam-

---

23 Dies Verfahren gehört mittlerweile derart zur Verwaltungsroutine, dass es für die zuständigen MitarbeiterInnen der Finanzbehörden nicht mehr zu den erwähnenswerten Tatbeständen der Europäisierung nationaler Steuersysteme gehört, sondern auf Nachfrage in Interviews mit einem erstaunten »Aber das ist doch klar« quittiert wird.

24 EuGH 8.9.2005 Rs C-544/03 und C545/03, Mobistar SA u. a. – Vorabentscheidungsverfahren des belgischen Conseil d'État. Gegenstand des Verfahrens waren zwei Verordnungen. Die erste wurde vom Gemeinderat von Schaerbeek 1997 erlassen. Mit ihr wurde für die Haushaltsjahre 1997 bis 1999 eine jährliche Abgabe auf »Außenantennen« eingeführt, das heißt auf Parabolantennen und Mobilfunkantennen. Die vom Eigentümer der Antenne geschuldete Abgabe belief sich auf 100 000 BEF (2 478,94 Euro) für Mobilfunkantennen und 5 000 BEF (123,95 Euro) für Parabolantennen. Die zweite Verordnung wurde vom Gemeinderat von Fléron 1998 erlassen. Mit ihr wurde ab 1. Januar 1998 für einen Zeitraum von drei Jahren eine jährliche Abgabe auf Antennen, Sendemasten und Sendetürme für den Mobilfunk eingeführt. Die ebenfalls vom Eigentümer der Antenne geschuldete Abgabe belief sich auch hier auf 100 000 BEF (2 478,94 Euro) je Antenne.

25 EuGH 17.2.2005 Rs C-134/03 Viacom Outdoor Srl – Vorabentscheidungsersuchen des italienischen Giudice di pace di Genova-Voltri. Im diesem Fall stand eine italienische Regelung auf dem Prüfstand, nach der Gemeinden kommunale Abgaben auf Werbung erheben, bestimmte Vorschriften zur Durchführung von Werbung auf ihrem Territorium vorsehen (u. a. Regeln zu Zahl und Lage der zur Verfügung stehenden Werbeflächen) und auch einen eigenen gemeindlichen Plakatierdienst betreiben.

26 EuGH 29.4.2004 Rs C-387/01, Weigel und Weigel – Vorabentscheidungsersuchen des österreichischen Verwaltungsgerichtshofes.

menhang, dass die europäische Ebene mindestens Prüfungs- und Kontrollinstanz ist für alle in ihrem Aufkommen auch noch so kleinen oder örtlich begrenzt erhobenen Verbrauchsteuern, die in europäischen Mitgliedstaaten eingeführt sind oder eingeführt werden sollen.

Auch hinsichtlich der Steuersatzgestaltung sind die Mitgliedstaaten nicht mehr autonom. Obwohl diesbezüglich lediglich Mindeststeuersätze europarechtlich fixiert sind, ist – wie gezeigt wurde – genau definiert, für welche Produktgruppen welche Steuersatzberechnung zu gelten hat. Diese Regelung bekam jüngst Deutschland zu spüren, als der Europäische Gerichtshof im Rahmen eines Vertragsverletzungsverfahrens feststellte, dass auch Hülsenzigaretten dem Steuersatz für Fertigzigaretten unterliegen.[27] Der deutsche Gesetzgeber hatte hingegen den niedrigeren Steuersatzes für Feinschnitttabak für selbst gedrehte Zigaretten auch auf Tabakstränge angewandt, die unter dem Namen »West Single Packs« verkauft werden und entsprechend gegen verschiedene Richtlinien verstoßen.

Dass die Mitgliedstaaten dennoch Spielräume zur Steuersatzgestaltung haben und diese auch nutzen, zeigt nicht zuletzt die in Deutschland sich turnusmäßig wiederholende Diskussion um eine Erhöhung der Tabaksteuer, die in der Hälfte der Fälle schließlich auch stattfindet. Und: nach wie vor erheben die Mitgliedsländer der Satzhöhe nach recht unterschiedliche Verbrauchsteuern – wie unschwer beispielsweise in Bezug auf Alkohol die Luftqualität in den geschlossenen Räumen einer Fähre zwischen den Zielen Deutschland und Schweden erahnen lässt.

Dennoch überprüfen die europäischen Gremien regelmäßig, ob die Höhe der mitgliedstaatlichen Steuersätze im Hinblick auf das reibungslose Funktionieren des Binnenmarktes noch angemessen erscheint und prüfen den Realwert der Steuersätze. Berichte hierüber werden regelmäßig veröffentlicht und aktualisiert.

Kaum noch nationale Verwaltungsspielräume

Das System der Steuerlager, wie es im Rahmen der Verbrauchsteuern gilt, hat die gesamten Verfahrensabläufe in den Mitgliedstaaten nachdrücklich verändert. Waren, für die Verbrauchsteuern erhoben werden, werden heute steuerfrei zwischen registrierten Steuerlagern hin und her transportiert. Erst wenn die Waren aus dem Steuerlager entfernt werden und sich kein weiteres Steueraussetzungsverfahren anschließt (weil die Waren beispielsweise gerade zu einem anderen Steuerlager transportiert werden), wird die Ware steuerpflichtig.

27 EuGH Urteil vom 10.11.2005, Rs C-197/04, Kommission/Deutschland.

Das Verfahren ist so dokumentiert, dass der Weg einer Ware in allen Ländern anhand derselben Formulare genau nachvollzogen werden kann. Angaben über Weg, Inhalt, Kosten etc. der Waren finden sich in genau denselben Rubriken eines portugiesischen Formulars wie im deutschen Pendant.

Das System der Steuerlager gilt darüber hinaus nicht nur für die harmonisierten Steuern, sondern für nahezu alle anderen Steuern, die nicht harmonisiert sind, ebenfalls. So wurde beispielsweise die deutsche Kaffeesteuer anlässlich der Vorgaben aus den Verbrauchsteuerrichtlinien zu einer Fertigproduktsteuer umgestaltet. Die Steuer wird – wie im Falle der harmonisierten Verbrauchsteuern – dann fällig, wenn der Kaffee dem Steuerlager zum Verbrauch entnommen wird.

Zusammenfassend lässt sich für die speziellen Verbrauchsteuern folgendes Fazit ziehen: Ihre Vereinheitlichung setzt einen detaillierten rechtlichen europäischen Rahmen. Und diese Vereinheitlichung betrifft nicht nur die europäisch normierten Steuern selbst, sondern jedwede Neueinführung von Verbrauchsteuern und seien sie auch nur regional erhoben: alle Steuern unterstehen der Kontrolle der europäischen Institutionen, ob sie neu eingeführt werden oder zum Bestand gehören. *De jure* ist der Autonomieverlust im Bereich der speziellen Verbrauchsteuern umfassend. Dieser Befund gilt auch für die Kapitalverkehrsbesteuerung, wie im Folgenden gezeigt wird.

1.3 Kapitalverkehrsteuer: der europäische Status quo und seine Bedeutung für die nationalstaatliche Steuerautonomie

Die Kapitalverkehrsteuern wurden im Zuge der Herstellung eines Gemeinsamen Marktes bereits 1969 vereinheitlicht. Abweichungen vom europäischen Sekundärrecht dürfen nur in dessen gesetztem Rahmen stattfinden; andere als die europäisch normierte Gesellschaftsteuer dürfen nicht mehr erhoben werden. Alle anderen mit der Gesellschaftsteuer vergleichbaren Steuern mussten abgeschafft werden. Doch im Einzelnen:

1.3.1 Der Status quo: Vorgaben an die Kapitalverkehrsteuern heute

Bereits in den späten 1960er Jahren setzte die Europäische Kommission die Wertpapier- beziehungsweise Gesellschaftsteuern (die die Ansammlung von

Kapital besteuerten – Kapitalverkehrsteuern) auf die Tagesordnung. Aus Sicht der Kommission waren dies diejenigen Steuern, die den freien Kapitalverkehr innerhalb der Gemeinschaft deutlich hemmten, da sie in den Mitgliedstaaten auf ganz unterschiedliche Weise erhoben wurden.

Zur Angleichung der Systeme der Kapitalverkehrsteuern

Obwohl von der Kommission selbst, vom Steuer- und Finanzausschuss, vom Europäischen Parlament und seinem Wirtschafts- und Sozialausschuss wie auch von einer von der EWG-Kommission eingesetzten Sachverständigengruppe ursprünglich die Abschaffung aller Kapitalverkehrsteuern als wünschenswert angesehen wurde (Andel 1971: 253), zeichnete sich schon im Vorfeld ab, dass die Mitgliedstaaten aus fiskalischen Gründen auf diesen Vorschlag nicht eingehen würden. Bereits der Entwurf der Richtlinie sah entsprechend vor, nur die Wertpapiersteuern abzuschaffen und die Gesellschaftsteuern zu harmonisieren. Diskriminierungen und Doppelbesteuerungen sollten so beseitigt werden. Steuern auf Kapital, das im Rahmen einer Gesellschaft angesammelt worden war, sollten nur einmal erhoben werden.

Mit diesem Ansinnen konnte sich die Kommission recht schnell durchsetzen. Bereits 1969 verabschiedete der Rat eine zentrale Richtlinie (69/335/EWG), mit der die indirekten Steuern auf die Ansammlung von Kapital (Abgabe auf Kapitalzuführungen an Kapitalgesellschaften/besteuert am Ort der tatsächlichen Geschäftsführung) nach einem einheitlichen System geregelt wurden. Die Richtlinie beinhaltet in genauer landessprachlicher Bezeichnung, welche Gesellschaften als Kapitalgesellschaften zu gelten haben und sah die Aufhebung aller anderen Steuern mit den gleichen Merkmalen vor.

Der Gesellschaftsteuer unterliegen heute insbesondere der erste Erwerb von Gesellschaftsrechten, der sich bei der Gründung von inländischen Kapitalgesellschaften und bei Kapitalerhöhungen vollzieht, sowie vertragliche und freiwillige Leistungen von Gesellschaften, wie zum Beispiel weitere Einzahlungen, Nachschüsse, Zuschüsse, Forderungsverzichte und Verlustübernahmen. Bei ausländischen Kapitalgesellschaften (ausgenommen solche aus Mitgliedstaaten der EG) ist die Zuführung von Anlage- und Betriebskapital an inländische Niederlassungen steuerpflichtig.

1985 stellte der Rat im Rahmen einer Richtlinie (85/303/EWG) jedoch fest, dass die wirtschaftlichen Auswirkungen der Gesellschaftsteuer für den Zusammenschluss und die Entwicklung der Unternehmen ungünstig sei. Besonders negativ sei diese in einer konjunkturellen Situation, in der die Belebung der Investitionen als vordringlich zu gelten habe. So empfahl die Kommission die Abschaffung der Gesellschaftsteuer, allerdings waren die erwarteten Einnahmeausfälle für einige Mitgliedstaaten unannehmbar hoch. Im Ergebnis wurde es den Mitgliedstaaten freigestellt, ob sie die Gesellschaftsteuer grundsätzlich erheben oder auf eine Erhebung generell verzichten wollen.

Zur Angleichung der Bemessungsgrundlagen

Im Rahmen der 1969 und 1985 verabschiedeten Richtlinien (69/335/EWG, 85/303/EWG), mit denen die Gesellschaftsteuer als einzig zulässige Steuer auf die Zuführung von Kapital an Kapitalgesellschaften beschlossen wurde, wurde ebenfalls geklärt, welche Vorgänge der Steuer unterliegen: so zum Beispiel die Gründung einer Kapitalgesellschaft; die Umwandlung einer Gesellschaft, Personenvereinigung oder juristischen Person, die keine Kapitalgesellschaft ist, in eine Kapitalgesellschaft; die Erhöhung des Kapitals einer Kapitalgesellschaft durch Einlagen jeder Art oder bestimmte Tatbestände, die mit der Verlegung des Ortes der tatsächlichen Geschäftsleitung einer Gesellschaft, Personenvereinigung oder juristischen Person zu tun haben. Darüber hinaus wurde geregelt, welche Tatbestände der Steuer unterliegen können und für welche die Mitgliedstaaten Steuerreduzierungen oder -befreiungen vorsehen können.

Während Mitgliedstaaten, die auf die Erhebung der Steuer ganz verzichten – wie beispielsweise Deutschland – den EuGH hauptsächlich mit Fragen nach der Vereinbarkeit von Gebühren mit der Steuerrichtlinie befassen, war insbesondere die in den Niederlanden erhobene Gesellschaftsteuer in den vergangenen Jahren gelegentlich Gegenstand von EuGH-Befassungen. Dabei ging es im Wesentlichen um die Frage, ob einzelne Tatbestände von der Steuer befreit oder in die Steuer einbezogen werden müssten.[28]

Zur Angleichung der Steuersätze

Die Steuersätze der europäisch konzipierten Gesellschaftsteuer wurden in zwei Richtlinien aus den Jahren 1973 (73/80/EWG) und 1985 (85/303/EWG) festgesetzt beziehungsweise modifiziert.

So galt seit Einführung der Steuer – zunächst als Entscheidung der Kommission, schließlich als Beschluss des Rates –, dass im Normalfall ein Steuersatz von einem Prozent erhoben werden sollten und die ermäßigten Steuersätze für Umstrukturierungen wurden auf von 0 bis 5 Prozent festgelegt.

28 So zum Beispiel EuGH 18.5.2006 Rs C-509/04, Magpar VI BV – Vorabentscheidungsersuchen des niederländischen Hoge Raad der Nederlanden oder EuGH 12.1.2006 Rs C-494/03 Senior Engineering Investments BV – Vorabentscheidungsersuchen des niederländischen Hoge Raad der Nederlanden.

Dabei betonte die Richtlinie 1973 bereits, dass es sich bei der Gesellschaftsteuer aus Sicht von Kommission und Mitgliedstaaten eher um ein Hindernis denn eine sinnvolle Einnahmequelle handelte. So sollte die Steuer von vornherein niedrig angesetzt werden und wurde nur unter Verweis auf die Haushaltserfordernisse einiger Mitgliedstaaten überhaupt noch erhoben. Im Jahr 1985 stellte der Rat – wie bereits erwähnt – fest, dass die wirtschaftlichen Auswirkungen der Gesellschaftsteuer für den Zusammenschluss und die Entwicklung der Unternehmen ungünstig sei. Die Kommission empfahl die Abschaffung der Gesellschaftsteuer, was wegen der erwarteten Einnahmeausfälle für einige Mitgliedstaaten unannehmbar war. Schließlich beschloss der Rat alle Vorgänge, die dem ermäßigten Gesellschaftsteuersatz unterlagen, von der Steuer zu befreien, so beispielsweise auch Unternehmensfusionen.

Was aber bedeutet die Vereinheitlichung der Kapitalverkehrsteuern für die autonomen Gestaltungs- und Verwaltungskompetenzen der Mitgliedstaaten heute?

1.3.2 Autonomieverluste bei der Gestaltung und Verwaltung der Kapitalverkehrsteuern

Kein Mitgliedstaat darf heute mehr eine andere Steuer auf die Ansammlung von Kapital erheben, als die europäisch normierte Gesellschaftsteuer. *De jure* besteht der einzige autonome Handlungsspielraum für die Mitgliedstaaten heute noch darin, vollständig auf die Erhebung der Gesellschaftsteuer zu verzichten. Von dieser Möglichkeit haben inzwischen eine Reihe von Staaten Gebrauch gemacht, so unter anderem Deutschland, das seine Gesellschaft- und Börsenumsatzsteuer, die zum Zeitpunkt der Abschaffung immerhin rund 800 Millionen Euro an Haushaltseinnahmen brachte, »zur Beseitigung des Wettbewerbsnachteils der deutschen Finanzmärkte« zum 1. Januar 1991 abschaffte.[29]

Ein genereller Verzicht auf die Erhebung einer Gesellschaftsteuer bedeutet hingegen nicht, dass es nicht zu juristischen Auseinandersetzungen vor dem EuGH kommen kann. So ist der EuGH nach wie vor häufig mit Abgrenzungsfragen befasst, in denen es darum geht, als Gebühren erhobene Beiträge in den Mitgliedsländern (insbesondere zum Beispiel Notariatsgebühren[30])

---

29 Finanzmarktförderungsgesetz vom 22. Februar 1990 (BGBl I S. 266).

30 So zum Beispiel EuGH 30.6.2005 Rs C-165/03, Längst – Vorabentscheidungsersuchen des deutschen Landgerichts Stuttgart oder EuGH 21.3.2002 C-264/00 Gründerzentrum Betriebs-GmbH – Vorabentscheidungsersuchen des deutschen Amtsgerichts Mühlheim/Baden.

darauf hin zu prüfen, ob sie im Sinne der Richtlinien als (un-)zulässige Steuer zu werten sind.

Aber es unterliegen auch diejenigen Mitgliedsländer der europäischen Kontrolle, die nach wie vor die Gesellschaftsteuer erheben. So sind die Mitgliedstaaten, die die Gesellschaftsteuer erheben, beispielsweise nicht frei darin, einzelne Tatbestände von der Steuer zu befreien, wie das dann der Fall wäre, wenn sie auf die Erhebung einer Gesellschaftsteuer generell verzichten würden. Auch darf nur die Neugründung einer Gesellschaft besteuert werden, nicht etwa eine Sitzverlagerung. Beides sind beispielsweise Tatbestände, wegen derer die Europäische Kommission jüngst im Rahmen eines Vertragsverletzungsverfahrens[31] Klage vor dem EuGH gegen Spanien erhoben hat.

So habe Spanien trotz der förmlichen Aufforderung seitens der Kommission seine Rechtsvorschriften nicht geändert, wonach nur der Mitgliedstaat, in dem eine Gesellschaft gegründet wird, die Gesellschaftsteuer erheben darf. Spanien erhebt die Steuer auch bei der Verlegung des satzungsmäßigen Sitzes der tatsächlichen Geschäftsleitung einer Gesellschaft von einem anderen Mitgliedstaat nach Spanien, sofern die Gründung dieser Gesellschaft in dem anderen Mitgliedstaat nicht der Gesellschaftsteuer unterworfen war (dem anderen Mitgliedstaat steht es gemäß der Richtlinie frei, darauf zu verzichten). Und: Spanien erhebt die Steuer auch auf Kapital in Zweigniederlassungen spanischer Gesellschaften in Mitgliedstaaten, auch wenn diese Mitgliedstaaten keine Gesellschaftsteuer erheben.[32]

Im Zusammenhang mit der europäischen Kapitalverkehrsbesteuerung gilt demnach: Entweder wird eine Gesellschaftsteuer nach europäischen Vorgaben erhoben oder es wird generell auf eine Erhebung verzichtet. Auch eine Schlechterstellung heimischer Unternehmen bei einer Expansion über die Grenze oder eine Attraktivitätsverschlechterung des Standortes durch die Besteuerung einer Sitzverlagerung aus einem anderen Mitgliedsland sind gemäß den europäischen Normen nicht möglich. Andere – beispielsweise Wertpapiersteuern – dürfen nicht eingeführt werden. Hierfür müsste das Sekundärrecht geändert werden: auf Basis einer Vorlage der Kommission und nach Anhörung des Europäischen Parlaments müssten alle Mitgliedstaaten zustimmen.

Zusammenfassend lässt sich für die wesentlichen indirekten Steuern – das heißt die Mehrwertsteuer, die speziellen Verbrauchsteuern und die Kapitalver-

---

31 Ein Vertragsverletzungsverfahren gemäß Artikel 226 EG-Vertrag kann die Europäische Kommission dann einleiten, wenn sie Verstöße gegen das Primär- oder Sekundärrecht der Gemeinschaft durch einen Mitgliedstaat feststellt. Das Verfahren hat drei Stufen. Die letzte Stufe ist die Klageerhebung vor dem Europäischen Gerichtshof.

32 Europäische Kommission, Pressemitteilung IP/06/963, vom 10. Juli 2006.

kehrsteuern – folgendes Fazit ziehen: Ihre Vereinheitlichung auf Basis von rund 120 Richtlinien hat von Beginn des Gemeinsamen Marktes an im Wesentlichen bis zur Vollendung des Binnenmarktes Anfang 1993 umfassend stattgefunden und setzt einen detaillierten rechtlichen Rahmen. Trotz der unterschiedlichen Ausgangssituationen in den Mitgliedsländern – unterschiedliche Steuersysteme, Bemessungsgrundlagen, Steuersätze – kann heute kein Mitgliedsland *de jure* mehr einen eigenständigen Weg gehen.

Anders stellt sich die Situation im Bereich der direkten Besteuerung dar, was Gegenstand der folgenden Ausführungen sein wird.

1.4 Die persönliche Einkommen- und Unternehmensbesteuerung: der europäische Status quo und seine Bedeutung für die nationalstaatliche Steuerautonomie

Im Gegensatz zu den indirekten Steuern sehen die Römischen Verträge von 1957 und auch die späteren Vertragsänderungen keine explizite Grundlage vor, auf deren Basis ein Auftrag an die Organe der Gemeinschaft zur Harmonisierung der direkten Steuern auf Einkommen von natürlichen Personen und Unternehmen abzuleiten wäre.

Lediglich aus der allgemeinen – nicht steuerspezifischen – Grundlage des Artikels 94 EG-Vertrag können Bezüge zur Harmonisierung der direkten Steuern abgeleitet werden. Danach erlässt der Rat einstimmig auf Vorschlag der Kommission Richtlinien für die Angleichung derjenigen Rechts- und Verwaltungsvorschriften der Mitgliedstaaten, die sich unmittelbar auf die Errichtung und das Funktionieren des Gemeinsamen Marktes auswirken. In Artikel 58 wird die freie Kapitalmobilität unter den Mitgliedstaaten dadurch etwas relativiert, dass dieser den Staaten erlaubt, diejenigen einschlägigen Vorschriften ihres Steuerrechts anzuwenden, die Steuerpflichtige mit unterschiedlichem Wohnort oder Kapitalanlageort unterschiedlich behandeln (Artikel 58 Abs.1a). Allerdings dürfen diese Maßnahmen und Verfahren weder ein Mittel zur willkürlichen Diskriminierung noch eine verschleierte Beschränkung des freien Kapitalverkehrs darstellen (Artikel 58, Abs. 3).

Der einzige spezielle Auftrag in Richtung direkter Steuern im Vertrag findet sich in Artikel 220 (neu: Art. 293), der besagt, dass die Mitgliedstaaten – soweit erforderlich – zugunsten ihrer Staatsangehörigen Verhandlungen untereinander zur Beseitigung der Doppelbesteuerung in der Gemeinschaft aufnehmen sollen. Artikel 221 (neu: Art. 294) normiert die Gleichstellung aller Staatsangehörigen bei Kapitalbeteiligungen. Anleger anderer Mitgliedstaaten müssen danach inländischen Anlegern gleichgestellt werden.

Bis Ende der 1980er Jahre waren die Harmonisierungsbemühungen der EG-Kommission im Bereich der direkten Steuern – das heißt der Besteuerung der unterschiedlichen Einkommensarten von Privaten und Unternehmen – wenig erfolgreich (Genschel 2002: 128–231). Auch heute unterscheiden sich die Steuersysteme der Mitgliedstaaten nach wie vor voneinander; das gilt ebenso für die Berechnung der steuerlichen Bemessungsgrundlage wie auch für die Höhe der Steuersätze. Allerdings sind in allen Bereichen und insbesondere im Hinblick auf die Bemessungsgrundlage deutliche Annäherungen festzustellen, wie im Folgenden gezeigt wird.

Dennoch: auch wenn hier *de jure* Autonomieverluste der europäischen Mitgliedstaaten hauptsächlich hinsichtlich der Nichtdiskriminierung und Nichtbeschränkung der Mobilität insbesondere von Kapital, aber auch von Personen im Binnenmarkt zu finden sind, schränken die Nationalstaaten ihre verbliebenen Gestaltungsspielräume *de facto* ein. Insbesondere die unterschiedlichen Implikationen des steuerlichen Standortwettbewerbs der Mitgliedstaaten untereinander – das heißt des Wettbewerbs um Kapital aber auch reale Produktion – schränkt *de facto* ihre Handlungsspielräume ein.

1.4.1 Der Status quo: Gestaltungs- und Verwaltungsvorgaben heute

Bis Ende der 1980er Jahre war die Angleichung im Bereich der persönlichen Einkommens- und Unternehmensbesteuerung vor allem dadurch geprägt, dass die Nationalstaaten quasi unilateral ihre Steuersysteme reformierten und untereinander Doppelbesteuerungsabkommen schlossen, die eine mehrfache Besteuerung desselben Sachverhaltes im Rahmen der Gemeinschaft unterbinden sollten. Diese Abkommen wurden im Laufe der Zeit durch europäische Vorgaben ergänzt: so wurden verbindliche Verabredungen darüber getroffen, wie einige Tatbestände grenzüberschreitend so zu regeln seien, dass sie den freien Kapitalverkehr im Binnenmarkt nicht (weiter) hemmten. So haben auch die Maßnahmen zur Verhinderung der Doppelbesteuerung im Binnenmarkt zu einer weiteren Liberalisierung des Kapitalmarktes beigetragen und zu einer Strategie der Mitgliedstaaten, untereinander in einen Standortwettbewerb um ebendieses mobiler gewordene Kapital zu treten.

Erst seit Ende der 1990er Jahre haben es die Mitgliedstaaten geschafft, einige der sogenannten schädlichen Steuerpraktiken über unverbindliche Verabredungen einzudämmen. Die Kommission, die ihrerseits über ein gewisses

Instrumentarium zur Verhinderung schädlicher Praktiken (über die Einstufung als unzulässige staatliche Beihilfe) verfügt, hat Ende der 1990er Jahre ebenfalls begonnen dieses Instrumentarium zu nutzen.

Dies hat jedoch nicht dazu geführt, dass die Mitgliedstaaten den Standortwettbewerb, der insbesondere über die Steuersätze ausgetragen wird, eingedämmt hätten. Im Gegenteil gehört dieser heute zu den die europäische Steuerpolitik strukturierenden Elementen insbesondere im Rahmen der Unternehmens- und Kapitalbesteuerung. Dies hat wiederum Rückwirkungen auf die Ausgestaltung – und Annäherung – der Einkommensteuersysteme selbst.

Seit Beginn der 1990er Jahre und noch verstärkt seit der Jahrtausendwende hat der Europäische Gerichtshof (EuGH) die weitere Angleichung mitgliedstaatlicher Einkommensteuersysteme vorangetrieben: So hat seither nicht nur die reine Quantität der Urteile zugenommen, sondern auch ihre Wirkungstiefe hinsichtlich geforderter Änderungen einzelner Tatbestände in den nationalen Einkommensteuersystemen. Jenseits des Harmonisierungsdrucks, der von den EuGH-Urteilen ausgeht, ergriffen die Nationalstaaten bislang nur punktuell die Initiative, durch Vorgaben den Prozess der Annäherung der Steuerbemessungsgrundlagen in Kooperation selbst zu gestalten, wie im Folgenden ebenfalls ausgeführt wird.

Zur Angleichung der Einkommensteuersysteme

Um es gleich vorweg zu nehmen: Von Seiten der Gemeinschaft existieren keine harten Vorgaben zur Angleichung der persönlichen Einkommen- und Unternehmensteuersysteme der Mitgliedsländer. So gibt es in der Gemeinschaft nach wie vor unterschiedliche Systeme der Besteuerung. Einschränkend möchte ich auf zweierlei hinweisen:

Erstens ist es durchaus fraglich, ob ein Land Mitglied der Europäischen Gemeinschaft werden könnte, das keinerlei Einkommensteuern erhebt. Zwar gibt es diesbezügliche keine explizite Aufforderung rechtlicher Natur, weder im Primär- noch im Sekundärrecht, jedoch gäbe es, so ein Mitarbeiter der Generaldirektion Steuern im Interview vom 25.1.2006, durchaus andere vertragliche Anknüpfungspunkte, wenn es zum Beispiel in Artikel 2 EG-Vertrag um die Förderung der Solidarität unter den Mitgliedstaaten geht. Tatsächlich sei auch im Rahmen der langen Verhandlungen im Vorfeld der sogenannten Osterweiterung immer auf eine gemeinschaftsverträgliche Einkommensbesteuerung hingewirkt worden. Dennoch sei letztlich offen, ob ein »Musterschüler«, der ansonsten alle Vorgaben erfüllt, aber keine Einkommensteuer vorweist, nicht dennoch als Mitglied der Gemeinschaft aufgenommen worden wäre. Tatsächlich gibt es allerdings kein europäisches Land, das auf die Erhebung von Einkommensteuern vollständig verzichtet, oder dies in der Vergangenheit zu einem Beitrittsstreitpunkt gemacht hätte.

Wichtiger jedoch ist der zweite Hinweis im Zusammenhang mit der Annäherung der Steuersysteme. So hat die Verbreitung steuerpolitischer Vorstellungen über den europäischen Dialog bereits in den 1950er bis 1970er Jahren zu Annäherungen der mitgliedstaatlichen Steuerpolitiken, weg von der Schedulenbesteuerung, also der Trennung der Besteuerung nach einzelnen Einkommensarten, in Richtung einer allgemeineren Einkommensbesteuerung geführt. Später – im Wesentlichen seit den 1990er Jahren – fährt der europäische Zug mitgliedstaatlicher Annäherungen wieder eher in die andere Richtung. Induziert im Wesentlichen durch den steuerlichen Standortwettbewerb der Mitgliedstaaten untereinander. Im Einzelnen:

Der europäische Dialog der 1950er Jahre war auf den Ausbau der allgemeinen Besteuerung gerichtet (Mersmann 1959/60; Gast 1959/60). So beschreibt Wolfgang Mersmann (1963: 293), damals Präsident des Bundesfinanzhofs und eingebunden in die europäischen Diskussionen, wie »befruchtend« sich die Erörterungen im Rahmen Gemeinschaft bereits in den 1950er und 1960er Jahren auf die nationalen Einkommensteuerreformen auswirkten. So hätte schon die Beschäftigung mit einer möglichen Harmonisierung auf europäischer Ebene die Ereignisse in den Mitgliedstaaten angeregt und vertieft. Mersmann verwies hier in erster Linie auf die belgische Reform der Besteuerung des Einkommens, im Rahmen derer das bis dahin geltende Schedulensystem zugunsten einer Besteuerung des Gesamteinkommens von natürlichen Personen und einer Körperschaftsteuer aufgegeben wurde. Damit sei Belgien Frankreich gefolgt und nur Italien hielte noch an der Schedulenbesteuerung fest. Zehn Jahre nach der Veröffentlichung Mersmanns stellte jedoch auch Italien im Rahmen seiner großen Steuerreform in 1973 auf eine allgemeine Einkommensbesteuerung um (Bundesamt für Außenwirtschaft 1974). In den Begründungen der italienischen Rechtsverordnungen (Nr. 597 – 600 vom 29.9.1973, Decreto del Presidente della Repubblica) wurde auf die anderen europäischen Länder und ihre Erfahrungen verwiesen. Insofern könnte es fast als eine Art Rückschritt gelten, wenn der europäische Trend derzeit wieder in Richtung Schedulen – also Trennung der Einkommensarten – führt.

So ist seit den frühen 1990er Jahren eine europaweit eine Vorbildfunktion der dualen Einkommensbesteuerung zu bemerken. Finnland, Norwegen und Schweden führten diese Anfang der 1990er Jahren ein. Die duale Einkommensteuer verabschiedet sich vom Ideal der Gleichbehandlung aller Einkommensarten zugunsten einer nach Einkommensarten getrennten Besteuerung: Unternehmensgewinne und private Kapitalerträge werden mit einem relativ niedrigen, proportionalen Satz erfasst, der in Schweden mit Stand Dezember

2005 bei 28 Prozent (Unternehmensgewinne) beziehungsweise 30 Prozent (private Kapitalerträge) liegt. Alle anderen Einkommensarten, vor allem Lohneinkünfte, unterliegen dagegen einer progressiven Besteuerung mit relativ hohem Spitzensatz, wie etwa 55,5 Prozent (2005) in Schweden. Die nordischen Staaten begründeten die Einführung auch mit der Anpassung an die Herausforderungen des Steuerwettbewerbs. So konzentriert die duale Einkommensteuer Steuersatzsenkungen auf die Einkommensarten, die wirklich (oder vermeintlich) untereinander im Wettbewerb stehen, nämlich die Unternehmensgewinne und die persönlichen Kapitaleinkommen. Auch die deutsche Bundesregierung hat im Jahr 2007 unter dem Verweis auf die internationale Wettbewerbsfähigkeit und »Europatauglichkeit« eine Besteuerung auf Basis einer deutlicheren Trennung nach Einkommensarten eingeführt (Bundesministerium der Finanzen 2004b; Koalitionsvertrag zwischen CDU, CSU und SPD 2005: 82). So wird auch in Deutschland ab 2009 eine Abgeltungssteuer auf Kapitalerträge von einheitlichen 25 Prozent erhoben werden.

Aber auch andere europäische Mitgliedstaaten haben sich bereits aufgemacht in Richtung einer dualen Einkommensbesteuerung. So haben beispielsweise Österreich, Belgien und Italien ebenfalls in der ersten Hälfte der 1990er Jahre eine sogenannte Abgeltungssteuer auf Zins- und Dividendenerträge zu einem proportionalen Satz eingeführt, die bereits in Richtung einer dualen Besteuerung weist. Auch Griechenland (1993) und die Niederlande (2001) haben bezogen auf die Zins- und Dividendenbesteuerung bereits einen Schritt in Richtung einer dualer Einkommensbesteuerung gemacht (Ganghof 2005; Eggert/Genser 2005).

Deutlich weiter als die duale Einkommensteuer geht die sogenannte »flat tax« oder »Ein-Stufen-Steuer«, mit der Estland, Lettland, Litauen und die Slowakei Anfang 2004 EU-Mitglieder wurden. Diese besteuert zwar ebenfalls – wie die allgemeine Einkommensteuer – alle Einkommensarten gleich, allerdings zu einem meist sehr niedrigen proportionalen Satz (beispielsweise 15 Prozent auf alle Einkommensarten und bezogen auf alle Einkommenshöhen), wie im Falle der dualen Einkommensbesteuerung die Kapital- und Unternehmenseinkommen (Bundesministerium der Finanzen 2005a; European Commission 2006).

Zur Angleichung der Bemessungsgrundlagen

Deutlich mehr rechtlich verbindliche Vorgaben existieren im Rahmen der Einkommensbesteuerung hinsichtlich der Bemessungsgrundlagen, das heißt der Frage wer, wie und was genau besteuert wird. Auf dieser Ebene setzen sowohl Maßnahmen zur Verhinderung der doppelten Besteuerung an als auch die Harmonisierung der einkommensteuerlichen Bemessungsgrundlagen über den EuGH. Seit Ende der 1990er Jahre befassten sich Kommission und Rat darüber hinaus mit sogenannten schädlichen Steuerpraktiken von Mitgliedstaaten und Drittländern. Auch Versuche seitens der Kommission, eine gemeinsame umsatzsteuerliche Bemessungsgrundlage durchzusetzen, haben bereits erste Verabredungen auf europäischer Ebene bewirkt.

Angleichung durch Maßnahmen zur Verhinderung der doppelten Besteuerung

Üblicherweise wird unter internationaler Doppelbesteuerung die Erhebung vergleichbarer Steuern in zwei (oder mehreren) Ländern von demselben Steuerpflichtigen, für denselben Steuergegenstand und denselben Zeitraum verstanden (Bundesministerium der Finanzen 1977: Ziffer 3).[33]

Zur Vermeidung der doppelten Besteuerung schließen Staaten bilateral völkerrechtliche Verträge, die die Vertragsstaaten in der Anwendung ihres eigenen Steuerrechts beschränken. Das heißt, die Staaten bleiben zwar jeweils originär zuständig, beschränken aber wechselseitig ihr materielles Steuerrecht und teilen für den Bereich, in dem Überschneidungen zu erwarten sind, die – theoretisch möglichen – Steuertatbestände untereinander auf. Mit anderen Worten: sie verpflichten sich gegenseitig, in den Fällen keine Steuern zu erheben, die das Abkommen dem anderen Vertragsstaat zur Besteuerung vorbehält. Die Beschränkung des innerstaatlichen Rechts kann entweder darin bestehen, dass jeweils der eine der beiden Vertragsstaaten auf die Besteuerung verzichtet (Freistellungsmethode) oder darin, dass er die Steuer des anderen auf seine eigene anrechnet (Anrechnungsmethode) (Vogel 1990: Rn 2–3 und Rn 45–47).

Solche Doppelbesteuerungsabkommen zwischen den Gründerstaaten der Europäischen Gemeinschaft existierten zum Teil schon bevor diese die Aufforderung an die Mitgliedstaaten zur Beseitigung der Doppelbesteuerung in den Vertrag aufnahmen. 1958 bestanden bereits 13 von 15 möglichen bilateralen Doppelbesteuerungsabkommen (DBA) unter den Mitgliedsländern. Lediglich Luxemburg und Italien sowie die Niederlande und Luxemburg

33 Doppelbesteuerung kommt insbesondere dadurch zustande, dass die überwiegende Mehrheit der Staaten neben inländischen Wirtschaftsvorgängen auch solche im Ausland besteuern, wenn deren Ergebnisse inländischen natürlichen oder juristischen Personen zugute kommen, so insbesondere die ausländischen Einkünfte von Inländern. Ebenso werden neben den inländischen auch ausländische Vermögenswerte besteuert, wenn diese Inländern gehören. Gleichzeitig verzichtet kein Staat darauf, Wirtschaftsvorgänge und Vermögenswerte im eigenen Gebiet auch dann zu besteuern, wenn sie Nichtansässigen gehören oder diesen zugute kommen. Folglich kommt es fast zwangsläufig zu Überschneidungen.

unterhielten keine DBA. Mit jeder Erweiterung der Gemeinschaft um weitere Mitgliedstaaten ist das bilaterale Netzwerk in nur geringem Zeitverzug nahezu komplett. Ausnahmen sind allerdings die Regel. Nachzügler sind – so die Beobachtung – in der Regel solche künftigen Vertragspartner, deren Staaten entweder keine gemeinsamen Grenzen haben und/oder deren grenzüberschreitende Verkehre vergleichsweise geringer sind.[34]

So ist auch 2005 das Netz von Doppelbesteuerungsabkommen unter den 25 Mitgliedsländern nahezu komplett. Von den 297 möglichen Abkommen unter den EU-25 unterhielten mit Stand Mitte 2005 277 ein Abkommen untereinander.[35] Unter den »15 alten Mitgliedstaaten« ist das Netz komplett: es existieren 103 von 103 möglichen Abkommen. Die »neuen Mitgliedstaaten« untereinander unterhalten 40 von 45 möglichen Abkommen; das Verhältnis von möglichen Abkommen zu bestehenden zwischen den »alten« und »neuen« Mitgliedstaaten ist 150 zu 134.

So bestand und besteht das Problem der Doppelbesteuerung von grenzüberschreitenden Sachverhalten – und damit der Einschränkung der vier Grundfreiheiten der Gemeinschaft – weniger in fehlenden Verträgen. Tatsächlich trägt das europäische Netz einen multilateralen Charakter, da auf Grundlage des OECD-Musterabkommens eine Art Gesamtpaket bilateraler Abkommen in Europa geschlossen wurden. Die Probleme betreffen in erster Linie die aus europäischer Sicht zu geringe Einigungstiefe im Hinblick auf die Verwirklichung eines tatsächlich Gemeinsamen Marktes. So gehen die in DBA geregelten Tatbestände aus Gemeinschaftsperspektive teilweise nicht weit genug, sind in den bilateralen DBA zu unterschiedlich geregelt beziehungsweise schaffen aus sich heraus neue Probleme (Verhältnis bilaterale DBA und EG-Vertrag).

Aus Sicht der Kommission sollten bereits seit Ende der 1960er Jahre grenzüberschreitende Unternehmenszusammenschlüsse gefördert werden. Auf diese Weise sollte der »amerikanischen Herausforderung« (Genschel 2002, 159) qua reiner Unternehmensgröße und damit unterstellt größerer Innovationsfähigkeit eine genuin europäische Antwort entgegengesetzt werden. Dementsprechend sollten Zusammenschlüsse von Gesellschaften verschiedener Mitgliedstaaten, so die Kommission[36], »nicht durch besondere Beschränkungen, Benachteiligungen oder Verfälschungen aufgrund von steuerlichen Vorschrif-

34 Daten: worldwide tax treaties database, treaties in force, 2004. Internet: http://www.taxanalysts.com (aufgerufen am 18.1.2004).

35 Schweden, Dänemark und Finnland unterhalten ein multilaterales DBA. Dies wurde bei den Zahlen berücksichtigt. Quelle: European Commission: EC Law and Tax Treaties, Annex B, Working document, Internet: http://ec.europa.eu/taxation_customs/taxation/company_tax/double_taxation_conventions/workshop/index_de.htm (zuletzt aufgerufen am 10.7.2006).

36 Europäische Kommission: KOM/1969/6/FINAL und KOM/1985/360/FINAL.

ten der Mitgliedstaaten behindert werden.« Es brauche wettbewerbsneutrale steuerliche Regelungen für diese Zusammenschlüsse, um die Anpassung von Unternehmen an die Erfordernisse des Gemeinsamen Marktes, eine Erhöhung ihrer Produktivität und eine Stärkung ihrer Wettbewerbsfähigkeit auf internationaler Ebene zu ermöglichen. Da derartige Zusammenschlüsse zur Schaffung von aus Mutter- und Tochtergesellschaften bestehenden Unternehmensgruppen führen können und für deren Beziehungen untereinander in verschiedenen Mitgliedstaaten unterschiedliche Steuerbestimmungen existierten, sollten die Doppelbesteuerungen, die hieraus resultieren, beseitigt werden.

Die erste einschlägige Richtlinie war die sogenannte »Mutter-Tochter-Richtlinie« (90/435/EWG) über das gemeinsame Steuersystem der Mutter- und Tochtergesellschaften verschiedener Mitgliedstaaten im Jahr 1990. Ein Ziel dieser Richtlinie war die Abschaffung der Doppelbesteuerung der von Tochtergesellschaften an ihre in einem anderen Mitgliedstaat ansässigen Muttergesellschaften ausgeschütteten Dividende. Zusammenschlüsse von Gesellschaften auf Gemeinschaftsebene sollten erleichtert werden. So wurde beschlossen, dass wenn eine Muttergesellschaft als Teilhaberin ihrer Tochtergesellschaft Gewinnausschüttungen bezieht, diese der Staat der Muttergesellschaft entweder nicht besteuert oder im Fall einer Besteuerung zulässt, dass die Gesellschaft den Steuerteilbetrag, den die Tochtergesellschaft für die von ihr ausgeschütteten Gewinne entrichtet, auf die Steuer anrechnen kann. Ende des Jahres 2003 hat der Rat (2003/123/EG) den Beschluss von 1990 erweitert: Er betrifft nun auch die Behandlung der von Enkelgesellschaften gezahlten Steuern. Mitgliedstaaten müssen nun auch von diesen oder noch weiter nachgelagerten Tochtergesellschaften auf ihre Gewinne gezahlte Steuern auf die Steuerschuld der Muttergesellschaft anrechnen.

Mit dem sogenannten »Schiedsübereinkommen« wurde darüber hinaus ein Schlichtungsverfahren eingeführt (Übereinkommen 90/436/EWG). Ziel war es, Doppelbesteuerungen zu vermeiden, die auftreten können, wenn zwischen den Mitgliedstaaten Meinungsverschiedenheiten über die von verbundenen Unternehmen für ihre gemeinsamen Umsätze angesetzten Verrechnungspreise bestehen. Diese Verrechnungspreise – das heißt Zahlungen, die von einem Teil eines multinationalen Konzerns für Waren und Dienstleistungen eines anderen Teils getätigt werden – können aus einer Reihe von Gründen von den Marktpreisen abweichen. Das größte Problem besteht jedoch darin, dass Verrechnungspreise zur steuerlichen Gestaltung genutzt werden können. Die »Gestaltung von Verrechnungspreisen« (transfer pricing) gehört zu den Techniken, mit denen Konzerne Gewinnverlagerungen von Hochsteuer- in Niedrigsteuerländer praktizieren. So kompliziert die Details im Einzelnen sind, so einfach ist die Grundidee: Gewinne werden zu Tochterunternehmen in Niedrigsteuerländern geschoben, abzugsfähige Kosten dagegen bei Tochterunternehmen in Hochsteuerländern geltend gemacht, so dass der Gesamtkonzern Steuern spart – auf Kosten der Hochsteuerländer.

Um diesem Problem der Gestaltung von Verrechnungspreisen durch die Unternehmen zu entgehen, sollen die Verrechnungspreise innerhalb eines Konzerns den Preisen zwischen unabhängigen Unternehmen, also Marktpreisen, entsprechen. Dieser Fremdvergleichsgrundsatz (»arm's length principle«) ist Bestandteil des Artikels 9 des OECD-Musterabkommens zur Vermeidung der Doppelbesteuerung.

Zweifelt aber beispielsweise die Steuerverwaltung eines EU-Mitgliedstaates an der Höhe des steuerpflichtigen Gewinns, den ein Unternehmen aus konzerninternen grenzüberschreitenden Geschäften angegeben hat, so kann die Steuerverwaltung diesen Gewinn nach oben korrigieren, zum Beispiel durch die Berichtigung der Verrechnungspreise. Diese sogenannte Gegenberichtigung der Gewinne ist zwar im Rahmen der DBA vorgesehen, allerdings verlangen die DBA nicht zwingend, dass die Vertragsparteien – das heißt die Staaten, in denen das Unternehmen angesiedelt ist – die Doppelbesteuerung, die sich aus der Gegenberichtigung ergeben kann, zu beseitigen. Vereinfacht gesagt, wenn Mitgliedstaat A den zu versteuernden Gewinn des bei ihm ansässigen Unternehmensteils höher ansetzt, so folgt im Sinne einer Verhinderung der doppelten Besteuerung daraus, dass Mitgliedstaat B den bei ihm zu versteuernden Gewinn nach unten korrigieren muss. Es geht somit hier nicht darum, ob der Steuerpflichtige (ein multinationales Unternehmen) eine Steuer zahlt oder nicht, sondern ob er sie im Mitgliedstaat A oder B zahlt.
Im Falle einer Gewinnberichtigung durch einen Mitgliedstaat wird die sich hieraus ergebende Steuernachforderung normalerweise unverzüglich eingetrieben. Dies kann dazu führen, dass der multinationale Konzern bis zur Klärung unter den Mitgliedstaaten dieselbe Steuer zweimal entrichtet.

Das EU-Schiedsübereinkommen von 1990 setzt hier an und schreibt zugunsten der Konzerne ein Schlichtungsverfahren unter den Mitgliedstaaten vor, wenn sich die Mitgliedstaaten nicht innerhalb von zwei Jahren, nachdem der Fall einer der zuständigen Behörden der beteiligten Mitgliedstaaten unterbreitet wurde, auf eine Verständigungsvereinbarung zur Beseitigung der Doppelbesteuerung einigen können. Das Schiedsübereinkommen galt zunächst für fünf Jahre, vom 1. Januar 1995 bis zum 31. Dezember 1999, und musste von allen Mitgliedstaaten unterzeichnet und ratifiziert werden.[37] Um einigen der

37 Das Übereinkommen muss(-te) in Folge der Erweiterungsrunden der EU jeweils überarbeitet und ratifiziert werden, was ein langwieriger Prozess war und ist. Die Ausweitung der Konvention auf Finnland, Österreich und Schweden und die Verlängerung des Übereinkommens über das ursprüngliche Ablaufdatum 2000 hinaus konnte erst in 2004, dann jedoch rückwir-

Mängel und unzureichenden Festlegungen bezogen auf das Schiedsübereinkommens zu begegnen, wurde im November 2004 auf Vorschlag der Kommission (KOM/2004/297 endg.) und auf Basis des Vorschlages des Gemeinsamen EU-Verrechnungspreisforums ein Verhaltenskodex vom Rat gebilligt. Dieser soll gewährleisten, dass das Schiedsübereinkommen von 1990 von allen Mitgliedstaaten einheitlicher angewandt wird. Es wird in Form einer politischen Verpflichtung, das heißt einer »weichen Vorgabe« unter anderem empfohlen, dass die EU-Mitgliedstaaten bei grenzüberschreitenden Streitbeilegungsverfahren Zahlungsaufschub gewähren und welches die genauen Zeitpunkte für den jeweiligen Beginn einzuhaltender Fristen sind. Außerdem sollen die Regeln des Verhaltenskodexes auch bei Streitbeilegungsverfahren angewendet werden, die auf den bilateralen Doppelbesteuerungsabkommen der Mitgliedstaaten untereinander basieren.

Im Juni 2006 hat der Rat darüber hinaus im Wege einer Entschließung (10509/1/06 REV 1) einen Verhaltenskodex für die Dokumentation bei der Ermittlung von Verrechnungspreisen für verbundene Unternehmen in der EU verabschiedet. Der Verhaltenskodex zielt darauf ab, so die Kommission, dass multinationale Unternehmen den Steuerbehörden eine standardisierte Dokumentation über die Ermittlung ihrer Verrechnungspreise für grenzüberschreitende konzerninterne Transaktionen vorlegen können (Verrechnungspreisdokumentation – EUTPD). So sollen die steuerlichen Schwierigkeiten der Unternehmen bei Transaktionen mit verbundenen Unternehmen in anderen Mitgliedstaaten deutlich verringert werden, denn die Unternehmen beklagten häufig kostenaufwändige und unterschiedliche Dokumentationspflichten, die sie in den einzelnen Mitgliedstaaten erfüllen müssten. Der Kodex bestimmt den Inhalt und die Elemente der EU-Verrechnungspreisdokumentation, stellt den multinationalen Konzernen jedoch frei, diese zu verwenden. Umgekehrt verpflichteten sich die Mitgliedstaaten jedoch, die Dokumentation zu akzeptieren.

Im Rahmen der »Leitlinien zur Unternehmensbesteuerung« (Europäische Kommission 1990), die den Schwerpunkt der Initiativen seitens der Kommission auf den Abbau von noch verbliebenen Steuergrenzen richtete, formulierte die Kommission auch das Ziel, über die bereits beschlossenen Richtlinien hinaus die steuerlichen Hindernisse für grenzüberschreitende Zins- und Lizenzzahlungen im Konzernverbund abzubauen. Obwohl die Kommission

kend ab 2001 beschlossen werden. Während der »übereinkommenslosen Zeit« zwischen Ablaufdatum und neuem Inkrafttreten 2004 konnten Verrechnungspreisstreitigkeiten nicht unter der Konvention behandelt werden. Der gegenwärtig stattfindende Ratifizierungsprozess beinhaltet die Klausel, wonach diejenigen Mitgliedstaaten, die das Übereinkommen bereits unterzeichnet haben, das Übereinkommen bereits bilateral anwenden dürfen.

bereits im Herbst 1990 einen Richtlinien-Vorschlag vorlegte, dauerte es noch bis 2003, bis der Rat die Richtlinie (2003/49/EG) über eine gemeinsame Steuerregelung für Zahlungen von Zinsen und Lizenzgebühren zwischen verbundenen Unternehmen verschiedener Mitgliedstaaten beschloss. Unter Verweis darauf, dass die nationalen Steuervorschriften, gegebenenfalls in Verbindung mit bilateralen Übereinkünften, nicht immer die Beseitigung der Doppelbesteuerung gewährleisten könnten beziehungsweise dass ihre Anwendung für die Unternehmen oftmals Belastungen durch Verwaltungsaufwand sowie Cashflow-Probleme mit sich brächten, sollte die Richtlinie sicherstellen, dass Einkünfte in Form von Zinsen und Lizenzgebühren nur einmal in einem Mitgliedstaat besteuert werden: am Sitz der Muttergesellschaft.

Im Fall der Sitzlandbesteuerung liegt die Zuständigkeit für die Besteuerung der gesamten Einkünfte des Steuerzahlers grundsätzlich beim Staat des Wohnsitzes (»weltweite« Besteuerung). Dem liegt der Gedanke zugrunde, dass der Ort, an dem der Steuerzahler die meisten Einrichtungen nutzt (das heißt öffentliche Dienstleistungen, soziale Sicherheit, Infrastruktur usw.),. sein Sitzstaat ist. Im Fall der Quellenstaatbesteuerung hat dagegen der Staat des Gebietsfremden die Besteuerungskompetenz nur für den Teil der Einkünfte des Gebietsfremden, die dieser im Hoheitsgebiet des Quellenstaats erzielt (»Territorialitätsbesteuerung«). Der Grundgedanke dafür besteht darin, dass der Quellenstaat die »wirtschaftliche Gelegenheit«, diese Einkünfte zu erzielen, zur Verfügung stellt.

Durch die Sitzlandbesteuerung von Zinsen- und Lizenzgebühren sollte die steuerliche Gleichbehandlung innerstaatlicher und grenzübergreifender Finanzbeziehungen gewährleistet werden. Zahlungen von Zinsen und Lizenzgebühren, die in einem Mitgliedstaat anfallen, sind danach in diesem Ursprungsmitgliedstaat von jeglicher Besteuerung – ob an der Quelle oder im Wege der Veranlagung – befreit, wenn der Empfänger der Zahlungen eine Gesellschaft in einem anderen Mitgliedstaat ist oder eine Betriebsstätte in einem anderen Mitgliedstaat als dem der Muttergesellschaft, von der die Betriebsstätte abhängig ist. Für Griechenland, Spanien und Portugal wurden in der Richtlinie Übergangsregelungen formuliert. Danach durften Griechenland und Portugal die Bestimmungen der Richtlinie im Falle von Zinsen- und Lizenzgebühren, Spanien lediglich im Falle von Lizenzgebühren bis zum 1. Januar 2005 aussetzen. Während einer darauf folgenden Übergangszeit von acht Jahren darf die Steuer auf Zinsen und Lizenzgebühren in Griechenland und Portugal in den ersten vier Jahren 10 Prozent und in den letzten drei Jahren 5 Prozent nicht übersteigen. Spanien wiederum wurde in Bezug auf Zahlungen von Lizenzgebühren ermächtigt sechs weitere Jahre Steuern von maximal 10 Prozent zu erheben.

Tatsächlich ist auch diese Maßnahme der Harmonisierung im Bereich der Unternehmensbesteuerung dazu geeignet, den Wettbewerb unter den Mitgliedstaaten anzuheizen. Die Zins- und Lizenzgebührenrichtlinie gibt dem Wohnsitzland des Gläubigers das exklusive Vorrecht zur Besteuerung von durch Darlehen finanzierten Investitionen. Gemeinsam mit der Mutter-Tochter-Richtlinie eröffnet sie grenzüberschreitenden Konzernen Spielräume, um durch die Wahl der Finanzierungsform zu bestimmen, in welchem Mitgliedsland sie die Erträge ihrer Aktivitäten versteuern wollen. Der Steuerwettbewerb nimmt zu (Easson 1993: 248 f.; Genschel 2002: 213).

Zusammenfassend lässt sich festhalten, dass die drei oben genannten einstimmig und verbindlich im Rat beschlossenen Maßnahmen, die die Vermeidung der Doppelbesteuerung im Binnenmarkt betreffen, auch drei von insgesamt vier harten europäischen Vorgaben im Hinblick auf die Annäherung der Bemessungsgrundlagen der Unternehmensbesteuerung generell darstellen.

Im Rahmen einer weiteren Richtlinie (sogenannte Fusionsrichtlinie, 90/434/EWG) wurde 1990 beschlossen, den mit Fusionen, Spaltungen, der Einbringung von Unternehmensteilen oder dem Austausch von Anteilen verbundenen Wertzuwachs eines Unternehmens nicht zum Zeitpunkt der entsprechenden Transaktion zu besteuern, sondern erst zum Zeitpunkt der Realisierung dieses Wertzuwachses. Dies ist ebenfalls eine Maßnahme, die für die Unternehmen im Binnenmarkt eine Erleichterung darstellt, wie sich unschwer erahnen lässt.

Wie gezeigt wurde sind die beschriebenen Harmonisierungsmaßnahmen der Gemeinschaft Teil der Liberalisierungsstrategie im Binnenmarkt, wie auch die Doppelbesteuerungsabkommen selbst. Der Abbau der Steuergrenzen zwischen den Mitgliedstaaten trägt dazu bei, grenzüberschreitend tätigen Konzernen zusätzliche Spielräume der Finanzierungsgestaltung zu eröffnen und fördert damit den Standortwettbewerb der Mitgliedsländer untereinander.

Im Hinblick auf Kollisionen von bilateralen Doppelbesteuerungs-abkommen mit dem EG-Vertrag, die bereits Gegenstand verschiedener Urteile des Europäischen Gerichtshofs waren, hat die Kommission angekündigt, ab 2005 mit den Mitgliedstaaten über die Schaffung einer EU-Version des OECD-Musterabkommens oder einen multilateralen EU-Steuervertrag reden zu wollen. Unter anderem soll es dabei um die Gleichbehandlung Steuerpflichtiger in der EU, die Anwendung bilateraler Abkommen in Fällen, in denen mehr als zwei Länder beteiligt sind (Dreieckssachverhalte) und das Verhältnis gegenüber Drittstaaten gehen. Bislang (Stand Dezember 2006) sind diesbezügliche Arbeiten jedoch noch nicht aktenkundig geworden.

Darüber hinaus unterliegen die DBA der europäischen Mitgliedstaaten untereinander und unter Umständen sogar diejenigen mit Drittstaaten der

Kontrolle des Europäischen Gerichtshofs, der im Falle der Befassung sicherstellt, dass eine doppelte Besteuerung vor dem Hintergrund der Grundfreiheiten nicht stattfindet. Insofern geht die mögliche Prüfung durch den EuGH über die bloße Frage der Doppelbesteuerung hinaus: Hier wird zusätzlich geprüft, ob die Verabredung innerhalb des DBA den Steuerpflichtigen nicht beispielsweise dadurch diskriminiert, dass er schlechter gestellt ist als ein Steuerinländer. Die ist eine Frage, mit der sich der Europäische Gerichtshof im Zusammenhang mit der Durchsetzung der vier Grundfreiheiten im Binnenmarkt im Steuerbereich sowohl quantitativ wie qualitativ zunehmend beschäftigt, wie im Folgenden gezeigt werden soll.

Angleichung über die »Grundfreiheiten« – die Rechtsprechung des Europäischen Gerichtshofes (EuGH)

Es ist der Europäische Gerichtshof (EuGH), der seit den 1990er Jahren und verstärkt seit der Jahrtausendwende zu einer zunehmenden Harmonisierung der Steuerrechtsordnungen der Mitgliedstaaten beiträgt. Aus einem »schleichenden Prozess« (*Handelsblatt* vom 18.4.2001) ist mittlerweile für dieselben Akteure im Hinblick auf die Auswirkungen von EuGH-Urteilen ein »Europäisches Steuerrecht ist Realität« (Titel einer Handelsblatt-Tagung im November 2005) geworden.

So hat der EuGH insbesondere seit der Jahrtausendwende immer häufiger in Verfahren die Vereinbarkeit nationaler Steuervorschriften mit den vier Grundfreiheiten in den Artikeln 18 (Freizügigkeit), 39 (Freizügigkeit der Arbeitnehmer), 43 (Niederlassungsfreiheit), 49 (freier Dienstleistungsverkehr), 56 (freier Kapitalverkehr) des EG-Vertrages bezweifelt.

Ungeachtet der Tatsache, dass die Regelungen zu den direkten Steuern – da keine unmittelbare EG-Vertragsgrundlage einschlägig ist – formal in die Zuständigkeit der Mitgliedstaaten fallen (Terra/Wattel 2001), entspricht es der gängigen Rechtsprechung des EuGH, dass die Mitgliedstaaten ihre Befugnisse unter Wahrung des Gemeinschaftsrechts ausüben müssen und deshalb jede offensichtliche oder versteckte Diskriminierung oder Beschränkung der Niederlassungsfreiheit zum Beispiel aufgrund der Staatsangehörigkeit unterlassen müssen (Bröhmer 2002). Dabei hat der Gerichtshof als Diskriminierung definiert, dass »unterschiedliche Vorschriften auf vergleichbare Situationen angewandt werden oder dass dieselbe Vorschrift auf unterschiedliche Situationen angewandt wird«.[38]

---

38 Vgl. zum Beispiel EuGH Urteil vom 29. April 1999, Rs. C-311/97, Royal Bank of Scotland, Rn. 26 und die dort angeführte Rechtsprechung und Schlussanträge des Generalanwalts

Der Gerichtshof betont in ständiger Rechtsprechung dass »der Bereich der direkten Steuern als solcher beim gegenwärtigen Stand des Gemeinschaftsrechts nicht in die Zuständigkeit der Gemeinschaft fällt [...], (jedoch müssten) die Mitgliedstaaten die ihnen verbliebenen Befugnisse [...] unter Wahrung des Gemeinschaftsrechts ausüben«.[39]

Zwar betreffen nach wie vor die meisten Urteile im Steuerrecht die indirekten Steuern, jedoch nimmt die Zahl der Urteile und Befassungen des EuGH mit der persönlichen Einkommens- und Unternehmensbesteuerung deutlich zu: So stammt die erste Entscheidung in diesem Themenbereich zwar aus dem Jahr 1986 (Rechtssache C-270/83 »avoir fiscal«), aber von den nunmehr rund 70 Entscheidungen datieren 60 aus den letzten 10 Jahren (Schmitt 2005). Mit Stand Anfang 2006 waren mehr als 50 Rechtssachen direkte Steuern betreffend beim EuGH anhängig (Wathelet 2006), von denen die meisten von einiger inhaltlicher und haushaltpolitischer Relevanz für die Mitgliedstaaten sind. So hat der Gerichtshof in einer Reihe von Urteilen – ähnlich dem angelsächsischen »case law« – mittlerweile einen immer engeren Rechtsrahmen geschaffen, in dem sich die Mitgliedstaaten bewegen müssen.

Während die einen – vorwiegend Vertreter der steuer- und rechtsberatenden Berufe – den Europäischen Gerichtshof für diese Rechtsprechung zum Beispiel als »Reformer des Jahres« feiern (Fischer-Zernin 2004: 13) und konstatieren, dass der »Europäische Gerichtshof Motor der Steuergesetzgebung« wird, befürchten insbesondere die Mitgliedstaaten, dass diese Rechtsprechung »in ganz Europa zu einer Gefährdung der nationalen Steuereinnahmen und Haushalte führen« kann (Hendricks 2005: 10).

Im Mittelpunkt der Entscheidungen des EuGH im Bereich der direkten Steuern stehen insbesondere die beiden Grundfreiheiten der Niederlassungs- und der Kapitalverkehrsfreiheit. In den weitaus meisten Urteilen hat der Gerichtshof das Gemeinschaftsrecht so ausgelegt, dass es den jeweils nationalen Vorschriften entgegenstand, so die Generalanwältin am EuGH, Juliane Kokott, auf einer Tagung im Jahr 2004 (Kokott 2004). Dabei werden die Grundfreiheiten – in ihrer ursprünglichen Interpretation – als Diskriminierungsverbote verstanden.

Nach der ständigen Rechtsprechung des EuGH verbietet Artikel 43 EG-Vertrag jede Diskriminierung, sowohl unmittelbare Diskriminierung (Maßnahmen, die offen aus Gründen der Staatsangehörigkeit unterscheiden) als

L. A. Geelhoed vom 23. Februar 2006, Rs. C-374/04, ACT gegen Commissioners of Inland Revenue, England and Wales, Rn. 35.

39 Dies ist die klassisch gewordene Formel des Gerichtshofes in seinem Urteil vom 14. Februar 1995, Rs. C-279/93, Schumacker; zuletzt: Urteil vom 7. September 2004, Rs. C-319/02, Manninen, Rn. 9.

auch mittelbare oder »verdeckte« Diskriminierung (rechtlich in gleicher Weise anwendbare Maßnahmen, die jedoch tatsächlich diskriminierende Wirkung entfalten). Adressat ist damit einerseits der Aufnahmestaat, dem aufgegeben wird, Angehörige aus EU-Mitgliedstaaten gegenüber Inländern nicht zu benachteiligen (Gebot der Inländergleichbehandlung). Andererseits wendet sich der EuGH an den Herkunftsstaat: danach darf kein Mitgliedstaat seine Bürger daran hindern, eine von einer Grundfreiheit geschützte Tätigkeit in einem anderen EU-Mitgliedstaat aufzunehmen (Beschränkungsverbot).

Beeinträchtigungen der Grundfreiheiten können daher beispielsweise nicht allgemein dadurch gerechtfertigt werden, dass durch die Steuergesetzgebung Missbrauch durch Steuerpflichtige (Steuerflucht oder -vermeidung) erschwert werden soll. Auch der Vorbehalt einer späteren Harmonisierung oder der Hinweis auf drohende Steuerausfälle reichen zu einer Rechtfertigung grundsätzlich nicht aus. So werde »die Notwendigkeit einer wirksamen steuerlichen Kontrolle zwar grundsätzlich als mögliche Rechtfertigung anerkannt, im Einzelfall aber regelmäßig […] zurückgewiesen« (Kessler/Spengler 2003: 17). Lange Zeit orientierte der Gerichtshof seine Rechtsprechung im steuerlichen Bereich eng am Vertrag, wonach eine diskriminierende Maßnahme nur auf der Grundlage ausdrücklich im Vertrag vorgesehener Ausnahmebestimmungen gerechtfertigt sein könne.[40] Nationale gesetzliche Regelungen, die dem Schutz des nationalen Steuersubstrats dienen, werden dadurch nach und nach in ihrer Funktion eingeschränkt beziehungsweise verlieren vollständig ihre Wirkung (Czakert 2006: 562).

Erst seit in etwa Mitte 2005 wird insbesondere unter SteuerrechtlerInnen die Frage aufgeworfen, ob sich der EuGH beginnend mit seinem Urteil in der Rechtssache D. (Rs. C-376/03) im Juni 2005 nicht auf einen »neuen Pfad« begeben habe, was die Gewichtung der Frage nach der »Kohärenz« mitgliedstaatlicher Steuersysteme, mithin die Frage nach der mitgliedstaatlichen Steuerhoheit angeht.[41] Einen »neuen Pfad« zu konstatieren, unterstelle – so der Steuerrechtler Luc Hinnekens (2006: 1) – »the existence of a continuous series of recent ECJ judgments, which set in motion a certain change or new interpretation in Community tax Law." Eine solche Reihe betreffend die Frage nach den gemeinschaftsrechtlichen Schranken der Steuerhoheit der Mitgliedstaaten erkennt die Generalanwältin Stix-Hackl in einigen, teils noch anhängi-

40 Schlussanträge des Generalanwalts M. Poiares Maduro vom 7. April 2005, Rs. C-446/03, Marks & Spencer gegen David Halsey (HM Inspector of Taxes), Rn. 33.

41 »The ECJ and the new path« so beispielsweise der Tagungstitel der Conféderation Fiscale Européenne, am 27. April 2006 in Brüssel, Internet: http://european-tax-adviser.com/wordpress/?p=501 (zuletzt aufgerufen am 6.1.2008).

gen Rechtssachen.[42] Da die Schlussanträge der Generalanwälte häufig erheblich mehr generelle Implikationen und Analysen beinhalten als die schließlich sehr am Fall orientierten Urteile, möchte ich im Folgenden aus zwei besonders prägnanten Schlussanträgen den Tenor der Begründungen für einen möglichen neuen Pfad europäischer Rechtsprechung in Steuerfragen verdeutlichen.

So hatte Generalanwalt Poiares Maduro in seinen Schlussanträgen in der Rechtssache Marks & Spencer[43] angemahnt, dass »diskriminierende nationale Regelungen im steuerlichen Bereich durch andere als die im Vertrag genannten zwingenden Gründe des Allgemeininteresses und insbesondere unter Berufung auf die Kohärenz des Steuersystems gerechtfertigt werden« könnten. Es müsse nämlich vermieden werden, dass die Anwendung der Verkehrsfreiheiten zu ungerechtfertigten Beeinträchtigungen der inneren Systematik der nationalen Steuersysteme führe. Allerdings folge daraus nicht, dass dieser Begriff (Kohärenz) als Argument dafür benutzt werden könne, sich den im Rahmen des Binnenmarktes verfolgten Zielen entgegenzustellen. Es könne nicht zugelassen werden, dass eine Steuerregelung so gestaltet sei, dass sie inländische Situationen oder Wirtschaftsteilnehmer begünstige. Die steuerliche Kohärenz solle also *die Integrität* der nationalen Steuersysteme schützen, vorausgesetzt, dass sie *die Integration* dieser Systeme im Rahmen des Binnenmarktes nicht behindere.[44]

Generalanwalt Geelhoed setzt in seinen Schlussanträgen[45] am Begriff der Beschränkung an und unterscheidet zwischen zwei Bedeutungen dieses Begriffes. Wenn eine Beschränkung der Niederlassungsfreiheit nur auf dem Nebeneinander nationaler Steuerverwaltungen, Unterschieden zwischen nationalen Steuersystemen und/oder der Aufteilung der Besteuerungskompetenz zwischen zwei Steuersystemen beruhe, so sei dies eine Quasibeschränkung und dürfe nicht unter Artikel 43 EG-Vertrag (Niederlassungsfreiheit) fallen. Dagegen sollten »echte« Beschränkungen, das heißt Beschränkungen der Niederlassungsfreiheit, die über diejenigen hinausgehen, die sich unvermeidlich aus dem

42 Siehe Schlussanträge der Frau Generalanwalt Stix-Hackl vom 12. Mai 2005, Rs. C-512/03, Blanckaert), Rn. 2 und Fn. 2, wo sie auf die Rechtssachen C-376/03 (D.); C-152/03 (Ritter-Coulais); C-403/03 (Schempp), C-446/03 (Marks & Spencer); C-513/03 (van Hilten – van der Heijden) und C-8/04 (Bujura); C-265/04 (Bouanich); C-292/04 (Meilicke u. a.) und C-346/04 (Conijn) hinweist.

43 Schlussanträge des Generalanwalts M. Poiares Maduro vom 7. April 2005, Rs. C-446/03, Marks & Spencer gegen David Halsey (HM Inspector of Taxes), Rn. 33 f.

44 Siehe ebenda, Rn. 66.

45 Schlussanträge des Generalanwalts L. A. Geelhoed vom 23. Februar 2006, Rs. C-374/04, Test Claimants in Claimants in Class IV of the ACT Group Litigation (Pirelli, Essilor und Sony), Test Claimants in Class IV of the ACT Group Litigation (BMW) gegen Commissioners of Inland Revenue, England and Wales.

Vorhandensein nationaler Steuersysteme ergeben, unter das Verbot des Artikels 43 EG fallen, sofern sie nicht gerechtfertigt seien.

Nach dieser Terminologie fiele eine nachteilige steuerliche Behandlung nur dann unter Artikel 43, wenn sie sich aus einer Diskriminierung aufgrund der Bestimmungen eines Steuergesetzgebers, nicht aber aus Unterschieden oder der Aufteilung der Besteuerungszuständigkeiten auf (zwei oder mehr) Steuersysteme von Mitgliedstaaten ergibt.

Ob sich die Richter des EuGH auf eine solche Auslegung einlassen, ist derzeit noch ebenso offen wie eine verlässliche Antwort auf die Frage, ob sich tatsächlich ein neuer Pfad europäischer Rechtsetzung in Steuerfragen abzeichnet, und wenn, wie dieser genau aussieht. Dennoch, auch vor einer aus Sicht der Mitgliedstaaten abgeschwächten Interpretation von diskriminierenden Tatbeständen in nationalen Steuersystemen werden nach wie vor viele Steuervorschriften dem Gemeinschaftsrecht nicht standhalten.

Dass diese nationalen Vorschriften vor dem EuGH landen, dafür sorgen in den letzten 10 Jahren vor allem gut vernetzte international tätige Anwalts- und Steuerberaterbüros über Klagen Betroffener vor den nationalen Gerichten. So wurden die weitaus meisten der seit Ende der 1990er Jahre dem EuGH zur Prüfung vorgelegten Fragen diesem im Wege von Vorabentscheidungsersuchen durch die nationalen Gerichte vorgelegt. Das Vorabentscheidungsverfahren in Artikel 234 EG-Vertrag ist ein bedeutender Teil des europäischen Individualrechtschutzes. Hier können nationale Gerichte im Rahmen eines national anhängigen Verfahrens den EuGH um Klärung der Vereinbarkeit von nationalen Normen mit dem Gemeinschaftsrecht ersuchen.

Insbesondere dem finanziellen Engagement großer Konzernzentralen sei es zu verdanken, so der Vertreter eines Mitgliedstaates beim EuGH im Interview vom 21.9.2005, dass der Druck nicht nachlassen wird die nationalen Steuersysteme »europafest« zu machen: »Es handelt sich um ein Milliardengeschäft«. Die Konzernabteilungen und ihre Rechtsanwälte und Steuerberater seien auch in erster Linie dafür verantwortlich, dass das Ertragsteuerrecht in den letzten 10 Jahren als Feld für europäische Rechtsprechung entdeckt wurde.

In der Tat sind es wohl einige wenige Vertreter der steuer- und rechtsberatenden Zunft, die zur Popularität des Themas Europarecht in Steuerfragen beigetragen haben. Dafür verantwortlich sei – so einer der Rechtsanwälte und Steuerberater im Interview – in erster Linie eine »Mentalitätsänderung«, denn »herrschende Meinungen ändern sich nicht, sie sterben aus«.[46] So sei in erster

46 Interview vom 23.9.2005 mit einem der Rechtsanwälte, der selbst verschiedene Vorabentscheidungsersuchen an den EuGH erwirkte.

Linie ein – keineswegs abgeschlossener – Generations- und Mentalitätswechsel dafür verantwortlich, dass sich die bis dato sehr nationale Perspektive unter Steuerfachleuten verändere. Allerdings sei es bis vor wenigen Jahren auch noch nahezu unmöglich gewesen an den Wortlaut von Urteilen zu kommen: sie wurden in Deutschland schlicht nicht veröffentlicht und waren weder in verschiedenen Sprachen noch bei Bundestag oder Kommission überhaupt einzusehen. Im Übrigen sei es nach wie vor schwierig, Vorabentscheidungsverfahren seitens der nationalen Gerichte zu erwirken. Einig sind sich Regierungsvertreter und juristischer Gegenpart hinsichtlich der weiteren Tragweite der Entwicklungen: Der Druck auf die Nationalstaaten, ihre Steuergesetze zu liberalisieren, werde nicht nachlassen.[47] Für van Thiel (2003: 4) bietet dies allen Grund zu der Frage: »Integration through litigation by the community citizen instead of harmonization by the community legislature?«

Seit der Jahrtausendwende ist jedoch auch die Europäische Kommission im Wege von Vertragsverletzungsverfahren auf Basis von Artikel 226 EG-Vertrag verstärkt tätig geworden.[48] In einer ersten Phase bittet die Kommission den Mitgliedstaat mittels eines – nicht öffentlichen – sogenannten Aufforderungsschreibens, sich innerhalb von zwei Monaten zu äußern. Sieht sich die Kommission durch die Äußerung des Mitgliedstaats nicht veranlasst, ihre Auffassung zu ändern, oder äußert sich der Mitgliedstaat nicht, so kann die Kommission – öffentlich – eine mit Gründen versehene Stellungnahme abgeben, welcher der Mitgliedstaat innerhalb einer weiteren Frist von zwei Monaten nachkommen muss. Unterbleibt die Anpassung an das Gemeinschaftsrecht, so kann die Kommission schließlich den Gerichtshof anrufen, dessen Urteil für den Mitgliedstaat bindend ist. Mit Stand Dezember 2006 hatte die Kommission in 10 Fällen betreffend die direkte Besteuerung Klage gegen Mitgliedstaaten vor dem EuGH erhoben.

---

47 Bisherige »Meilensteine« der EuGH-Rechtsprechung waren die Ausweitung des Ehegatten-Splittings auf im Inland tätige Arbeitnehmer mit Wohnsitz in einem anderen EU-Staat, die faktische Abschaffung der Gewerbesteuer auf Mietzahlungen an EU-ausländische Leasingunternehmen und die pauschale Annahme einer verdeckten Gewinnausschüttung bei (vermeintlich) übermäßiger Gesellschafter-Fremdfinanzierung (Kessler/Spengel 2003). Ebenso zählen dazu die Urteile über die Anrechnungsverfahren im Rahmen der Körperschaftsteuer (2004) und zur sogenannten Wegzugsbesteuerung (2004).

48 Die Kommission kann ein Vertragsverletzungsverfahren im Steuerbereich einleiten, wenn sie einen Verstoß gegen das Gemeinschaftsrecht insbesondere der Artikel 18 (Freizügigkeit), 23 bis 25 (Zollunion), 39 (Freizügigkeit der Arbeitnehmer), 43 (Niederlassungsfreiheit), 49 (freier Dienstleistungsverkehr), 56 (freier Kapitalverkehr), 90 und 91 (keine höheren Abgaben für Waren aus anderen Mitgliedstaaten) EG-Vertrag und das abgeleitete Recht feststellt. Dies können die Mitgliedstaaten ebenfalls. Allerdings ist mit Stand Dezember 2006 nicht geschehen.

Und so hat die derzeitige ernsthafte Diskussion unter den Mitgliedstaaten über eine Harmonisierung der Steuerbemessungsgrundlage im Rahmen der Unternehmensbesteuerung sehr ursächlich mit den drohenden nationalen Auswirkungen der zunehmenden Anzahl und Eingriffstiefe von EuGH-Befassungen und -Urteilen zu tun und »kann als Antwort auf die Spruchpraxis des EuGH im Bereich der direkten Steuern verstanden werden« (Czakert 2006: 562). Daher soll an dieser Stelle zumindest kurz auf den derzeitigen Stand der Arbeiten rund um das Thema »Gemeinsame konsolidierte Körperschaftsteuer-Bemessungsgrundlage« (GKKB) eingegangen werden.

Perspektiven einer Gemeinsamen Körperschaftsteuer-Bemessungsgrundlage

Nicht nur der Druck, der sich aus der Spruchpraxis des EuGH in den letzten Jahren aufgebaut hat, lasse – so die Einschätzung eines Mitarbeiters der Generaldirektion (GD) Steuern bei der Europäischen Kommission im Interview vom 3.12.2004 – die begründete Hoffnung zu, dass es diesmal zu einer Einigung im Hinblick auf eine gemeinsame Bemessungsgrundlage kommen könnte: Von den damals 25 Mitgliedern und den beiden Aspiranten hätten 8 der »alten« ihr Interesse an einer »verstärkten Zusammenarbeit« betont, wie sie gemäß Artikel 43 bis 45 des Vertrages über die Europäische Union unter dem Stichwort der flexiblen Integration möglich ist. Danach können mindestens 8 Mitgliedstaaten unter verschiedenen Bedingungen die darauf gerichtet sind, die Ziele der Union und der Gemeinschaft zu fördern und unter der Voraussetzung des »Ultima-ratio Charakters«, Rechtsakte beschließen. Diese Ankündigung allein – so der Mitarbeiter der GD Steuern – hätte die Gesamtatmosphäre substantiell verändert. Die Erkenntnis, dass sich tatsächlich eine Gruppe von 8 Mitgliedstaaten finden könnte, hätte das Interesse auch der anderen Mitgliedstaaten deutlich verstärkt. Ausdrückliche Unterstützung erhält eine mögliche Durchsetzung einer gemeinsamen konsolidierten Steuerbemessungsgrundlage im Wege der verstärkten Zusammenarbeit von Seiten des Europäischen Wirtschafts- und Sozialausschusses.[49] Dieser begrüßt in diesem Zusammenhang »das im Vertrag von Nizza 2001 festgelegte Verfahren einer

---

49 Der Wirtschafts- und Sozialausschuss (WSA) ist ein gemäß der Artikel 257–262 EG-Vertrag auf europäischer Ebene institutionalisierter Ausschuss, dessen Einsetzung mit dem Interesse verknüpft war, intermediäre Gruppierungen am europäischen Integrationsprozess zu beteiligen. Der WSA hat seit der EU-Osterweiterung am 1. Mai 2004 317 Mitglieder und ist in drei Gruppen organisiert: Arbeitnehmer, Arbeitgeber und verschiedene weitere Interessengruppen (beispielsweise Handelskammern und Verbraucherverbände). Seine Stellungsnahmen (zentrales Instrument des WSA) haben beratenden Charakter und betreffen verschiedene Politikfelder, insbesondere jedoch Wirtschafts-, Sozial-, und Finanzfragen.

verstärkten Zusammenarbeit, das es einer Gruppe von Mitgliedstaaten ermöglichen würde, Pionierarbeit gemäß den Gemeinschaftsregeln zu leisten« (Wirtschafts- und Sozialausschuss 2002: 9).

Dabei ist das Thema Harmonisierung im Bereich der Unternehmensbesteuerung seit Gründung der Europäischen Gemeinschaften ein Dauerbrenner. Während frühere Studien und Vorstöße der Kommission auf die Harmonisierung wichtiger Elemente der Körperschaftsteuersysteme der Mitgliedstaaten abzielten,[50] änderte die Kommission mit den Leitlinien zur Unternehmenssteuerreform 1990 (European Commission 1990) auch offiziell ihre Strategie: die nationalen Steuersysteme sollten erhalten bleiben, lediglich die Steuergrenzen für Unternehmen im Binnenmarkt sollten abgebaut werden. Nachdem auch der Ruding-Bericht (Europäische Kommission 1992) nicht zu einer Annäherung unter den Mitgliedstaaten geführt hatte, machte die Kommission schließlich 2001 einen erneuten Anlauf mit der Veröffentlichung einer Unternehmensteuerstudie (Europäische Kommission 2001c) sowie Mitteilungen zur Unternehmensbesteuerung.[51] Darin verwies die Kommission darauf, dass erhebliche steuerlich bedingte Schwierigkeiten bei der grenzüberschreitenden Tätigkeit von Unternehmen innerhalb der EU bestünden. Unterschiedliche Regelungen zur Festsetzung der Steuerbemessungsgrundlage verursachten zahlreiche Probleme bei der Besteuerung von konzerninternen Vorgängen; die Befolgungskosten seien für die Unternehmen zu hoch und die Gefahr der Doppelbesteuerung sei nach wie vor existent. Eine zweigleisige Strategie sollte diese Situation ändern. Kurzfristig sollte durch gezielte Maßnahmen[52] die Situation für die Unternehmen verbessert werden, langfristig jedoch müsse

---

50 Auf frühe Studien wie den Neumark-Bericht (Europäische Kommission 1962) und den Tempel-Bericht (Tempel 1970) folgte eine Reihe von Initiativen seitens der Kommission, die eine Annäherung der Körperschaftsteuer-Systeme erreichen sollten. Ein Richtlinienvorschlag der Kommission von 1975 sowie zwei weitere Vorschläge aus den Jahren 1984 und 1985, die mehr den Verlustausgleich betrafen, wurden später zurückgezogen. Der Entwurf eines Vorschlags zur Harmonisierung der Steuerbemessungsgrundlage für Unternehmen von 1988 wurde aufgrund mangelnder Akzeptanz bei den meisten Mitgliedstaaten nie vorgelegt. 1990 beauftragte die Kommission schließlich einen nach seinem Vorsitzenden Ruding benannten Sachverständigenausschuss damit zu klären, ob Unterschiede bei der Unternehmensbesteuerung binnenmarktrelevante Verzerrungen insbesondere in Bezug auf Investitionsentscheidungen und den Wettbewerb verursachen, und Vorschläge zur Lösung dieses Problems zu unterbreiten. Obwohl der Rat es im Allgemeinen als notwendig erachtete, Doppelbesteuerung und Steuerhinterziehung zu verhindern, wurden in Bezug auf einige konkretere Vorschläge des Ruding-Berichts (Europäische Kommission 1992) kaum Fortschritte erzielt.

51 Europäische Kommission 2001a, b

52 Unter anderem sollte es Änderungen bei der Mutter-Tochter-Richtlinie und der Fusionsrichtlinie geben, Orientierungshilfen durch EuGH-Urteile und die Einrichtung des Verrechnungspreis-Forums.

eine konsolidierte Körperschaftsteuer -Bemessungsgrundlage für grenzüberschreitende Unternehmenstätigkeiten eingeführt werden, um die Unternehmensteuersysteme der Mitgliedstaaten effizienter, wirksamer, einfacher und transparenter zu machen. Dazu gebe es zwei mögliche Modelle, einmal die Besteuerung nach dem Sitzlandprinzip[53], zum anderen die Schaffung einer gemeinsamen, konsolidierten Körperschaftsteuer-Bemessungsgrundlage.

Im November 2003 bekräftigte die Kommission in einer weiteren Mitteilung (Europäische Kommission 2003) ihre Strategie und berichtete über bereits gemachte Fortschritte insbesondere was einzelne konkrete kurzfristige Maßnahmen anging.

Die Forderung nach einer einheitlichen Bemessungsgrundlage wurde schließlich in einem Schreiben der ehemaligen Finanzminister Frankreichs und Deutschlands, Sarkozy und Eichel, an den damaligen Kommissar Fritz Bolkestein vom 26.5.2004 aufgegriffen, die konkrete Schritte in diese Richtung forderten und in diesem Prozess auch die Möglichkeiten der Einführung von Mindeststeuersätzen beziehungsweise von Bandbreiten bei den Steuersätzen nicht ausgeschlossen sehen wollten (Czakert 2006: 561). Diese Initiative wurde wiederum von Seiten der Kommission im September 2004 in einem sogenannten »Non-Paper« aufgegriffen. In dessen Konsequenz setzte der Ministerrat (ECOFIN) eine Arbeitsgruppe ein,[54] die im April 2006 einen ersten Zwischenbericht vorlegte (Europäische Kommission 2006). Darin fasste die Kommission die bisherigen Arbeitsergebnisse der GKKB-Arbeitsgruppe zusammen und entwarf einen Zeitplan, dessen Einhaltung einen Abschluss der Arbeiten rund um das Thema gemeinsame Bemessungsgrundlage für Ende des Jahres 2008 in Aussicht stellt und damit einhergehend die Vorlage eines umfassenden Vorschlages für einen Gemeinschaftsrechtsakt (Richtlinie).

Inhaltlich weist der Zwischenbericht erneut auf den Charakter der gemeinsamen Bemessungsgrundlage hin: es solle sich um eine konsolidierte handeln. Damit ist gemeint, dass nach der Ermittlung des steuerlichen Gewinns der einzelnen Gesellschaften einer Unternehmensgruppe (Konsolidierungskreis) dieser zusammengefasst wird, auch wenn die einzelnen Gesellschaften in unterschiedlichen Mitgliedstaaten ansässig sind. Auf diese Weise werden alle

---

53 Im Fall der Sitzlandbesteuerung liegt – wie bereits weiter oben beschrieben – die Zuständigkeit für die Besteuerung der gesamten Einkünfte des Steuerzahlers grundsätzlich beim Staat des Wohnsitzes.

54 An dieser Arbeitsgruppe nehmen Experten aus den Ministerien aller 25 Mitgliedstaaten und die Kommissionsdienststellen teil. Die Mitgliedstaaten haben sich im Vorfeld zu nichts verpflichtet. Die Arbeitsgruppe wurde zunächst für einen Zeitraum von drei Jahren eingesetzt und es sind rund vier Sitzungen pro Jahr geplant. Eine Dokumentation ihrer Arbeit findet sich im Internet: http://europa.eu.int/comm/taxation_customs/index_de.htm (1.4.2006).

Unternehmensteile wie ein einziges Unternehmen behandelt. Das so ermittelte konsolidierte Unternehmensergebnis wird schließlich nach einem zu bestimmenden Verteilerschlüssel den einzelnen Mitgliedstaaten zugerechnet (»formular apportionment«), die dieses schließlich nach dem jeweils national geltenden Steuersatz besteuern.

Um den steuerlichen Gewinn berechnen zu können, bedarf es eines einheitlichen Steuerbilanzrechts. Der Bericht weist darauf hin, dass es in diesem Zusammenhang keine direkte förmliche Verknüpfung mit den sich ständig ändernden internationalen Rechnungslegungsstandards (IAS/IFRS) geben soll, diese Standards aber als Hilfsmittel für die Konzipierung der Bemessungsgrundlage auf Basis eines eigenen, einheitlichen Regelwerkes verwendet werden sollen.

Ein weiterer wichtiger Punkt ist die Frage, ob die GKKB in den Mitgliedstaaten schließlich fakultativ oder obligatorisch angewendet werden soll. Kommission und Europäisches Parlament vertreten die Auffassung, dass die Bemessungsgrundlage den Unternehmen als Wahlmöglichkeit angeboten werden solle, da das oberste Ziel sei, das Funktionieren des Binnenmarktes zu verbessern und nicht die nationale Wirtschaft der einzelnen Mitgliedstaaten (Europäische Kommission 2006: 8f.). Widerspruch gibt es hierzu von Seiten des Wirtschafts- und Sozialausschusses, der es für »nicht akzeptabel« hält »zwei unterschiedliche Regelungen für die Unternehmen zu schaffen, je nachdem ob diese nur innerhalb oder auch außerhalb ihrer nationalen Grenzen tätig sind. Diese Lösungen würden eine Art Steuerprivileg schaffen, ein Steuersystem der zwei Geschwindigkeiten« (Wirtschafts- und Sozialausschuss 2002: 8). Ebenso widerspricht der Wirtschafts- und Sozialausschuss einem Vorgehen, das es ausschließlich den Mitgliedstaaten überlassen will ihre Steuersätze festzulegen, wie es die Kommission betont. Der Wirtschafts- und Sozialausschuss (2002: 9) wendet dagegen ein, »dass die harmonisierte Bemessungsgrundlage wegen ihres Transparenzeffekts die Wirtschaftsteilnehmer in die Lage versetzen würde, starken Druck auf die nationalen Steuerbehörden auszuüben, was wegen der Undurchsichtigkeit der Steuerregelungen derzeit nicht der Fall ist. Mittelfristig wäre es wünschenswert, dass eine echte Konvergenz bei der Höhe der direkten Unternehmensteuern erzielt wird. Eine Zwischenetappe könnte darin bestehen, Bandbreiten für die Steuersätze oder Referenzsätze festzulegen, die insbesondere den Zielen des Lissabonner Gipfels entsprechen, die Wettbewerbsfähigkeit der EU zu dynamisieren«.

Dass es noch ein dornenreicher Weg sein wird hin zur einer Gemeinsamen Konsolidierten Körperschaftsteuer-Bemessungsgrundlage, verhehlt dabei auch der Zwischenbericht der Kommission nicht: Nicht nur dass in den Detailfragen, die derzeit in fünf Unterarbeitsgruppen bearbeitet werden, noch viel

Einigungsbedarf stecke, auch würden drei weitere Bereiche Anlass zur Sorge geben. So sei die Tendenz einiger Sachverständiger festzustellen, hauptsächlich Aspekte des derzeitigen Steuersystems ihrer Mitgliedstaaten zu verteidigen, statt nach einer unionsweit anwendbaren Lösung zu suchen. Zweitens bestehe die Tendenz, Diskussionen über »schwierigere« Elemente aufzuschieben oder zu versuchen, zwei unterschiedliche Lösungen für jeden Sachverhalt aufrechtzuerhalten, indem eine Wahlmöglichkeit vorgeschlagen wird, wodurch die Vorteile einer Vereinfachung nicht zum Tragen kommen könnten. Drittens erwachse eine Diskrepanz zwischen den von einzelnen Mitgliedstaaten bereitgestellten Ressourcen, was angesichts des ehrgeizigen Zeitplans zu Verzögerungen führen könnte.

Trotz dieser Einschätzungen und einiger relevanter noch offener Fragen sieht es so aus, als würde die GKKB europaweit an Fahrt gewinnen. Erfolgt die Umsetzung jedoch auf Basis der Vorstellungen der Kommission – also fakultativ und ohne Einhegung der Steuersätze – so ist eine Zuspitzung des Steuersatzwettbewerbs unter den Mitgliedstaaten nicht nur absehbar (Uhl/Rixen 2007), sondern geradezu erwünschter Effekt. Einem solchen aus Sicht der Kommission »guten« oder wahlweise »gesunden« Wettbewerb stehen, zunehmend seit den 1980er Jahren, sogenannte »schädliche Steuerpraktiken« gegenüber, die Mitgliedstaaten in Hinblick darauf praktizieren, Steuersubstrat in Land zu locken.

Angleichung über Maßnahmen gegen schädliche Steuerpraktiken

So waren die Mitgliedstaaten vor dem Hintergrund der zunehmenden Kapitalmobilität seit den 1980er Jahren, die sie durch Liberalisierungsmaßnahmen und nicht zuletzt durch die Vermeidung der Doppelbesteuerung mit ausgelöst hatten, zu »neuen« Strategien übergegangen: Es ging nicht mehr allein um den Schutz inländischer Steuerquellen oder die besseren Konditionen im Verhältnis zu den Standortwettbewerbern, sondern auch um eine Besserstellung – das heißt positive Diskriminierung – ausländischer Steuerquellen (sogenannte präferenzielle Steuerregime) im Wettbewerb.

Im Rahmen des 1997 vom Rat verabschiedeten – rechtlich nicht bindenden – Verhaltenskodex für die Unternehmensbesteuerung verpflichteten sich die Mitgliedstaaten allerdings, keine neuen schädlichen Steueranreize mehr einzuführen (»stand still«) und ihre derzeitigen Rechtsvorschriften und Praktiken zu überprüfen und, falls erforderlich, zu ändern (»roll back«). Die Mitgliedstaaten verabredeten gleichzeitig, gegenüber Drittländern für die Grundsätze zu werben und die Einhaltung des Verhaltenskodex auch in abhängigen oder assoziierten Gebieten zu gewährleisten. Der Rat betonte jedoch im selben

Atemzug die positive Effekte, die aus einem fairen Steuerwettbewerb resultieren können.

Im Verhaltenskodex wurden unter anderem solche Maßnahmen als schädlich definiert, die eine im Verhältnis zum normalen Besteuerungsniveau eines Landes deutlich niedrigere Effektivbesteuerung bis hin zu einer Nullbesteuerung vorsehen und Gebietsfremden vorbehaltene Steuervergünstigungen. Weiter wurden folgende Maßnahmen als schädlich eingestuft: steuerliche Anreize für Aktivitäten, die nicht mit der einheimischen Wirtschaft zusammenhängen und damit auch keine Auswirkungen auf die Steuerbasis des jeweiligen Landes haben; Gewährung von Vergünstigungen, denen keine Wirtschaftstätigkeit zugrunde liegt; von den international anerkannten Regeln, insbesondere denen im Rahmen der OECD abweichenden Regeln der Gewinnermittlung bei multinationalen Unternehmensgruppen (wurde 2003 zugefügt); Mangel an Transparenz.

Der Rat setzte im März 1998 eine »Gruppe Verhaltenskodex« ein, die unter dem Vorsitz von Dawn Primarolo, der Leiterin des britischen Schatzamtes, überprüfen sollte, welche mitgliedstaatlichen Regelungen unter den Verhaltenskodex fallen könnten. Die Gruppe konstituierte sich im Mai 1998, traf sich bis zur Vorlage ihres Berichts 17-mal und untersuchte während dieser Zeit rund 300 mitgliedstaatliche Regelungen. Diese betrafen 5 Kategorien: Dienstleistungen innerhalb einer Unternehmensgruppe, Finanzdienstleistungen und »Offshore«-Gesellschaften, andere sektorspezifische Regelungen, regionale Anreizmaßnahmen und sonstige Maßnahmen. 85 Maßnahmen betrafen abhängige oder assoziierte Gebiete. In ihrem Bericht, den die Gruppe im November 1999 dem Rat vorlegte, hatten sich die Teilnehmer im Wege der Einstimmigkeit darauf geeinigt, 66 steuerschädliche Praktiken zu benennen, darunter 40 in den Mitgliedstaaten, 3 auf Gibraltar und 23 in abhängigen oder assoziierten Gebieten. Dazu gehörten insbesondere Steuervergünstigungen für Dienstleistungen innerhalb einer Unternehmensgruppe (z. B die Belgischen Koordinierungszentren) und für Finanzdienstleistungen und »Offshore«-Gesellschaften (zum Beispiel das irische International Financial Services Center in Dublin). Viele Maßnahmen konnten nicht als schädlich eingestuft werden, da sie zwar mehrheitlich, nicht aber einstimmig als schädlich klassifiziert werden konnten.

Bis auf Schweden waren alle Mitgliedstaaten mit mindestens einer Eintragung der Liste vertreten. Die Niederlande lagen mit zehn Einträgen an der Spitze, gefolgt von Irland, Luxemburg und Belgien mit jeweils 5 Einträgen. Diese Eintragung in der Liste folgte schließlich weniger einer inhaltlichen den einer politischen Begründung. Tatsächlich wirken viele der von der Gruppe in ihrem Prüfbericht benannten präferenziellen Steuerregime deutlich »schädlicher«, als einzelne Steuerregime, die sich auf der Liste befinden. So wird deutlich, dass die Auswahl eher einer politischen Bewertung folgt: keinem Mitgliedstaat sollte es erspart bleiben auf der Liste genannt zu sein.

Dass sich die Mitgliedstaaten erst im Rahmen der Neuauflage des Maßnahmenpaketes zur Bekämpfung schädlichen Steuerwettbewerbs im Jahr 2003 auf eine formelle Verabschiedung des Kodex einigen konnten, hat damit zu tun, dass seine Verabschiedung von einigen Mitgliedstaaten mit einem erfolgreichen Fortgang der Verabschiedung einer Richtlinie zur Zinsbesteuerung verbunden wurde.

Im ursprünglichen Text des Verhaltenskodex sollten grundsätzlich alle schädlichen Maßnahmen bei der direkten Unternehmensbesteuerung bis zum 1. Januar 2003 abgeschafft werden, jedoch verabredeten die Minister auch zwei Ausnahmen: Für Unternehmen, denen am 31. Dezember 2000 eine schädliche Steuerregelung zugute kam, sollten die Wirkungen dieser Regelung spätestens am 31. Dezember 2005 enden, gleichgültig, ob es sich um eine befristet oder unbefristet gewährte Regelung handele. Außerdem behielt er sich die Befugnis vor, in Einzelfällen nach dem Bericht der Gruppe »Verhaltenskodex« die Wirkungen bestimmter schädlicher Steuerregelungen über den 31. Dezember 2005 hinaus zu verlängern, um besonderen Umständen Rechnung zu tragen.[55]

Auch wenn es sich beim Verhaltenskodex um keine Gemeinschaftsgesetzgebung handelt, sind die zehn Beitrittsländer dennoch verpflichtet, sich der politischen Disziplin des Verhaltenskodex zu unterwerfen. Nach einer Untersuchung der Steuersysteme der Beritrittsländer durch die zuständigen Kommissionsdienststellen kam der Rat im Herbst 2003 zu dem Schluss, dass 30 steuerliche Maßnahmen, von denen sich jeweils mindestens eine pro Beitrittsland fand (Mors 2006: 10).

Parallel zu dem Verfahren rund um den Verhaltenkodex im Ministerrat – und von diesem im Kodex beauftragt – hatte die Kommission 2001 begonnen, einige der mitgliedstaatlichen Steuerregelungen einer Prüfung anhand der Vorschriften über staatliche Beihilfen gemäß den Artikeln 87 bis 89 EG-Vertrag zu unterziehen.[56] Dem vorausgegangen waren auf Wunsch der Mitgliedstaaten

55 Europäische Kommission, Pressemitteilung IP/03/787, vom 3.6.2003.

56 Gemäß Artikel 87 (1) EG-Vertrag sind unzulässige staatliche oder aus staatlichen Mitteln gewährte Beihilfen solche, die durch die Begünstigung bestimmter Unternehmen oder Produktionszweige den Wettbewerb verfälschen und damit den Handel zwischen Mitgliedstaaten beeinträchtigen. Die Vorschriften über staatliche Beihilfen gelten unabhängig davon, welcher Art die Beihilfe ist; infolgedessen kann jede Form der Steuervergünstigung eine staatliche Beihilfe darstellen, wenn die anderen Kriterien erfüllt sind. Der Begriff der Beihilfe erfasst nicht nur positive Leistungen wie Subventionen, Darlehen oder Beteiligungen am Kapital von Unternehmen, sondern auch Maßnahmen, die in verschiedener Form die Belastungen vermindern, die ein Unternehmen normalerweise zu tragen hat, und die somit, ohne Subventio-

von der Kommission formulierte Leitlinien, wann eine Maßnahme im Bereich der direkten Unternehmensbesteuerung als staatliche Beihilfe gewertet würde. Danach ist eine Maßnahme dann eine Beihilfe, wenn sie dem Begünstigten einen Vorteil verschafft, durch den sich seine normalerweise zu tragenden Belastungen vermindern. Dieser Vorteil muss vom Staat oder aus staatlichen Mitteln gewährt werden. Darüber hinaus muss die Maßnahme den Wettbewerb und den Handel zwischen den Mitgliedstaaten beeinträchtigen. Schließlich muss die Maßnahme spezifisch oder selektiv sein, also bestimmte Unternehmen oder Produktionszweige begünstigen.

Ein Vergleich der Kriterien aus dem Verhaltenskodex mit aus dem Beihilfenrecht abgeleiteten Kriterien zeigt, dass beide nicht deckungsgleich sind. Es ist daher durchaus möglich, worauf der Hauptberater der Generaldirektion Steuern und Zollunion der Europäischen Kommission, Matthias Mors (2001: 206) hinweist, dass eine bestimmte steuerliche Maßnahme schädlich im Sinne des Kodex ist, aber nicht als (unerlaubte) staatliche Beihilfe eingestuft werden kann. Umgekehrt könne es vorkommen, dass eine mit dem Gemeinsamen Markt unvereinbare staatliche Beihilfe als nicht schädlich im Sinne des Verhaltenskodex einzustufen ist. Darüber hinaus gilt die Beihilfenregelung des EG-Vertrages nur auf dem Territorium der Mitgliedstaaten, während der Verhaltenskodex zur Unternehmensbesteuerung prinzipiell auch in abhängigen und assoziierten Gebieten Anwendung findet.

Allerdings geht es nach Auffassung der Kommission mit dem Verhaltenskodex ganz explizit nicht darum, den Wettbewerb unter den Mitgliedstaaten zu unterbinden, sondern darum, die steuerlichen Hindernisse zu beseitigen, mit denen Unternehmen konfrontiert sind, die in mehr als einem Mitgliedstaat tätig sind.

Zur Angleichung der Einkommensteuersätze

Dass seit Mitte der 1980er Jahre ein bedeutender Wandel der Körperschaftsteuer- und persönlichen Einkommensteuersätze in allen EG-Ländern zu beobachten ist, hatte im Auftrag der Europäischen Kommission im Jahr 1992 bereits der sogenannte Ruding-Ausschuss[57] festgestellt: »Vom Ausmaß her

---

nen im strengen Wortsinn zu sein, diesen nach Art und Wirkung gleichstehen (EuGH Urteil vom 20. November 2003, Rs. C-126/01, Gemo, Slg. Rn. 28 und die dort zitierte Rechtsprechung).

57 Mitglieder des Ausschusses zur Unternehmensbesteuerung waren neben dem Vorsitzenden Onno Ruding, ehemaliger niederländischer Finanzminister, zu der Zeit Vizepräsident der CitiBank Corp, Jean-Louis Descours, Präsident der Unternehmensgruppe André, Frankreich; Lorenzo Gascon, Vizepräsident der Unternehmensgruppe La Seda de Barcelona SA, Spanien;

sind diese Entwicklungen bisher beispiellos in der Geschichte der Steuerpolitik« (Europäische Kommission 1992: 163 ff.). Neben dem Körperschaftsteuersatz sei auch der einkommensteuerliche Spitzensatz in einer Vielzahl von Ländern gesenkt worden und hier insbesondere der auf Kapitaleinkünfte und etwas weniger der auf Arbeitseinkommen. Innerhalb der Gemeinschaft sei der Einkommensteuerspitzensatz insgesamt schneller gefallen als der körperschaftsteuerliche Satz.

So sanken die nominalen Spitzensteuersätze bei den persönlichen Einkommensteuern der EU-15 von 64,4 Prozent 1985 auf 52,4 Prozent 1995 und schließlich auf durchschnittlich 46,2 Prozent im Jahr 2004 (Schratzenstaller 2002; European Commission 2006). Und auch die Unternehmensteuer-Spitzensätze der EU-15 sanken von durchschnittlich 38,1 Prozent im Jahr 1996 auf 29,5 Prozent 2006 kontinuierlich ab (European Commission 2006: 35). Dieser Trend hat die gesamte OECD-Welt erfasst. Dort fielen der durchschnittliche Körperschaftsteuersatz und Spitzensteuersatz der persönlichen Einkommensteuer zwischen 1983 und 2003 um jeweils fast 20 Prozent: Ersterer von 49,5 Prozent auf 32,4 Prozent, Letzterer von 65,7 Prozent auf 47,6 Prozent (Ganghof 2005: 8).

Bezogen auf die Spitzensteuersätze weisen die Mitgliedstaaten dennoch nach wie vor eine deutliche Bandbreite auf: So weisen im Jahr 2006 die höchsten Regelsteuersätze für die Einkommensteuer Dänemark (59,0 Prozent), Schweden (56,6 Prozent), die Niederlande (52,0 Prozent) und Finnland (51,0 Prozent) aus, während die Slowakei (19,0 Prozent), Estland (23,0 Prozent), Lettland (25,0 Prozent) und Zypern (30,0 Prozent) den unteren Bereich abbilden. Bei der Körperschaftsteuer wurden nach Angaben von Eurostat die höchsten bereinigten Regelsteuersätze in Deutschland (38,6 Prozent), Italien (37,3 Prozent), Spanien und Malta (jeweils 35,0 Prozent) registriert, die niedrigsten in Zypern (10,0 Prozent), Irland (12,5 Prozent), Lettland und Litauen (jeweils 15,0 Prozent) (European Commission 2006).

Da die Steuersatzsenkungen in vielen Ländern zunächst mit einer Verbreiterung der Bemessungsgrundlage (»tax-cut-cum-base-broadening«) verbunden wurden, führten sie anfänglich im Schnitt zu keinen erheblichen Einnahmeeinbußen (Haufler 1998; Bond/Chennells 2000). Dass sich dieses Bild seit der Jahrtausendwende ändert, darauf weist auch der Bericht der Europäischen Kommission hin (European Commission 2006: 29f.). Und natürlich reflektie-

---

Carlo Gatto, Verwaltungsdirektor der FIAT-Gruppe, Italien; Albert Rädler, Professor an der Universität Hamburg, Deutschland; Ken Messere, ehemaliger Leiter der Steuerabteilung im Sekretariat der OECD, Großbritannien; Frans Vanistendael, Professor an der Universitaet Loewen, Belgien und Donal de Buitleir, Leiter der Abteilung für Steuerangelegenheiten A.I.B., Irland.

ren Durchschnittsbetrachtungen die Entwicklungen in einzelnen Staaten nur unzureichend. So brachen in Folge der Steuerreform 2000 allein die deutschen Steuereinnahmen aus der Körperschaftsteuer drastisch ein: Von rund 23,5 Milliarden Euro im Jahr 2000 sackten die Einnahmen im Jahr 2001 in den Negativbereich (-425 Millionen Euro), konnten jedoch mittlerweile wieder auf niedrigerem Niveau stabilisiert werden (8,2 Milliarden Euro 2003 und rund 13 Milliarden Euro 2004) (Bundesministerium der Finanzen 2005b).

Insgesamt hatten die Steuersatzsenkungen bei den Unternehmensteuern auch Auswirkungen auf die Struktur der Einkommensbesteuerung. Insbesondere in den Ländern, die Personengesellschaften nach den Regeln der persönlichen Einkommensteuer behandeln, wurde der Druck auf die Senkung der Einkommensteuersätze deutlich erhöht, beziehungsweise steigt der Druck, die Besteuerung noch deutlicher nach Einkommensarten zu trennen (Ganghof 2005; Ganghof/Genschel 2006; Uhl/Rixen 2007).

In Deutschland sind allein 84 Prozent der Unternehmen als Personenunternehmen organisiert (Eichel 2004: 36) und werden entsprechend im Rahmen der persönlichen Einkommensteuer veranlagt und nicht im Rahmen der Körperschaftsteuer. Entsprechend wurden Steuersatzsenkungen im Bereich der persönlichen Einkommensteuer auch mit der (vermeintlichen) Notwendigkeit begründet, die Unternehmenssteuersätze zu senken.

Auf welchem Niveau die in Gang gesetzte Unterbietungsspirale schließlich zu einem Stillstand kommt, ist derzeit noch offen. Nichts deutet darauf hin, dass die Mitgliedstaaten den wechselseitigen Steuersatzsenkungen in kürzerer Zeit Einhalt gebieten. Tatsächlich reagierten Großbritannien und die Niederlande mit Ankündigungen über eine Steuersatzsenkung, kaum hatte die deutsche Bundesregierung die Unternehmensteuerreform 2007 beschlossen (Kellermann/Rixen/Uhl 2007).

Bisher – so die Europäische Kommission – ließen die Entwicklungen im Hinblick auf die Steuersatzhöhe jedoch auch darauf schließen, dass sich eine gewisse Annäherung vollzogen habe (European Commission 2006).

Maßnahmen zur Angleichung der Verwaltungsvorgaben

Im Gegensatz zu der europäischen Nicht-Koordinierung bei der Steuersatzgestaltung der Einkommensbesteuerung wurde 2003 ein gewisser Erfolg im Hinblick auf den Informationsaustausch erreicht, dessen Verabschiedung im Rat allerdings eine längere Geschichte voraus ging.

So konstatierte der Rat schon relativ früh, dass Steuerhinterziehung und Steuerflucht über die Grenzen der einzelnen Mitgliedstaaten hinaus zu Haushaltseinnahmeverlusten führen, gegen den Grundsatz der Steuergerechtigkeit verstoßen und Verzerrungen des Kapitalverkehrs und der Wettbewerbsbedingungen bewirken können. Sie beeinträchtigten – so der Rat in der Begründung für die Richtlinie – mithin das Funktionieren des Gemeinsamen Marktes. Auch die Zusammenarbeit zwischen den Verwaltungen auf der Grundlage bilateraler Abkommen reiche nicht aus, um die neuen Formen der Steuerhinterziehung und Steuerflucht wirksam einzudämmen, die immer mehr einen multinationalen Charakter annähmen. Daher schiene es geboten, die Zusammenarbeit zwischen den Steuerverwaltungen innerhalb der Gemeinschaft nach gemeinsamen Grundsätzen und Regeln zu verstärken. Dies sollte im Jahr 1977 mit der Richtlinie 77/799/EWG über die gegenseitige Amtshilfe zwischen den zuständigen Behörden der Mitgliedstaaten im Bereich der direkten Steuern erreicht werden. Darin beschlossen die Mitgliedstaaten, sich gegenseitig auf Ersuchen Auskünfte in Einzelfällen zu erteilen. Darüber hinaus sollten sich die Mitgliedstaaten »auch ohne Ersuchen gegenseitig alle Auskünfte erteilen, die für die zu treffende Festsetzung der Steuern vom Einkommen und vom Vermögen geeignet erscheinen, insbesondere in den Fällen, in denen künstliche Gewinnverlagerungen zwischen Unternehmen verschiedener Mitgliedstaaten vorzuliegen scheinen, oder wenn solche Geschäftsbeziehungen zwischen Unternehmen zweier Mitgliedstaaten zur Steuerersparnis über ein drittes Land geleitet werden, oder schließlich wenn aus irgendeinem Grunde eine Steuerverkürzung eingetreten ist oder eintreten kann« (Richtlinie 2003/48/EG: S. 2 f.). Darüber hinaus sei es geboten, dass den Bediensteten der Steuerverwaltung eines Mitgliedstaats die Anwesenheit auf dem Gebiet eines anderen Mitgliedstaats gestattet würde, wenn die beiden betroffenen Staaten dieses wünschen. Allerdings erschien es dem Rat angebracht, Mitgliedstaaten unter gewissen Bedingungen auch das Recht einzuräumen, die Durchführung von Ermittlungen oder die Auskunftsübermittlung zu verweigern.[58]

Die Möglichkeit, die Auskunftsübermittlung zu verweigern, deutet bereits auf die Probleme in der Folgezeit hin. Zwar enthalten sowohl bilaterale Doppelbesteuerungsabkommen eine Klausel über den Informationsaustausch wie auch die ursprüngliche Richtlinie über die gegenseitige Amtshilfe

58 Die Richtlinie wurde zwischenzeitlich (1992) auch auf die speziellen Verbrauchsteuern (92/12/EWG) und auch auf Steuern auf Versicherungsprämien (2003/93/EG) ausgedehnt, jedoch 2004 von der Systematik her wieder getrennt (2004/106/EG), sodass sich die ursprüngliche Richtlinie (77/799/EWG) heute wiederum nur noch auf die gegenseitige Amtshilfe der Mitgliedstaaten im Bereich der direkten Steuern und der Steuern auf Versicherungsprämien bezieht. Die inhaltlich deutlichste Erweiterung wurde 2004 beschlossen. Die Richtlinie (2004/56/EG) zielt darauf ab, den Informationsfluss zwischen den Steuerbehörden der Mitgliedstaaten zu beschleunigen, ihnen die Koordination ihrer Ermittlungen auf dem Gebiet des grenzüberschreitenden Steuerbetrugs und die Durchführung von Verwaltungsverfahren für andere Steuerbehörden zu erleichtern.

(77/799/EWG), nach der der Informationsaustausch auf Ersuchen, spontan oder automatisch erfolgen kann. Das Problem mit den Klauseln in den Doppelbesteuerungsabkommen und der Amtshilferichtlinie bestand aber aus Sicht der Kommission (Memo/01/266) darin, dass die Mitgliedstaaten in bestimmten Fällen keine Auskünfte übermitteln mussten, zum Beispiel wenn ihre inländischen Rechtsvorschriften oder ihre Verwaltungspraxis der Ermittlung oder Übermittlung von Informationen entgegenstanden oder wenn der um Auskunft ersuchende Staat zur Übermittlung gleichartiger Auskünfte nicht in der Lage war. Dies bedeutete, dass bestimmte Länder auf Grund ihrer inländischen Rechtsvorschriften keine Informationen über Zinserträge übermitteln konnten und dass die anderen Länder deshalb auch nicht verpflichtet waren, ihnen solche Informationen zur Verfügung zu stellen.
Diese Lücke sollte schließlich mit einer Richtlinie im Rahmen des »Maßnahmepakets zur Bekämpfung des schädlichen Steuerwettbewerbs« im Jahr 2003 geschlossen werden. Mit der Richtlinie über die Besteuerung von Zinserträgen (2003/48/EG) sollte das Ziel erreicht werden, ein Minimum an effektiver Besteuerung der Zinserträge Gebietsfremder innerhalb der Gemeinschaft zu gewährleisten. Die Richtlinie gilt allerdings nur für die Besteuerung natürlicher Personen (also nicht für Unternehmen) und betrifft nur eine bestimmte Art von Zinserträgen, nämlich Erträge aus grenzüberschreitenden Kapitalanlagen, die in Form von Zinsen in einem Mitgliedstaat an natürliche Personen mit Wohnsitz in einem anderen Mitgliedstaat gezahlt werden. Nicht besteuert werden entsprechend Kapitalerträge aus Dividenden, Derivaten und Lebensversicherungen ebenso wie die meisten Aktien und viele Anlagefonds.
Es bleibt dem Wohnsitzmitgliedstaat überlassen, ob er die Zinserträge besteuert oder nicht. Es wird lediglich sichergestellt, dass die Mitgliedstaaten über die Informationen verfügen, die sie brauchen, um den Steuersatz anzuwenden, der auch für Gebietsansässige gilt.

Gemäß der Richtlinie sollen letztlich alle Mitgliedstaaten untereinander Informationen über Zinszahlungen an in den anderen Mitgliedstaaten ansässige Anleger automatisch austauschen. Während eines Übergangszeitraums können jedoch Belgien, Luxemburg und Österreich stattdessen in den ersten drei Jahren (2005–2007) eine Quellensteuer von 15 Prozent einbehalten, die in den folgenden drei Jahren (2008–2010) auf 20 Prozent und ab 2011 auf 35 Prozent steigt. Diese drei Mitgliedstaaten würden dann zur automatischen Auskunftserteilung übergehen, wenn die EG durch einstimmigen Beschluss des Rates ein Abkommen mit der Schweiz, Liechtenstein, San Marino, Monaco und Andorra über die Erteilung von Informationen über Zinszahlungen unter Beibehaltung der jeweiligen Quellensteuer schließt. Mittlerweile wurden diese Abkommen beschlossen und der Rat hat entschieden (Entscheidung

2004/587/EG), dass die Richtlinie zum 1. Juli 2005 in Kraft treten sollte. Dies allerdings unter nochmals veränderten Vorzeichen: so konnten Luxemburg, Österreich und Belgien ihre Quellensteuern – in Analogie zum Verhandlungsergebnis mit der Schweiz – als eine Art Dauerprovisorium durchsetzen.

Was bedeuten die europäischen Vorgaben und Annäherungen der Mitgliedstaaten jedoch ganz explizit für die steuerpolitische Autonomie der Mitgliedstaaten im Hinblick auf die Gestaltung und Verwaltung ihrer Einkommensteuern? Darauf soll der folgende Abschnitt Antworten geben.

1.4.2 Autonomieverluste bei der Gestaltung und Verwaltung der Einkommensbesteuerung

Wie schon verschiedentlich angeklungen, stellt sich das Bild des mitgliedstaatlichen Autonomieverlustes bei der Einkommensbesteuerung weniger eindrucksvoll dar im Vergleich zu den indirekten Steuern. So ist bereits deutlich geworden, dass die Eingriffstiefe von europäischem Recht in die Besteuerung der verschiedenen Einkommensarten von Privatpersonen und Unternehmen vergleichsweise geringer ist, auch wenn insbesondere seit den 1990er Jahren die Dynamik der Angleichung deutlich an Fahrt gewonnen hat.

Aus den Maßnahmen der (auch über den EuGH erzwungenen) Harmonisierung einzelner Tatbestände betreffend die Bemessungsgrundlagen ergeben sich für die Mitgliedstaaten *De-facto-Autonomieverluste* insbesondere hinsichtlich der Möglichkeiten, legale Steuervermeidungsstrategien autonom zu erschweren, die illegale Steuerflucht eigenständig zu bekämpfen und auf Basis eines rein nationalen juristischen Rahmens verlässliche Haushalte zu erstellen. Umgekehrt sind der Anwerbung von Kapital und Unternehmensansiedlungen von außen ein paar wenige Grenzen gesetzt worden: so stehen die nationalen Gesetzgeber bei der Errichtung von partiellen steuerlichen Vergünstigungen, das heißt präferenziellen Steuerregimen mindestens unter Erklärungsdruck und über die Europäische Kommission unter Beihilfenkontrolle.

Jedoch, auch wenn im Zusammenhang mit den Bemessungsgrundlagen der persönlichen Einkommens- und Unternehmensbesteuerung *de jure* Autonomieverluste hauptsächlich hinsichtlich der Nichtdiskriminierung und Nichtbeschränkung der Mobilität insbesondere von Kapital, aber auch von Personen im Binnenmarkt zu finden sind, schränken die Nationalstaaten ihre verbliebenen autonomen Handlungsspielräume *de facto* selbst ein. Den Grund hierfür liefern insbesondere die unterschiedlichen Implikationen des steuerlichen Standortwettbewerbs der Mitgliedstaaten untereinander.

Auch hier sollen einige Fragen zu Beginn der Erhellung dienen: Wäre es beispielsweise den zwölf seit 2004 neuen Mitgliedsländern möglich gewesen, keinerlei Steuern auf Einkommen zu erheben und dennoch Mitglieder der Europäischen Gemeinschaft zu werden? Rechtlich zweifelhaft. Aber unterhalb dieser Ebene: wäre es möglich, dass sich beispielsweise der deutsche Gesetzgeber dahingehend verständigt, eine duale Einkommensbesteuerung wie in den nordischen Ländern einzuführen, oder eine proportionale Steuer von 25 Prozent über alle Einkommensarten hinweg, wie sie der ehemalige deutsche Bundesverfassungsrichter Paul Kirchhof im Wahlkampf 2005 vorgeschlagen hat? Zweimal ja. Könnte das deutsche Parlament umgekehrt auch ein neues Bekenntnis zur Progression in der Einkommensbesteuerung ablegen und dies auch autonom gesetzlich dokumentieren? *De jure* ja. Könnte es aber auch autonom Maßnahmen gegen Steuerflucht ergreifen? Nein. Oder könnte es beschließen – wie es ehedem die beiden Hauptakteure der Bretton-Woods-Verhandlungen, Harry Dexter White und John Maynard Keynes vertraten – dass es die souveräne Möglichkeit eines Staates geben muss Kapitalbewegungen auch dadurch zu unterbinden, dass Sachverhalte doppelt besteuert werden? Ebenfalls nein. Könnte Deutschland umgekehrt beschließen eine Steueroase in der Hinsicht zu werden, dass es positiv diskriminiert – also Steuerausländern erheblich bessere Bedingungen anbietet als Steuerinländern, um so Kapital aus anderen Ländern anzuziehen? Eher nein – ein Verhaltenskodex soll diese Praktiken eindämmen und die Kommission über ihren Hebel der Staatlichen Beihilfen intervenieren. Aber könnte das deutsche Parlament dadurch Steueroase werden, dass für alle gleichermaßen Nullsätze oder niedrigste Steuersätze verlangt werden? Hier ein eindeutiges Ja.

De-facto-Autonomieverluste bei der Gestaltung von Einkommensteuersystem und -sätzen

Zwar ist es *de jure* immerhin fraglich, ob ein Land Mitglied der Europäischen Gemeinschaft werden könnte, das keinerlei Einkommensteuern erhebt. Dies gilt auch für den hypothetischen Fall, dass ein Mitgliedsland beispielsweise beschließt, ab sofort keinerlei Unternehmensteuern mehr zu erheben. Obwohl es keine diesbezügliche explizite Aufforderung rechtlicher Natur – weder im Primärrecht noch im Sekundärrecht – gibt, gibt es durchaus andere vertragliche Anknüpfungspunkte für die Gemeinschaft – oder einzelne Mitgliedstaaten – über eine Klage beim EuGH zu reagieren, wenn es zum Beispiel wie in Artikel 2 EG-Vertrag um die Förderung der Solidarität unter den Mitgliedstaaten geht. Dieser Weg ist bisher allerdings noch nicht beschritten worden und sein Verfahrensausgang ist fraglich. Neben diesem eher allgemeinen Hinweis bezüglich der Angleichung der mitgliedstaatlichen Besteuerungssysteme gibt es keine weiteren expliziten *De-jure*-Autonomieverluste, die durch die europäische Ebene vorgegeben wären.

Tatsächlich sind die Einschränkungen, denen sich die Mitgliedstaaten bezogen auf die Gestaltung ihrer Einkommensteuersysteme und ihrer Steuersätze unterwerfen, hauptsächlich vom steuerlichen Standortwettbewerb untereinander induziert und die Mitgliedstaaten schränken dadurch selbst *de facto* ihre Handlungsspielräume ein. So bekennen sich die Mitgliedstaaten in Abgrenzung zu schädlichen Praktiken im Steuerwettbewerb auch zu aus ihrer Sicht nützlichen, denn »keine Besteuerung oder ein niedriger Steuersatz stellen für sich genommen noch keine schädliche Steuerpraxis dar« (Bundesministerium der Finanzen 2004c: 51). Dabei fällt ins Auge, dass wesentliche Teile der Steuersatzsenkungen in den Mitgliedstaaten der letzten Jahre hauptsächlich mit Blick auf die jeweils anderen Mitgliedstaaten vollzogen wurden und werden: In nationalen Presseorganen werden Grafiken und Tabellen aus den Finanzministerien veröffentlicht, die heimische Steuersatzsenkungen ins europäische Wettbewerbs-Verhältnis stellen.[59] Ergebnisse nationaler Steuerreformen werden hingegen wiederum gerne in den Presseorganen der anderen Mitgliedstaaten dargestellt. Empirische Untersuchungen über die Sequenz und das Timing von nominalen Steuersatzsenkungen kommen zu dem Ergebnis, dass Staaten auf Satzsenkungen in anderen Ländern mit einer eigenen Reduzierung reagieren. Die Staaten sind sich bewusst, dass sie in einer Situation strategischer Interdependenz sind und spüren den Wettbewerbsdruck auf ihre nominellen Sätze (vgl. zum Beispiel Devereux/Lockwood/Redoano 2004).

Steuerwettbewerb entsteht, wenn Staaten ihre Steuerpolitik strategisch einsetzen um Unternehmen einen neuen Steuersitz anzubieten oder den alten Ort vermeintlich attraktiv zu halten. Aufgrund des Wettbewerbsverhaltens der Regierungen ergibt sich ein internationales Steuergefälle, das sich in allen Aspekten der nationalen Besteuerung wiederspiegelt, also in Steuersystemen und -arten, Bemessungsgrundlagen, Tarifen und der Steuerrechtsdurchsetzung. Dieses Steuergefälle bietet den Unternehmen Möglichkeiten zur Steuerminimierung. Dies hält wiederum den Wettbewerb zwischen den Regierungen in Gang.

Im Rahmen des steuerlichen Standortwettbewerbs geht es so aus Sicht der europäischen Mitgliedstaaten um verschiedene Problemkreise: die Stellung der heimischen Unternehmen im internationalen und europäischen Wettbewerb und die mit der zunehmenden Kapitalmobilität einhergehenden Möglichkeiten

---

59 So zum Beispiel: »UK retains advantage in then European Union«, in: Financial Times vom 18.4.2002; »Des chiffres pour situer le cas francais«, in: Le Figaro vom 11.4.2002, Tabellen für zum Beispiel Dänemark in: Politiken vom 13.9.2002, für Spanien in: El pais vom 14.6.2003, für Belgien in: Business week vom 23.7.2001, für Österreich in: Die Presse vom 10.1.2004.

internationaler Steuervermeidung (illegale Steuerflucht und internationale Steuerplanung[60]). An dieser Stelle soll es um den Wettbewerb um Unternehmen und Unternehmensbeteiligungen gehen. Der Zusammenhang zwischen Kapitalverkehrsliberalisierung, Wettbewerb und unternehmerischen Steuergestaltungsmöglichkeiten wird weiter hinten in seinen Konsequenzen aufgezeigt, ebenso wie der Zusammenhang zwischen Kapitalverkehrsliberalisierung, Wettbewerb und illegaler Steuerflucht.

Wie es um den heimischen Standort für Unternehmen bestellt ist, dafür gilt der Anteil an ausländischen Direktinvestitionen als ein Gradmesser (Busch 1999). Er gilt als Indikator, der über »einen der wichtigsten Aspekte der Globalisierung informiert« (Passerini 2000: 1). Direktinvestitionen (DI) sind internationale Investitionen, die eine in einem Wirtschaftsgebiet ansässige Einheit tätigt, um eine langfristige Beteiligung an einem in einem anderen Wirtschaftsgebiet ansässigen Unternehmen zu erwerben. Langfristige Beteiligung bedeutet, dass eine dauerhafte Beziehung zwischen dem Direktinvestor und dem Unternehmen besteht und der Investor einen maßgeblichen Einfluss auf die Geschäftspolitik ausübt.[61] Ein österreichisches Beispiel verdeutlicht die grenzüberschreitende Werbung um ebendiese Direktinvestitionen. So erschien im Oktober 2006 ein 12-seitiger »Business-Beihefter Österreich Spezial« in der deutschen Wochenzeitschrift DER SPIEGEL. Kommunikatives Ziel sei – so der herausgebende Verlag – die positive Profilierung und Vermarktung des Standortes Österreich. Bereits im Aufmacher rühmen die Autoren die im Eigentum des österreichischen Wirtschaftsministerium stehende Betriebsansiedlungsgesellschaft »Austrian Business Agency« (ABA). Diese habe durch ihre kostenlose Beratung bei der Standortwahl in der Vergangenheit dafür gesorgt, dass in arbeits- und steuerrechtlichen Fragen »Österreich als Spitzenadresse für deutsche Direktinvestitionen« hervorgehe. Und der Geschäftsführer der ABA, Rene Siegl, wird ebenda mit den folgenden Worten zitiert: »Diese erfreuliche Entwicklung zeigt ganz klar, dass die Steuerreform der Attraktivität des Wirtschaftsstandortes Österreich ein entscheidendes Momentum verliehen hat.«

---

60 Steuerflucht meint die Steuerverkürzung durch illegale Mittel, das heißt durch Hinterziehung, während Steuerplanung die legale Steuerverkürzung durch Ausnutzung steuerrechtlicher Gestaltungsmöglichkeiten insbesondere durch multinational tätige Unternehmen bezeichnet.

61 Nach der offiziellen Definition ist ein Unternehmen (mit oder ohne eigene Rechtspersönlichkeit) Gegenstand einer Direktinvestition, wenn ein Direktinvestor mindestens 10 Prozent der Stammaktien oder Stimmrechte (im Falle eines Unternehmens mit eigener Rechtspersönlichkeit) beziehungsweise einen vergleichbaren Anteil (im Falle eines Unternehmens ohne eigene Rechtspersönlichkeit) besitzt« (Passerini 2000: 7).

Und tatsächlich deuten auch andere Zahlen auf die deutliche Zunahme grenzüberschreitender Direktinvestitionen innerhalb der EU hin. Die Daten, die von der Europäischen Gemeinschaft über Eurostat regelmäßig zur Verfügung gestellt werden, machen deutlich, dass in den meisten EU-Ländern ein Großteil der ausländischen Investitionen aus anderen Mitgliedstaaten stammt. Dieser Trend habe sich in den 90er Jahren verstärkt: »Zwischen 1992 und 1998 kam beispielsweise in Deutschland und Frankreich mehr als doppelt soviel DI-Kapital aus anderen EU-Staaten wie aus Drittstaaten« (Passerini 2000: 4). Dies weist auch darauf hin, dass Österreich nicht der einzige Mitgliedstaat ist, der um Direktinvestitionen wirbt, sondern dass alle Mitgliedstaaten mit den jeweils von ihnen für Standortvorteile gehaltenen nationalen Besonderheiten in diesem Wettstreit stehen.

Allerdings konzentrieren sich ausländische Direktinvestitionen keineswegs nur auf Länder mit niedrigen Steuern. Im Gegenteil. Für Deutschland zeigen die verfügbaren Daten über die Bestände ausländischer Direktinvestitionen und die durchschnittliche Steuerbelastung, dass das Land trotz seines hohen Steuersatzes auf Unternehmensgewinne in den 1990er Jahren was den Bestand an Direktinvestitionen angeht erheblich aufgeholt hat. So haben sich die Kapitalbestände ausländischer Unternehmen in Deutschland von 1990 – 2002 fast versechsfacht, und dies schon bevor 2001 die Steuersätze erheblich gesenkt wurden (Fuest/Becker 2006:1). Diese Skepsis bestätigt sich auch in groß angelegten Querschnittsanalysen. In einer Meta-Analyse empirischer Studien kommen Ruud de Mooij und Sjef Ederveen (2006) zwar zu dem Ergebnis, dass eine Erhöhung der Steuerbelastung in der Regel den Zufluss von ausländischen Direktinvestitionen vermindert. Allerdings variieren die Richtung und die Stärke des Zusammenhanges sehr stark mit der Meßmethode. Das Gesamtbild bleibt uneinheitlich (vgl. auch Schwarz 2007).

Und so gilt im Falle der Direktinvestitionen, dass ein direkter Zusammenhang zwischen der Steuerhöhe und der Höhe der Direktinvestitionen kaum nachzuweisen ist (Rixen 2006). Dazu kommt, dass es bis heute keine ökonomischen Studien gibt, die den Zusammenhang zwischen einem Mehr an Investitionen und einem Mehr an Beschäftigung belegen könnten.

Dennoch geht es im Rahmen des steuerlichen Standortwettbewerbs mit Blick auf die Beschäftigung nicht nur um Direktinvestitionen, sondern auch um die Standortwahl ganzer Unternehmen. Die im Vergleich zu anderen Ländern zu hohen Sätze der Unternehmensteuern führten dazu, so eine öffentlich sehr popularisierte Einschätzung, dass große Unternehmen aus steuerlichen Gründen ganze Produktionsstätten und Arbeitsplätze in andere – niedrig besteuernde Länder – verlagern würden. Auch dies Argument kann bezogen auf seinen empirischen Gehalt nicht bestätigt werden. Steuern sind nur ein

Faktor unter vielen. Es ist in der wissenschaftlichen Literatur nahezu unbestritten, dass Größen wie Marktzugang, Infrastruktur, Arbeitskosten und das Ausbildungsniveau vor Ort die Standortwahl stärker beeinflussen (Uhl/Rixen 2007). Allein wegen einer höheren Steuerbelastung wandert ein Betrieb nicht ins Ausland ab (Europäische Kommission 2001a). Allerdings gilt dies nicht für alle Branchen. So gibt es Belege in Form von Umfragedaten die zeigen, dass Unternehmen bei der Wahl des Standortes für ein Finanzdienstleistungszentrum ein durchaus deutliches Augenmerk auf steuerliche Faktoren richten (Ruding Report 1992, 114).

Dass ein Land aber im Steuerwettbewerb dennoch durchaus gewinnen kann, zeigt das Beispiel Irland. Als das Land 1973 der EG beitrat, bestand es auf dem Recht, produzierende Gewerbebetriebe mit einem verringerten Unternehmenssteuersatz zu belegen. Der niedrige Steuersatz lockte in erheblichem Umfang ausländische Investitionen ins Land und trug dadurch zur schnellen wirtschaftlichen Modernisierung des Landes und zum langen Boom der 1990er Jahre bei (Genschel/Uhl 2006: 103 f.). Die neuen Beitrittsländer aus Osteuropa versuchen seit einiger Zeit diesen Erfolg zu kopieren, sehr zum Ärger insbesondere der Regierungen Frankreichs und Deutschlands, die ihrerseits wiederum Konsequenzen ankündigen (Koalitionsvertrag zwischen CDU, CSU und SPD 2005: 20).

Zusammenfassend bleibt zu konstatieren, dass die Mitgliedstaaten und ihre publizierenden Vertreter sich des Wettbewerbs der Standorte äußerst offensiv bedienen, aufeinander Bezug nehmen und ihre steuerpolitischen Möglichkeiten darüber *de facto* einschränken. Obwohl es *de jure* möglich wäre, die Steuersätze bei der persönlichen Einkommensteuer und der Körperschaftsteuer zu erhöhen, machen die Mitgliedstaaten davon keinen Gebrauch, da sie sich im Standortwettbewerb befinden. Wie viel Spielraum »nach oben« den einzelnen Mitgliedstaaten bliebe, ohne vergleichsweise viel reale Produktion oder Kapital an andere Staaten zu verlieren, dafür gibt es im Unternehmensteuerbereich keine Befunde: diese könnten lediglich kontrafaktisch gewonnen werden.

Über den Steuersatzwettbewerb um mobiles Kapital und Investitionen sind jedoch nicht nur die Steuersätze sondern auch die Steuersysteme selbst betroffen. So haben die Mitgliedstaaten ihre *De-jure*-Autonomie, die nationalen Einkommensteuersysteme verändern zu können, in einer ähnlichen Richtung genutzt. Der mitgliedstaatliche Steuerreformtrend führte seit Mitte der 1990er Jahre in Richtung einer dualen Besteuerung, das heißt der steuerlichen Trennung nach mobilen beziehungsweise immobilen Einkommensarten oder wahlweise zur proportionalen Besteuerung, der sogenannten »flat tax« insbesondere in einigen der neuen östlichen Mitgliedsländer, die ihre Steuersysteme mit dem EU-Beitritt neu strukturierten.

De facto hat der Steuerwettbewerb um mobile Bemessungsgrundlagen somit dazu geführt, dass das Prinzip der gleichen progressiven Besteuerung aller Einkommensarten immer deutlicher durchbrochen wird. Dem entgegen scheint der europäische Weg insbesondere der ehemaligen EU-15 zu sein, die Besteuerungstatbestände zu entkoppeln: mobile Bemessungsgrundlagen, die besonders im Wettbewerb stehen (Kapitalerträge und Unternehmensteuersätze) werden proportional und niedrig besteuert, während immobile Arbeitseinkommen progressiv und höher besteuert werden. Die *De-jure*-Autonomie in Fragen des Steuersystems wird folglich nicht mehr genutzt. Dies bedeutet auch hier *de facto* einen Autonomieverlust.

Wie diese *De-facto*-Autonomieverluste im Bereich der Steuersysteme und der Steuersätze, induziert durch den Steuerwettbewerb, wiederum mit vorbereitet und beeinflusst wurden durch Harmonisierungsmaßnahmen im Bereich der Bemessungsgrundlagen, soll im Folgenden aufgezeigt werden.

De-jure-Autonomieverluste bei den einkommensteuerlichen Bemessungsgrundlagen

Obwohl die Diskussion um eine vereinheitlichte Bemessungsgrundlage bei der Unternehmensbesteuerung auf europäischer Ebene, wie gezeigt wurde, noch im vollen Gange ist und die Mitgliedstaaten über einige Spielräume der Gestaltung derselben bis heute verfügen, wurden Letztere *de jure* und *de facto* in der Vergangenheit sukzessive eingeschränkt. Teilweise waren die Maßnahmen dabei Voraussetzung und Verstärker für den steuerlichen Standortwettbewerb der Mitgliedstaaten untereinander, da die Harmonisierungen die Steuergrenzen, die die mitgliedstaatlichen Steuersysteme voneinander abschotten, im Sinne des Binnenmarktes einreißen sollten.

Die Folge der Maßnahmen für die Mitgliedstaaten ist, dass diese *de jure* kaum noch Möglichkeiten haben, private und unternehmerische Steuerflucht beziehungsweise Steuervermeidung durch autonome Maßnahmen zu erschweren. Hier spielt die Rechtsprechung des Europäischen Gerichtshofes eine bedeutende Rolle. Erschwert wird es den Mitgliedstaaten umgekehrt aber auch, Maßnahmen zu treffen, um sich als Steueroasen zu präsentieren: die Werbung um Unternehmensansiedelungen durch präferenzielle Steuergestaltung wurde im Wege des Beihilfenrechts und die Werbung um privates Kapital durch Nicht-Mitteilung privater Zinserträge und wurden mindestens ansatzweise – mit unterschiedlichem Erfolg beziehungsweise Misserfolg – erschwert. Auch diese Maßnahmen beschneiden *de jure* die autonomen Handlungsspielräume der Mitgliedstaaten. Alle drei Aspekte sollen im Folgenden getrennt voneinander bezüglich ihrer Auswirkungen auf die Mitgliedstaaten untersucht werden.

De-jure-Autonomieverluste bei der Gestaltung von Maßnahmen gegen die legale Steuervermeidung bei grenzüberschreitender Unternehmenstätigkeit

Dass es heute nahezu unmöglich ist für die europäischen Nationalstaaten, autonom über Maßnahmen zu beschließen, die gegen die legalen Steuervermeidungsstrategien von multinationalen Konzernen gerichtet sind, ist im Wesentlichen auf folgende zwei Entwicklungen zurückzuführen: einerseits auf die von den Mitgliedstaaten beschlossenen Maßnahmen zur Verhinderung der doppelten Besteuerung im Binnenmarkt und andererseits auf die Rechtsprechung des EuGH insbesondere hinsichtlich der Niederlassungsfreiheit.

Zur Vermeidung einer doppelten Besteuerung derselben Sachverhalte haben die Mitgliedstaaten nicht nur ein nahezu vollständiges Netz an Doppelbesteuerungsabkommen (DBA) geschlossen, sondern auch darüber hinaus gehende Richtlinien, die den jeweiligen Staaten Besteuerungsrechte noch deutlicher zuweisen als es die DBA ohnehin vorsehen. *De jure* wurden die Mitgliedstaaten mit dem EG-Vertrag aufgefordert auszuschließen, dass Tatbestände innerhalb der Gemeinschaft einer doppelten Besteuerung unterliegen, denn dies schränkt wesentliche Grundfreiheiten ein: in erster Linie die Niederlassungs- und die Kapitalverkehrsfreiheit.

Als die Märkte noch recht abgeschottet voneinander funktionierten, war die doppelte Besteuerung kaum ein Problem. Grenzüberschreitende Sachverhalte waren selten oder von so untergeordneter Bedeutung, dass es keiner wesentlichen Anstrengung von Seiten der nationalen Gesetzgeber bedurfte, eine grenzüberschreitende Regelung zu finden. Besteuert wurde, was innerhalb der eigenen Grenzen geschah und von Steuerinländern erwirtschaftet wurde – unabhängig von der Behandlung von Einkünften in anderen Staaten. Auch die Strukturen der Unternehmen waren in erster Linie national geprägt.

Mit der zunehmenden grenzüberschreitenden Kapitalmobilität und Investitionstätigkeit einerseits und der Ausbreitung multinationaler Unternehmensstrukturen andererseits wuchs jedoch auch die Anfälligkeit des Territorialitätsprinzips bei der Besteuerung. So ist die Zahl der multinationalen Unternehmen in 15 Ländern (EU und Nicht-EU) von ungefähr 7000 Muttergesellschaften Ende der 1960er Jahre auf ungefähr 40 000 Ende der 1990er Jahre angestiegen. Weltweit seien – so die Europäische Kommission in ihrem Bericht zur Unternehmensbesteuerung im Jahr 2001 – 63 000 Muttergesellschaften und 690 000 ausländische Tochtergesellschaften tätig (European Commission 2001: 23 f.).

Eine Voraussetzung für die Ausbreitung multinationaler Unternehmensstrukturen war aber auch, dass die Mitgliedstaaten auf autonome Besteuerungsrechte *de jure* verzichteten: In Doppelbesteuerungsabkommen verpflichteten sie sich, Sachverhalte nicht doppelt zu besteuern, was zuvor hemmend auf die grenzüberschreitende Unternehmenstätigkeit gewirkt hatte. So ist es leicht vorstellbar, dass Unternehmen nicht besonders erfreut darüber sind, wenn ungeachtet der bereits anderenorts gezahlten Steuern Gewinne von ausländischen Unternehmenstöchtern im Sitzland der Muttergesellschaft erneut besteuert werden. In Doppelbesteuerungsabkommen wurden und werden auf Basis des Sitzlandprinzips Steuertatbestände zwischen Staaten aufgeteilt. Obwohl multinationale Konzerne auf der organisatorischen Ebene ein transnationales Ganzes sind, zerfallen sie rechtlich und steuerlich gesehen in eine Vielzahl nationaler Teileinheiten. Jede nationale Niederlassung eines multinationalen Unternehmens gilt somit rechtlich und steuerlich als eigenständige, unabhängige Firma (Palan 2002: 172). Dies soll es den Sitzländern erlauben, den auf ihrem Hoheitsgebiet erwirtschafteten Gewinn eigenständig und unabhängig zu besteuern. In den meisten Doppelbesteuerungsabkommen sind so die Einkünfte ausländischer Tochtergesellschaften im Sitzstaat der Muttergesellschaft von der Besteuerung freigestellt. In diesem Fall sind also steuerpflichtige Sachverhalte territorial zurechenbar: Sie fallen entweder ins nationale Hoheitsgebiet und unterliegen deshalb der inländischen Steuerpflicht oder sie fallen in das Hoheitsgebiet eines anderen Staates und sind deshalb dort steuerpflichtig.

Da die multinationalen Konzerne jedoch auf der organisatorischen Ebene miteinander verwoben sind, erlaubt es diesen beispielsweise, in Niedrigsteuerländern allein zu dem Zweck Tochtergesellschaften zu gründen, um durch Transaktionen Gewinne dorthin zu verlagern und somit Steuern auf Kosten des Sitzlandes der Muttergesellschaft zu sparen. Umgekehrt können durch konzerninterne Transaktionen Verluste im Sitzland der Muttergesellschaft geltend gemacht werden.

Die bekannteste Form, diese Transaktionen zum Zwecke der Steuervermeidung zu vollziehen, ist die bereits erwähnte Verrechnungspreisgestaltung. Anfällig für die legale Steuervermeidung durch Unternehmen ist dieses System unter anderem deshalb, weil ca. 60 Prozent des Welthandels – Waren und Dienstleistungen – über Verrechnungspreise innerhalb von multinationalen Unternehmen und nicht über Marktpreise abgerechnet werden (Bundesministerium der Finanzen 2004c).

Auf diese Weise können Unternehmen dank der Regelungen zur Verhinderung einer doppelten Besteuerung, Sitzlandprinzip und Freistellungsmethode, das Steuergefälle zwischen den Staaten schlicht ausnutzen. Daneben pocht der Europäische Gerichtshof auf die Nichtbeschränkung, insbesondere der Niederlassungsfreiheit im Binnenmarkt, was die wenigen national *de jure* verbliebenen Möglichkeiten zusätzlich einschränkt, den Steuervermeidungsstrategien multinationaler Konzerne etwas entgegenzusetzen.

Dies soll im Folgenden anhand von zwei Fällen verdeutlicht werden, in denen es darum geht, wie durch autonome nationale Regelungen der Gewinn- beziehungsweise Verluste-»Verkehr« innerhalb der Gemeinschaft erschwert werden sollte. Der erste Fall bezieht sich auf unternehmerische Steuervermeidungsstrategien durch Gewinnverlagerung (Cadbury Schweppes), der zweite Fall auf den Verlusteverkehr (Marks & Spencer) innerhalb der Gemeinschaft. Beide Vorlageverfahren betreffen jeweils nicht nur die konkreten Fälle, mit denen sich der EuGH zu befassen hatte, sondern die in Rede stehenden britischen Steuerregelungen finden sich in vergleichbarer Form in mehreren Mitgliedstaaten.

Steuervermeidung durch Gewinnverlagerung

Wie bereits geschildert, hatten die Regelungen zur Verhinderung der doppelten Besteuerung in der Gemeinschaft (Sitzlandprinzip plus Freistellungsmethode) dazu geführt, dass die Muttergesellschaft eines multinationalen Konzerns Gewinne dadurch umleiten kann, dass sie eine Tochtergesellschaft in einem Staat mit niedrigem Besteuerungsniveau gründet und konzerninterne Transaktionen durchführt, deren Hauptzweck die Übertragung der Gewinne auf diese Tochtergesellschaft ist.

Zur Verhinderung des Missbrauchs der Regelungen haben einige Mitgliedstaaten in der jüngeren Vergangenheit in ihre Außensteuer- beziehungsweise Einkommensteuer- und Körperschaftsteuergesetze vergleichbare Regelungen aufgenommen, wonach zum Schutz vor Steuervermeidungsstrategien multinationaler Konzerne deren Tochtergesellschaften unter gewissen Umständen im Sitzland der Muttergesellschaft nicht von der Steuer freigestellt werden, sondern die im Sitzland der Tochtergesellschaft gezahlten Steuern lediglich angerechnet werden.[62] Das heißt, dass die Tochtergesellschaft entsprechend im

62 Nicht vorenthalten werden soll an dieser Stelle eine nicht nur unter deutschen Steuerjuristen geführte Debatte darüber, ob es sich bei diesen Anrechnungsregelungen nicht um einen sogenannten »Treaty Override« handelt. Dabei geht es um die Frage, ob national vom Gesetzgeber getroffene Regelungen vor dem Hintergrund bestehender Doppelbesteuerungsabkommen überhaupt zulässig sind. So können beispielsweise einzelne Anrechnungstatbestände den Freistellungsregelungen, wie sie in DBA vereinbart sind, entgegenstehen. Steuerjuristen sind sich weitgehend einig darin, dass die dem Fall Cadbury Schweppes vergleichbaren deutschen Regelungen einen solchen Treaty Override darstellen, also den völkerrechtlichen Vereinbarungen in den DBA widersprechen. In der Literatur wird die Vereinbarkeit eines Treaty Override mit nationalem Verfassungsrecht und Völkerrecht zwar grundsätzlich abgelehnt, allerdings ergeben sich bei einem Verstoß nach allen dazu vertretenen Ansichten weder Folgen für

Sitzland der Muttergesellschaft – unter Berücksichtigung bereits gezahlter Steuern – mit besteuert wird. Im Ergebnis sollen die Tochtergesellschaften – so es sich um Gründungen zum Zweck der Steuervermeidung handelt – steuerlich demnach so behandelt werden, als hätten die Tochtergesellschaften ihren Sitz im Inland.

In seinem Urteil in der Rechtssache Cadbury Schweppes[63] hat der EuGH diese mitgliedstaatlichen Gesetze einem sehr restriktiven Korsett unterworfen, wie im Folgenden kurz anhand des genannten Falles geschildert werden soll. Im Ergebnis werden künftig wahrscheinlich nur noch solche nationalen »Schutz«-Regelungen vor dem EuGH Bestand haben können, die sich auf reine »Briefkastenfirmen« beziehen. Doch im Einzelnen:

Nach britischem Recht werden die Gewinne einer ausländischen Tochtergesellschaft, an der die Muttergesellschaft zu mehr als 50 Prozent beteiligt ist, der Muttergesellschaft im Vereinigten Königreich zugerechnet und in deren Besteuerungsgrundlage einbezogen. Sie werden im Wege der Anrechnung der von der Tochtergesellschaft im Niederlassungsstaat bereits entrichteten Steuer besteuert. Diese Anrechnungs-Regelung greift aber nur dann, wenn die in einem anderen Staat als im Vereinigten Königreich ansässige Tochtergesellschaft in diesem anderen Staat einem niedrigeren Besteuerungsniveau unterliegt. Ein niedrigeres Besteuerungsniveau liegt dann vor, wenn sich die von der ausländischen Tochter entrichtete Steuer auf weniger als drei Viertel des Betrages der Steuer beläuft, der im Vereinigten Königreich hätte bezahlt werden müssen.

Die Regelung sieht jedoch eine Reihe von Ausnahmen vor. Unter anderem greift die zuvor beschriebene britische Regelung dann nicht, wenn die Gründung und der Geschäftsbetrieb der ausländischen Tochtergesellschaft den Anforderungen des »Motivtests« (»motive test«) genügen. Dieser umfasst zwei Aspekte und der Steuerpflichtige muss nachweisen, dass er beide erfüllt. Der erste Aspekt betrifft die zwischen der beherrschten ausländischen Gesellschaft und ihrer Muttergesellschaft getätigten Umsätze und den Nachweis, dass die Minderung der Steuer im Vereinigten Königreich nicht der Hauptzweck oder einer der Hauptzwecke dieser Umsätze war. Der zweite Aspekt hat mit dem Standort der beherrschten ausländischen Gesellschaft zu tun. Der Steuerpflichtige muss nachweisen, dass der Hauptgrund für das Bestehen der Tochtergesellschaft nicht darin lag, eine Minderung der Steuer im Vereinigten Königreich durch Abzug von Gewinnen herbeizuführen. Nach dem Gesetz

---

den nationalen Gesetzgeber noch Handlungsmöglichkeiten für den betroffenen Steuerpflichtigen (Scheipers/Maywald 2006: 473 f.).

63 Urteil des EuGH vom 12. September 2006, Rechtssache C-196/04, Cadbury Schweppes plc und Cadbury Schweppes Overseas Ltd gegen Commissioners of Inland Revenue.

liegt ein Abzug von Gewinnen dann vor, wenn mit guten Gründen angenommen werden kann, dass die Einnahmen einem Ansässigen des Vereinigten Königreichs zugeflossen und bei diesem besteuert worden wären, wenn es die Tochtergesellschaft oder eine nicht im Vereinigten Königreich ansässige verbundene Gesellschaft nicht gegeben hätte.

Zum konkreten Fall:[64] Cadbury ist die im Vereinigten Königreich ansässige Muttergesellschaft eines Konzerns, zu dem Tochtergesellschaften mit Sitz im Vereinigten Königreich, in anderen Mitgliedstaaten und in Drittstaaten gehören. Im vorliegenden Fall geht es um zwei Tochtergesellschaften, an denen Cadbury jeweils zu 100 Prozent mittelbar beteiligt ist, die Cadbury Schweppes Treasury Services (CSTS) und die Cadbury Schweppes Treasury International (CSTI), die beim International Financial Services Centre (Internationales Zentrum für Finanzdienstleistungen) in Dublin, Irland, gegründet wurden. Nach Ansicht der britischen Steuerbehörden unterlagen die von CSTS und CSTI erzielten Gewinne angesichts des Steuersatzes, der für die beim International Financial Services Centre gegründeten Gesellschaften galt (10 Prozent), einem »niedrigeren Besteuerungsniveau« im Sinne des Gesetzes über beherrschte ausländische Gesellschaften. Außerdem sei keine der Voraussetzungen für eine Nichtanwendung des britischen Gesetzes erfüllt gewesen. Die britischen Steuerbehörden verlangten daher von CSO, der im Konzernaufbau nächststehenden und im Vereinigten Königreich ansässigen Gesellschaft, die Zahlung von Körperschaftsteuer für die Gewinne der CSTI (die CSTS hatte im gleichen Zeitraum einen Verlust verbucht). Gegen diese Rechtsauffassung klagten die Betroffenen und das nationale Gericht legte den Fall dem EuGH vor.

In dem konkreten Fall hat der Europäische Gerichtshof in seinem Urteil den Klägern Recht gegeben, indem er darauf verwies, dass die britische Regelung mit der Niederlassungsfreiheit nicht vereinbar sei, wenn die Regelung allein auf ein niedrigeres Besteuerungsniveau im Sitzland der Tochtergesellschaft abziele. Allerdings ließe sich eine Beschränkung der Niederlassungsfreiheit aus Gründen der Bekämpfung missbräuchlicher Praktiken dann rechtfertigen, wenn rein künstliche und jeder wirtschaftlichen Realität bare Gestaltungen errichtet würden, deren ausschließlicher Zweck es ist der Steuer zu entgehen. Diese Feststellung müsse aber, so das Gericht, auf objektiven, von dritter Seite nachprüfbaren Anhaltspunkten beruhen, die sich u. a. auf das Ausmaß des greifbaren Vorhandenseins der beherrschten ausländischen Gesellschaft in Form von Geschäftsräumen, Personal und Ausrüstungsgegenständen bezie-

64 Die folgende Zusammenfassung basiert auf den Ausführungen des Generalanwalts Philipp Léger im Rahmen seiner Schlussanträge vom 2. Mai 2006, Rechtssache C-196/04, Cadbury Schweppes.

hen. Führe die Prüfung solcher Anhaltspunkte zu der Feststellung, dass die beherrschte ausländische Gesellschaft nur mit einer fiktiven Ansiedlung zusammenhängt, die keine wirkliche wirtschaftliche Tätigkeit im Hoheitsgebiet des Aufnahmemitgliedstaats entfalte, so sei die Gründung dieser beherrschten ausländischen Gesellschaft als eine rein künstliche Gestaltung anzusehen. Desgleichen könne insbesondere bei einer Tochtergesellschaft der Fall sein, die eine »Briefkastenfirma« oder eine »Strohfirma« ist.[65]

In der Konsequenz bedeutet das Urteil für eine Reihe von Mitgliedstaaten, dass sie ihre ohnehin *de jure* nur noch sehr eingeschränkten nationalen Möglichkeiten, den Steuervermeidungsstrategien multinationaler Konzerne etwas entgegenzusetzen, noch weiter einschränken müssen. Die Gründung einer Tochtergesellschaft mit dem Ziel, Steuern zu vermeiden und in den Genuss vorteilhafterer Rechtsvorschriften zu kommen, reicht nach der Entscheidung der Luxemburger Richter für sich allein nicht aus, um auf eine missbräuchliche Ausnutzung der Niederlassungsfreiheit zu schließen. Unternehmen, die darauf achten, nicht nur einen Briefkasten aufzuhängen, sondern Büro, Kopierer und Personal vorweisen, dürften künftig mit keinen Schwierigkeiten bei der Gewinnverlagerung mehr rechnen.

Steuervermeidung durch Verlusteverkehr

Welche Auswirkungen die Nichtbeschränkung der Niederlassungsfreiheit umgekehrt im Hinblick auf den Verlusteverkehr innerhalb der Gemeinschaft hat, soll anhand des britischen Einzelhandelsunternehmens Marks & Spencer[66] geschildert werden.

Wegen Verlusten seiner Tochtergesellschaften in Belgien, Deutschland und Frankreich, die diese seit Mitte der 1990er Jahre verzeichneten, stellte Marks & Spencer seine Tätigkeit dort im Jahr 2001 ein. Marks & Spencer beantragte bei der britischen Steuerverwaltung Konzernabzug für die Verluste der Tochtergesellschaften. Die britischen Rechtsvorschriften gestatten es gebietsansässigen Gesellschaften eines Konzerns, untereinander ihre Gewinne und Verluste zu verrechnen, erlauben dies – gemäß Sitzlandprinzip – jedoch nicht im Falle von Verlusten von Tochtergesellschaften, die in Großbritannien nicht ansässig sind

65 Urteil des EuGH vom 12. September 2006, Rechtssache C-196/04, Cadbury Schweppes, Rn. 54–56 und 68.

66 Vgl. Gerichtshof der Europäischen Gemeinschaften, Pressemitteilung Nr. 107/05 vom 13. Dezember 2005; Urteil des Gerichtshofes (Große Kammer) vom 13. Dezember 2005, Rs. C-446/03, Marks & Spencer gegen David Halsey (Her Majesty's Inspector of Taxes); Schlussanträge des Generalanwalts M. Poiares Maduro vom 7. April 2005, Rs. C-446/03.

und dort nicht gewerblich tätig sind. Gegen die Ablehnung ihres Antrags auf Verlustverrechnung klagte Marks & Spencer.

Die Mitgliedstaaten machten im Vorlageverfahren vor dem EuGH unter anderem geltend, dass die Gefahr der Steuerflucht vermieden werden müsste. Diese bestünde dann, wenn die Verluste nicht in den Mitgliedstaaten der Tochtergesellschaften berücksichtigt würden. Innerhalb eines Gesellschaftskonzerns könnten so Verlustübertragungen in Richtung der Gesellschaften geleitet werden, die in den Mitgliedstaaten ansässig sind, in denen die höchsten Steuersätze gelten und folglich der steuerliche Wert der Verluste am höchsten ist. Es sei denkbar, dass die Übertragung der Verluste innerhalb von Konzernen systematisch organisiert werde. Daher sei die Entwicklung eines echten »Verlusteverkehrs« auf Gemeinschaftsebene zu befürchten. Eine solche Lösung würde im Ergebnis nicht nur die Verlässlichkeit dieser Konzernabzugsregelungen, sondern auch das Haushaltsgleichgewicht der betreffenden Mitgliedstaaten gefährden. Sie würde die Grundlagen ihrer wirtschaftlichen und sozialen Systeme zerstören.[67]

Mit vergleichbaren Argumenten hatten die Mitgliedstaaten in der Vergangenheit eine Richtlinie blockiert, die die Kommission dem Rat Ende des Jahres 1990 vorgelegt hatte und die diese schließlich wieder zurückzog. Unternehmen sollten danach die Verluste ihrer in anderen Mitgliedstaaten gelegenen Betriebsstätten und Tochtergesellschaften im Sitzland der Muttergesellschaft geltend machen können. Trotz der Rücknahme ihres Vorschlags ist die Kommission nach wie vor der Auffassung, dass das Fehlen einer Gemeinschaftsregelung über den grenzüberschreitenden Ausgleich der Verluste von Konzernen in der Gemeinschaft eines der größten Hemmnisse für das ordnungsgemäße Funktionieren des Binnenmarktes darstellt.[68]

Der Generalanwalt würdigte in seinen Schlussanträgen die mitgliedstaatlichen Bedenken dahingehend, dass der Rat wahrscheinlich gute Gründe habe, sich nicht auf den von der Kommission vorgeschlagenen Weg zu begeben. Unter diesen Umständen sei es nicht Sache des Gerichtshofes, anstelle des Gemeinschaftsgesetzgebers tätig zu werden. Allerdings könne diese fehlende Harmonisierung der Rechtsvorschriften der Mitgliedstaaten ihn nicht daran hindern, seine Aufgabe zu erfüllen, die darin bestehe, die Wahrung und die

67 Schlussanträge des Generalanwalts M. Poiares Maduro vom 7. April 2005, Rs. C-446/03, Marks & Spencer gegen David Halsey (HM Inspector of Taxes), Rn. 78.

68 Mitteilung der Kommission an den Rat, das Europäische Parlament und den Europäischen Wirtschafts- und Sozialausschuss – Ein Binnenmarkt ohne unternehmenssteuerliche Hindernisse: Ergebnisse, Initiativen, Herausforderungen KOM (2003) 726 endg..

Anwendung der Grundsätze und der grundlegenden Ziele des Vertrages zu überwachen.[69]

In der Sache beantwortete der EuGH in seinem Urteil die Vorlagefrage im Ergebnis dahingehend, dass die britischen Rechtsvorschriften die Niederlassungsfreiheit beschränken: sie führten zu einer unterschiedlichen steuerlichen Behandlung von Verlusten einer gebietsansässigen und solchen einer gebietsfremden Tochtergesellschaft und hielten diese dadurch von der Gründung von Tochtergesellschaften in anderen Mitgliedstaaten ab. Einschränkend stellte das Gericht jedoch auch darauf ab, dass die britische Regelung zwar ein berechtigtes Ziel verfolge, das auch zwingenden Gründen des Allgemeininteresses entspräche. Die konkrete in Rede stehende Regelung schieße allerdings über das Ziel hinaus und verstoße gegen den Grundsatz der Verhältnismäßigkeit. Sofern eine gebietsansässige Muttergesellschaft gegenüber den Steuerbehörden nachweisen könne, dass sie alle vorgesehenen Möglichkeiten der Berücksichtigung der Verluste im Sitzland ihrer Tochtergesellschaft ausgeschöpft habe und keine weitere Möglichkeit mehr bestehe, dass die Verluste dort berücksichtigt werden, verstoße es gegen die Niederlassungsfreiheit, wenn ihr verwehrt würde, von ihrem steuerlichen Gewinn die Verluste ihrer gebietsfremden Tochter/Töchter abzuziehen. Damit ist das Urteil zwar nicht so deutlich ausgefallen, wie im Vorfeld seitens der Mitgliedstaaten befürchtet wurde, denn man war davon ausgegangen, dass der Gerichtshof eine grundsätzliche Zulassung der Verlustverrechnung im Konzern auch über nationale Grenzen hinweg erzwingen würde (Jochum 2006: 621). Dennoch werden die Grundsätze, nach denen laut EuGH der Verlustausgleich in der Gemeinschaft zu organisieren ist. in der Folge dazu führen, dass der »Verlusteverkehr« innerhalb der Gemeinschaft nicht nur nicht eingedämmt werden kann, sondern nach den nun existierenden Regeln auch anwachsen wird, so keine anderslautende Gemeinschaftsregelung beschlossen wird. Auch von diesem Urteil ist nicht nur Großbritannien betroffen, sondern vergleichbare Regelungen finden sich auch in anderen Mitgliedstaaten.

Die beiden Urteile machen deutlich, wie einschneidend die europäischen Regelungen im Hinblick auf die Beurteilung nationaler Gesetze gegenüber den Steuervermeidungsstrategien multinationaler Konzerne ausfallen. Tochtergesellschaften mit dem Ziel zu gründen, das Steuergefälle in der Gemeinschaft zu nutzen, gilt als durchaus gemeinschaftsrechtskonform, solange nicht lediglich ein Briefkasten aufgehängt wird. Dies gilt im Übrigen auch dann, wenn die Steuerregime wie im irländischen Fall vom Unternehmenssteuerkodex der

69 Schlussanträge des Generalanwalts M. Poiares Maduro vom 7. April 2005, Rs. C-446/03, Rn. 6.

Gemeinschaft erfasst werden oder die Kommission die Auffassung vertritt, die fragliche Regelung gelte als staatliche Beihilfe.

Verluste hingegen dürfen im Sitzland der Muttergesellschaft in Höhe der inländischen Möglichkeiten geltend gemacht werden, sofern im Sitzland der Tochtergesellschaft alle Möglichkeiten ausgeschöpft wurden. Dass diese europäische Rechtsetzung deutliche Auswirkungen auf die nationalen Steuereinnahmen derjenigen Länder mit höheren Steuern hat und entsprechend die nationalen Haushalte vor schwerwiegende Probleme stellt, sei an dieser Stelle zumindest erwähnt.

Aber die Urteile weisen noch auf einen weiteren Punkt hin:

Die Steuerjurisdiktionen der Mitgliedstaaten sind nicht weiter voneinander abgrenzbar und das Territorialitätsprinzip der Besteuerung funktioniert nicht mehr. Die Urteile setzen die Steuersysteme zueinander in Beziehung, ganz im Sinne der Niederlassungsfreiheit. So besteht die Niederlassungsfreiheit darin, es den Staatsangehörigen eines Mitgliedstaats zu erlauben, in einem anderen Mitgliedstaat eine Zweitniederlassung zu gründen, um dort ihrer Tätigkeit nachzugehen, und so die gegenseitige wirtschaftliche und soziale Durchdringung auf dem Gebiet der selbstständigen Erwerbstätigkeit innerhalb der Gemeinschaft zu fördern. Die Niederlassungsfreiheit solle es den Staatsangehörigen der Gemeinschaft ermöglichen, in stabiler und kontinuierlicher Weise am Wirtschaftsleben eines anderen Mitgliedstaats als desjenigen ihrer Herkunft teilzunehmen und daraus Nutzen zu ziehen. Auch wenn die Bestimmungen über die Niederlassungsfreiheit nach ihrem Wortlaut die Inländerbehandlung im Aufnahmemitgliedstaat sichern sollen, so verbieten sie gleichermaßen, dass der Herkunftsstaat die Niederlassung seiner Staatsangehörigen oder einer nach seinem Recht gegründeten Gesellschaft in einem anderen Mitgliedstaat behindert.

Die Durchsetzung einer solchen Niederlassungsfreiheit muss so unmittelbar Auswirkungen auf die Steuersysteme der Mitgliedstaaten haben, die zugleich dem Territorialitätsprinzip und dem Subsidiaritätsprinzip verhaftet sind. Vor diesem Hintergrund ist es kein Wunder, dass der Europäische Gerichtshof in mehr als 90 Prozent der Fälle die nationalen Regelungen für nicht vereinbar mit dem Gemeinschaftsrecht befindet. Und es macht klar, wie viele Probleme es mit den nationalen Regelungen im Hinblick auf den Binnenmarkt noch immer gibt. Zwar betont der EuGH, dass »es nicht Sache des Gerichtshofes (sei), anstelle des Gemeinschaftsgesetzgebers tätig zu werden.«[70] Allerdings könne die fehlende Harmonisierung der Rechtsvorschrif-

70 Schlussanträge des Generalanwalts M. Poiares Maduro vom 7. April 2005, Rs. C-446/03, Marks & Spencer gegen David Halsey (HM Inspector of Taxes), Rn. 3.

ten der Mitgliedstaaten ihn nicht daran hindern, seine Aufgabe zu erfüllen, die darin besteht, die Wahrung und die Anwendung der Grundsätze und der grundlegenden Ziele des Vertrages zu überwachen. Allein in Deutschland stehen mehr als 100 Normen unter dem Verdacht vertragswidrig zu sein (Kessler/Spengler 2003: 17).

So hat der Gerichtshof in einer Reihe von Urteilen – ähnlich dem angelsächsischen »case law« – mittlerweile einen immer engeren Rechtsrahmen geschaffen, in dem sich die Mitgliedstaaten bewegen müssen. Wenn die Mitgliedstaaten darauf nicht mit einer politisch gestalteten Vereinheitlichung ihrer Steuerpolitiken reagieren, übernimmt der EuGH die Konkretion der gemeinsamen Steuerpolitik auf Basis der Grundfreiheiten.

De jure Autonomieverluste bei der Errichtung sogenannter schädlicher Steuerregime

Mit zunehmender Kapitalverkehrsfreiheit, die auch auf Maßnahmen zur Verhinderung der doppelten Besteuerung im Binnenmarkt zurückgeht, ging es den Mitgliedstaaten nicht mehr allein um den Schutz inländischer Steuerquellen oder allgemein die besseren Konditionen im Verhältnis zu den Standortwettbewerbern, sondern im Wettbewerb auch um eine Besserstellung, das heißt eine positive Diskriminierung ausländischer Steuerquellen.

So soll der 1997 vom Rat verabschiedete Verhaltenskodex für die Unternehmensbesteuerung *de facto* verhindern, dass sich die Mitgliedstaaten immer neue Steuerregime ausdenken, mit denen sie zu den jeweils anderen in Konkurrenz um Investitionen treten. Mit Stand Dezember 2006 ist unklar, ob die Mitgliedstaaten tatsächlich die 66 von der Gruppe »Verhaltenskodex« als schädlich eingestuften Steuerregime wie verabredet abgeschafft haben. Für den Hauptberater der Generaldirektion Steuern und Zollunion, Matthias Mors, zeichnen sich drei Wege ab, wie die Mitgliedstaaten mit den beanstandeten präferenziellen Steuerregimen verfahren (2006: 14): Eine Reihe von Mitgliedstaaten habe die entsprechenden Maßnahmen ersatzlos gestrichen (zum Beispiel die Kontroll- und Koordinierungszentren in Deutschland; das Finanzdienstleistungs- und Versicherungszentrum in Triest; die Regelungen für US-Vertriebsgesellschaften in Belgien). Für eine zweite Gruppe von Maßnahmen hätten die betroffenen Mitgliedstaaten entweder gewisse Änderungen vorgenommen (zum Beispiel die Regelungen für Lizenzgebühren und Patente in Frankreich) oder sie hätten die betroffenen Maßnahmen durch andere steuerlichen Regelungen ersetzt, die zwar den Bestimmungen des Verhaltenskodex formal nicht zu widersprechen scheinen, die jedoch in vieler Hinsicht zu materiell vergleichbaren steuerlichen Auswirkungen führen (zum Beispiel Gibraltar). Eine dritte Gruppe von Maßnahmen wurde schließlich zwar abgeschafft, wobei gleichzeitig eine zum Teil drastische Verringerung des allgemeinen Körperschaftsteuersatzes vorgenommen wurde (zum Beispiel Irland, Britische Kanalinseln).

In diesen Fällen hat der Verhaltenskodex also nicht zu einer Verringerung des Steuerwettbewerbs unter den Mitgliedstaaten geführt, sondern diesen eher intensiviert. Auch ist zu beobachten, dass von Seiten der Mitgliedstaaten neue präferenzielle Steuerregime bewusst so gestaltet werden, dass sie nicht unter den Kodex fallen.

Wenn es – wie Matthias Mors (2206: 20) konstatiert – zu keiner Anpassung des Verhaltenskodex an diese Tendenzen komme, sei die Erosion der Wirksamkeit des Verhaltenskodex zu erwarten. Die Kontrolle der staatlichen Beihilfen durch die Europäische Kommission könne dies vermutlich nicht wirksam aufhalten.

So hat der Hebel der Kommission, die Steuersysteme der Mitgliedstaaten unter den Vorschriften über staatliche Beihilfen[71] zu überprüfen und die Mitgliedstaaten in Folge über den EuGH *de jure* zu einer Abschaffung zu zwingen, erst in drei Fällen Erfolg gezeigt.

Parallel zu dem Verfahren rund um den Verhaltenskodex im Ministerrat hatte die Kommission 2001 begonnen, einige der präferenziellen mitgliedstaatlichen Steuerregelungen der Prüfung zu unterziehen. Elf Maßnahmen in acht Mitgliedstaaten wurden schließlich Gegenstand eines förmlichen Prüfverfahrens.[72] Die Kommission bezweifelte die Vereinbarkeit der Steuervergünstigungen, die ausschließlich multinationalen Unternehmen oder Unternehmen aus dem Versicherungs- und Finanzdienstleistungsbereich gewährt werden, mit den Beihilfevorschriften, da sie die Begünstigten lediglich ungerechtfertigter-

71 Der Begriff der Beihilfe erfasst nicht nur positive Leistungen wie Subventionen, Darlehen oder Beteiligungen am Kapital von Unternehmen, sondern auch Maßnahmen, die in verschiedener Form die Belastungen vermindern, die ein Unternehmen normalerweise zu tragen hat, und die somit, ohne Subventionen im strengen Wortsinn zu sein, diesen nach Art und Wirkung gleichstehen (EuGH Urteil vom 20. November 2003, Rs. C-126/01, Gemo, Slg. Rn. 28 und die dort zitierte Rechtsprechung).

72 Die Steuerregelungen, die Gegenstand des von der Kommission eingeleiteten förmlichen beihilferechtlichen Prüfverfahrens wurden, sind: Deutschland – Special Fiscal Regime for Control and Co-ordination Centres of Foreign Companies; Spanien – Special Fiscal Regime for Bizkaia Co-ordination Centres; Frankreich – Headquarters and Logistics Centres Regime, Régime des Centrales de trésorerie; Irland – Tax exemption on Foreign Income; Luxemburg – Co-ordination Centres Regime, Finance Companies Regime; Niederlande – Special Fiscal Regime for International Financing Activities; Finnland – Åland Island Captive Insurance Regime; Ver. Königreich – Gibraltar Qualifying Offshore Companies Rules, Gibraltar Exempt Offshore Companies Rules (Europäische Kommission, Pressemitteilung IP/01/982, vom 11. Juli 2001, Anhang).

weise von einem Teil ihrer normalen Steuerlast befreit. Obwohl einige dieser Regelungen bereits abgeschafft waren oder kurz vor ihrer Abschaffung standen, begünstigten sie die betreffenden Unternehmen, so dass die Kommission zu der Auffassung gelangte, diese Regelungen zusammen mit den weitergeltenden Steuervorschriften zu prüfen.[73]

Im Februar 2003 schließlich entschied die Kommission zunächst in drei Fällen, dass es sich bei den besonderen Steuererleichterungen in Belgien, Irland und den Niederlanden um staatliche Beihilfen handele.[74] Die steuerlichen Maßnahmen betrafen die Regelungen im Rahmen der Koordinationszentren in Belgien, internationale Finanzierungstätigkeiten in den Niederlanden und ausländische Einkünfte in Irland.

Die belgische Regelung ging auf das Jahr 1984 zurück und war von der Kommission ursprünglich nicht als staatliche Beihilfe eingestuft worden. Im Zuge der Verhaltenskodexinitiative zur Bekämpfung des schädlichen Steuerwettbewerbs überprüfte die Kommission diese Regelung und schlug am 11. Juli 2001 vor, dass Belgien sein Steuersystem mit den Regeln für staatliche Beihilfen in Einklang bringen solle, um eine Verfälschung des Wettbewerbs und eine Beeinträchtigung des Handels zwischen Mitgliedstaaten zu vermeiden. Nachdem sich Belgien im Februar 2002 geweigert hatte, dieser Aufforderung nachzukommen, leitete die Kommission ein förmliches Verfahren ein. Ein Koordinationszentrum ist eine Einrichtung einer multinationalen Unternehmensgruppe, die Leistungen für andere Mitglieder der Gruppe erbringt. Im Rahmen einer von den Steuerbehörden für zehn Jahre gewährten Lizenz werden die steuerpflichtigen Einkünfte des Koordinationszentrums nach der sogenannten »Kostenaufschlagsmethode« veranlagt. Dabei wird der steuerpflichtige Gewinn als Prozentsatz der addierten Betriebskosten errechnet. Durch diese Regelung hatte sich der Betrag der steuerbaren Gewinne vermindert und es wurde ein aus Sicht der Kommission nach den Regeln über staatliche Beihilfen nicht zu rechtfertigender Vorteil gewährt.[75]

---

73 Europäische Kommission, Pressemitteilung IP/01/982, vom 11. Juli 2001.

74 Europäische Kommission, Pressemitteilung IP/03/242, vom 18. Februar 2003; Entscheidung der Kommission vom 17. Februar 2003 über die Beihilferegelung, die Belgien zugunsten von Koordinierungsstellen mit Sitz in Belgien durchgeführt hat, KOM 2003/755/EG.

75 Der belgische Fall weist eine Besonderheit auf, die sich auf die Übergangsfrist bezieht: So hatte die Kommission Belgien aufgefordert, die Regelung unverzüglich für Neuzugänge zu beenden und sie gegenüber den bestehenden Begünstigten bis spätestens 31. Dezember 2010 auslaufen zu lassen. Noch im April reichten die belgische Regierung und das »Forum 187«, ein Vertretungsorgan der betroffenen Koordinierungszentren, Klage vor dem EuGH ein, mit dem diese die Nichtigkeit der Kommissions-Entscheidung erreichen wollten. Das Gericht gab den Klägern in der Sache nicht Recht – die belgischen Koordinierungszentren stellen eine unerlaubte Beihilfe dar –, pochte jedoch auf angemessene Übergangszeiten. Gerichtshof der

Im Rahmen der auf das Jahr 1996 zurückgehenden niederländischen Steuerregelung können multinationale Unternehmen, die in mehr als vier Ländern oder zwei Kontinenten tätig sind, bis zu 80 Prozent ihrer Finanzgewinne aus ausländischer Quelle in eine steuerfreie Risikoreserve für einen Zeitraum von zehn Jahren einbringen. Außerdem können die Begünstigten die gebildeten Reserven zu einem Nullsteuersatz oder einem ermäßigten Satz abrufen, wenn die Mittel für bestimmte von der Regelung geförderte Ziele verwendet werden. Schließlich können die Begünstigten ihre Reserve freiwillig auflösen, indem sie die Mittel über einen Fünfjahreszeitraum zu einem ermäßigten Steuersatz von 10 Prozent anstelle des anwendbaren Satzes der Körperschaftsteuer von 34,5 Prozent abrufen. Auch hier hat die Kommission entschieden, dass die Steuervorteile mit den Regeln über staatliche Beihilfen nicht zu vereinbaren sind und auch ohne vorherige Anmeldung durchgeführt wurden. Sie hat deshalb angeordnet, dass die Niederlande diese Regelung unverzüglich für Neuzugänge beenden und die Steuervorteile bis spätestens 31. Dezember 2010 endgültig aufheben.

Die beanstandete irländische Regelung bestand aus folgenden zwei Maßnahmen: Mit der ersten, auf das Jahr 1988 zurückgehenden Maßnahme werden Dividenden steuerlich befreit, die für Investitionen zur Schaffung oder Wahrung von Arbeitsplätzen in Irland verwendet werden. Diese Maßnahme wurde im Jahr 2001 abgeschafft. Die zweite, im Jahr 1995 eingeführte Maßnahme stellt die Gewinne ausländischer Tochtergesellschaften von der Steuer frei, wenn sie für Investitionen zur Schaffung von Arbeitsplätzen in Irland verwendet werden. Diese Maßnahme wurde für Neuzugänge im Jahr 2001 beendet. Die Untersuchungen der Kommission hatten ergeben, dass diese steuerlichen Befreiungen selektiv gewährt wurden, obwohl sie darauf abzielten, die Doppelbesteuerung für Einkünfte aus ausländischer Quelle zu vermindern. Das irische Steuersystem ermöglicht zwar Steuervorteile, um die Doppelbesteuerung auf ausländische Einkünfte zu vermeiden; mit den beiden beschriebenen Maßnahmen wurden jedoch zusätzliche Steuereinsparungen ermöglicht, wenn der Steuersatz im Ausland niedriger war als in Irland. Ein derartiger selektiver Vorteil – so die Kommission – stelle eine unvereinbare staatliche Beihilfe dar. Zum Zeitpunkt der Beanstandung 2003 gab es nur noch drei Unternehmen, die für diese Regelung in Betracht kamen, wovon lediglich eines die entsprechende Lizenz tatsächlich in Anspruch genommen hat. Außerdem hat die Kommission zu den noch verbleibenden steuerlichen Maßnahmen

---

Europäischen Gemeinschaften, Nr. 50/06 vom 22. Juni 2006; Urteil vom 22.6.2006 in den verbundenen Rechtssachen C-182/03 und C-217/03, Königreich Belgien und Forum 187 gg. Kommission.

festgestellt, dass der allgemeine Satz der Körperschaftsteuer in Irland schrittweise auf seine gegenwärtige Höhe von 12,5 Prozent gesunken ist. Da die ausländischen Steuern über diesem Satz liegen, könnten Unternehmen mit einer noch gültigen Befreiung keine zusätzlichen Steuereinsparungen mehr erzielen.

Nachdem das Urteil des EuGH im Hinblick auf die Klage Belgiens gegen das Vorgehen der Kommission[76] im Juni 2006 ergangen war und Hinweise darauf enthielt, in welchem zeitlichen Umfang Übergangsfristen gewährt werden müssen, entschied die Kommission im Juli 2006, dass die Steuervergünstigungen zugunsten der so genannten 1929-Holdinggesellschaften in Luxemburg gegen die in Artikel 87 EG-Vertrag niedergelegten Regeln für staatliche Beihilfen verstoßen[77] und bezog sich bei der Begründung der Übergangsfristen auf das Urteil.

Nach dem Gesetz von 1929 sind Holdinggesellschaften mit Sitz in Luxemburg, die bestimmte Finanzdienstleistungen an verbundene und nicht verbundene Unternehmen innerhalb einer multinationalen Unternehmensgruppe erbringen, von gewissen direkten Unternehmensteuern befreit. Die befreiten 1929-Holdinggesellschaften und verschiedene Untergruppen dürfen nur bestimmten Tätigkeiten nachgehen (Halten von Aktien, Verwaltung von gemeinsamen Anlagen in Wertpapiere, Finanzierung und Lizenzvergabe von beziehungsweise an verbundene Unternehmen innerhalb einer Gruppe).

Diese Beispiel zeigen, dass das Beihilfenrecht auch Anhaltspunkte dafür bietet, von Seiten der Kommission schädliche Praktiken der Mitgliedstaaten abzustellen. Insofern schränken diese Möglichkeiten *de jure* die Autonomie der Mitgliedstaaten ein, Steuerregime zu etablieren, die lediglich dazu angetan sind mobiles Kapital – aber auch Produktion – aus anderen Ländern anzulocken. Allerdings werden von Seiten des Gerichthofes lange Übergangsfristen eingeräumt und der Vertrauensschutz wird für die Unternehmen sehr umfangreich gewährt. Insofern dient an dieser Stelle der EuGH-Verweis auf die Schutzinteressen gegenüber den Unternehmen den Interessen der Mitgliedstaaten an der Aufrechterhaltung, Weiterführung und Neueinführung von präferenziellen Steuerregimen.

Dass die Kommission mit der Beihilfen-Regelung auch in andere – nicht harmonisierte – Steuerarten in den Mitgliedsländern eingreifen kann, sei an dieser Stelle mindestens erwähnt.[78]

---

76 Siehe die vorangegangene Fußnote.

77 Europäische Kommission, Pressemitteilung IP/06/1021 vom 19. Juli 2006.

78 Und es sei an einem Beispiel betreffend die Grundsteuer auch bebildert: So hat die Europäische Kommission unter Berufung auf die EG-Regeln über staatliche Beihilfen die Durchführung einer deutschen Beihilferegelung untersagt, derzufolge Wohnungsunternehmen in Berlin

De-jure-Autonomieverluste durch Informationsaustausch im Bereich illegaler Steuerflucht

Dass einige Mitgliedstaaten in der Vergangenheit dazu übergegangen waren, sich als Steueroasen für illegal über die Grenzen flüchtendes Kapital anzudienen, wurde bereits verschiedentlich erwähnt. Insofern haben die Mitgliedstaaten *de jure* ihre nationale Steuerautonomie, die eben auch darin bestehen kann sich als Steueroase zu gerieren, durch Harmonisierungsmaßnahmen mindestens teilweise eingebüßt, auch wenn die diesbezüglichen Regelungen teilweise nicht ausgeschöpft werden, wie auch der EuGH gelegentlich moniert.

So können die Mitgliedstaaten rechtlich gesehen den jeweils anderen keine Informationen vorenthalten, die diese zur rechtmäßigen Festsetzung der Steuern im Inland benötigen. Darauf hat der EuGH in verschiedenen Urteilen immer wieder hingewiesen, zuletzt im Zusammenhang mit dem bereits erwähnten Urteil Marks & Spencer. Nach der Richtlinie über die gegenseitige Amtshilfe zwischen den zuständigen Behörden der Mitgliedstaaten im Bereich der direkten Steuern verfügen die zuständigen Behörden eines Mitgliedstaats über die Möglichkeit, die zuständigen Behörden eines anderen Mitgliedstaats darum zu ersuchen, ihnen alle Angaben zu liefern, die ihnen die Feststellung des richtigen Betrages der direkten Steuern ermöglichten. Damit biete »dieses Instrument der Verwaltungszusammenarbeit Möglichkeiten der Erlangung notwendiger Auskünfte, die mit den für die inländischen Steuerverwaltungen im Verhältnis zueinander bestehenden Möglichkeiten vergleichbar sind«, worauf Generalanwalt M. Poiares Maduro hinweist.[79]

Dennoch wird häufig darauf verwiesen, dass die Mitgliedstaaten von den bereits bestehenden Möglichkeiten des Informationsaustauschs nur wenig Gebrauch machen, was sicherlich damit zusammenhängt, dass es mühsam ist, die einzelnen Fälle jeweils mit der genauen Begründung anzufragen und schließlich am Bankgeheimnis – das *de jure* nur im Zusammenhang mit der Besteuerung von Zinsen Privatpersonen europaweit eingeschränkt ist – zu

---

im Falle von Fusionen und Übernahmen von der Grunderwerbsteuer befreit sein sollen. Die Regelung ziele darauf ab, den durch ein Überangebot gekennzeichneten Wohnungsmarkt in Berlin neu zu strukturieren. Da die Regelung aber nicht nur auf benachteiligte Gebiete ausgerichtet sei, in denen eine hohes Maß an sozialer Ausgrenzung herrsche, vertrat die Kommission die Auffassung, dass eine Steuerbefreiung für den gesamten Berliner Raum unangemessen sei und dass die daraus resultierende Verzerrung des Wettbewerbs nicht mit Artikel 87 EG-Vertrag vereinbar sei (Europäische Kommission, Pressemitteilung IP/05/1465, vom 24.11.2005). Ein anderer Fall ist die Grundsteuer im britischen Telekommunikationssektor (Europäische Kommission, Pressemitteilung IP/05/63, vom 19.1.2005).

79 Schlussanträge des Generalanwalts M. Poiares Maduro vom 7. April 2005, Rs. C-446/03, Marks & Spencer gegen David Halsey (HM Inspector of Taxes), Rn. 81.

scheitern. Aber auch dies unterscheidet die europaweiten Schwierigkeiten nicht von einer rein nationalen Betrachtung.

Darüber hinaus finden sich auch die europaweit beklagten Effizienzdefizite in der Vollzugs- und Prüfungspraxis, die dem Informationsaustausch vorausgehen, in den nationalen Diskussionen wieder. Auch hier werden in föderal verfassten Staaten – wie die bundesdeutsche Debatte zeigt – häufig die Effizienz und Effektivität der Steuerverwaltung beklagt: »Die Aufsplitterung in 16 unabhängige Steuerverwaltungen mit unterschiedlicher Vollzugs- und Prüfungspraxis (zum Beispiel Personaleinsatz, technische Ausstattung, Prüfungsfrequenz, Prüfungsschwerpunkte) bedingt schon als solches Vollzugsunterschiede, die immer wieder den Vorwurf an die Länder provozieren, den ansässigen Unternehmen Standortvorteile zu verschaffen. Verbindliche Ziel- und Qualitätsvorgaben für den Verwaltungsvollzug und ein darauf aufbauendes einheitliches, bundesweites Verwaltungs-Controlling beziehungsweise Benchmarking im Steuerbereich gibt es in Deutschland nicht«, so ein Positionspapier des deutschen Bundesfinanzministeriums aus dem Jahr 2004 (Bundesministerium der Finanzen 2004a: 1). Insofern erscheinen die auf europäischer Ebene getroffenen Vereinbarungen auf dem Papier teilweise weiter gehend zu sein, als die einzelstaatliche föderale Praxis.

Insgesamt bleibt Folgendes festzuhalten: *de jure* gehen die europäischen Einschränkungen der Steuerautonomie der Mitgliedstaaten so weit, dass sie mit inländischen Verfahren mindestens vergleichbar sind.

Mit der europäischen Zinssteuerrichtlinie aus dem Jahr 2003 änderte sich in einem bestimmten Bereich grenzüberschreitender Kapitalverschiebungen nicht nur das Verfahren der europäischen Mitgliedstaaten untereinander, sondern diese Verfahrensänderung hatte in den Staaten mit Bankgeheimnis auch eine nach innen gerichtete umstrukturierende Wirkung.

Die Regelungen der Zinssteuerrichtlinie sollen die Steuerbehörden der Mitgliedstaaten in die Lage versetzen, durch ein gemeinsames Informationssystem regelmäßig festzustellen, ob die steuerliche Erfassung grenzüberschreitender Zinseinkünfte bei natürlichen Personen in der EU korrekt durchgeführt wird.

Dies gilt allerdings nicht für diejenigen Mitgliedstaaten, die für einen Übergangszeitraum Quellensteuern erheben dürfen. Diese Mitgliedstaaten (Belgien, Luxemburg, Österreich) haben sich zwar verpflichtet, einen Teil der erhobenen Quellensteuern an den Sitzstaat des Steuerpflichtigen abzuführen und sich so de jure verpflichtet, auf eine bestimmte Weise am gemeinsamen System teilzunehmen. Allerdings ermöglicht es diese Regelung den in Rede stehenden Mitgliedstaaten erneut, untereinander in einen Steuerwettbewerb zu treten, wie das Beispiel Österreich zeigt.

So werben Österreichische Finanzinstitute in teilweise ganzseitigen Anzeigen in deutschen Presseorganen mit attraktiven Anlagemöglichkeiten gleich hinter der Grenze. Allein in der Schwäbischen Zeitung erschienen im Mai und Juni 2006 (Zufallsstichprobe) mehr als 20 Anzeigen, in denen unter anderem die Sparkasse Bregenz, das zur Raiffeisenbankengruppe gehörende Bankhaus Jungholz, die Österreichische Postsparkasse, die Hypo Landesbank Vorarlberg oder die Vorarlberger Landes- und Hypothekenbank Aktiengesellschaft mit niedrigen Steuersätzen oder gar Freistellungen, Umschichtungen im Depot, Bankgeheimnis inklusive, um Neukunden aus Deutschland werben. Für das Jahr 2005 errechnete der Genossenschaftsverband Bayern (GVB) auf Basis einer Umfrage unter rund 140 bayerischen Volksbanken und Raiffeisenbanken dass rund 350 Millionen Euro an Einlagen ins benachbarte Ausland abgeflossen seien. Bezogen auf die durchschnittliche Bilanzsumme der bayerischen Kreditgenossenschaften entspräche dies 1,3 Banken, die ans Ausland verloren worden seien.[80] Diese Summe setze sich nicht etwa in erster Linie aus der Verlagerung großer Vermögen zusammen, sondern beträfe die Sparbücher von Kunden mit weniger als zehntausend Euro (*Süddeutsche Zeitung* vom 19.12.2005). Nach Angaben der Oesterreichischen Nationalbank (OeNB) lagen Ende Juli 2006 fast 14 Milliarden Euro deutschen Geldes auf österreichischen Einlagen-Konten. Damit hätten sich die Einlagen der Deutschen zwischen 2001 und 2006 beinahe verdoppelt.

Hinzu komme eine vermutlich noch höhere Summe auf Wertpapierdepots, deren Einlagen nicht von der Zinsrichtlinie erfasst werden. Schätzungen reichten bis zu 90 Milliarden Euro »womit Österreich seinen Ruf als Alpensafe verteidigt« (*Frankfurter Allgemeine Zeitung* vom 29.7.2006).

Angesichts dieser Zahlen muss jedoch in Rechnung gestellt werden, dass die Bankenverbände ein eigenes Interesse haben, möglichst hohe Schätzzahlen zu veröffentlichen: die einen mit dem Ziel den Verlauf der heimischen Debatte zu beeinflussen, um auch dort Steuersenkungen beziehungsweise einen geringeren Kontrolldruck zu erreichen, die anderen um zu signalisieren: kommt zu uns und habt teil, wie so viele andere auch.

Zusammenfassend bleibt festzuhalten, dass die verbindlichen Vorgaben im Bereich der Angleichung der einkommensteuerlichen Bemessungsgrundlagen heute die mitgliedstaatliche Steuerautonomie *de jure* einschränken. Eine Folge ist, dass nationale Maßnahmen gegen die legale Steuervermeidung zunehmend unmöglich werden. Insbesondere im Unternehmensteuerrecht werden sich die in mehreren Mitgliedsländern tätigen multinationalen Unternehmen auf diese

80 Genossenschaftsverband Bayern, Pressemitteilung vom 19.12.2005, Internet: http://www.gv-bayern.de/gv_bayern/pressemitteilungen/show.php3?&id=222&nodeid=28 (16.1.2006).

Weise – so sich die Mitgliedstaaten nicht auf eine Harmonisierung einigen – ein diskriminierungsfreies Steuerrecht erklagen.

Die Rechtsprechung des Europäischen Gerichtshofes hat aber nicht nur strukturierende Wirkung im Hinblick auf die Gestaltung der nationalen Steuergesetze, sondern wirkt auch in die nationalen Haushalte zurück, wie im Folgenden gezeigt wird.

1.5 Prozessrisiko: Autonomieverluste bei der Gestaltung der mitgliedstaatlichen Einnahmenseite

So haben nicht nur die viel besprochenen sogenannte Maastrichter Kriterien und der europäische Stabilitätspakt Rückwirkungen auf die Gestaltung der mitgliedstaatlichen Budgets, auch die Rechtsprechung des EuGH stellt die Verlässlichkeit der mitgliedstaatlichen Einnahmeseite und damit des gesamten Haushaltes zunehmend in Frage.

Das Hauptproblem besteht darin, dass es in den Verfahren vor dem EuGH häufig um sehr hohe Geldbeträge geht, die aus Sicht des Gerichts unrechtmäßig vorenthalten oder erhoben wurden und deren Zahlung beziehungsweise Erstattung den betreffenden Mitgliedstaat in ernsthafte finanzielle Schwierigkeiten bringen kann.

Umgekehrt sind die Mitgliedstaaten in den Möglichkeiten, ihre Einnahmen autonom zu erhöhen, mittlerweile ebenfalls eingeschränkt, wie bereits gezeigt wurde. Nicht nur die *de jure* beschränkten Spielräume neue indirekte Steuern einzuführen oder bestehende mit dem Ziel der Einnahmenerhöhung zu diversifizieren (zum Beispiel Luxussatz bei der Mehrwertsteuer) sind dabei von Bedeutung, sondern auch die *de facto* existierenden Autonomieverluste bei der Gestaltung der direkten Steuern.

An dieser Stelle soll es jedoch speziell um die finanziellen Auswirkungen von EuGH-Urteilen gehen. Ein ernsthaftes Problem für die mitgliedstaatlichen Budgets ergibt sich dadurch, dass die Urteile des EuGH in zeitlicher Hinsicht nicht beschränkt sind. Diese sind grundsätzlich auch auf Rechtsverhältnisse anzuwenden, die vor und nach dem Urteilsspruch in dem jeweiligen Verfahren bestanden und bestehen. Entscheidungen des EuGH sind auf diese Weise auf alle noch offenen (das heißt nicht verjährten oder bereits bestandskräftigen) Altfälle und alle zeitlich nach dem Urteilsspruch liegenden Neufälle anzuwenden. Der Gerichtshof hat in ständiger Rechtsprechung entschieden, dass seine Auslegung einer Vorschrift des Gemeinschaftsrechts die Bedeutung und

Tragweite der betreffenden Vorschrift erläutert und definiert, so wie diese von ihrem Inkrafttreten an hätte verstanden und angewandt werden sollen.

In der Vergangenheit hat der EuGH regelmäßig deutlich gemacht, dass die finanziellen Konsequenzen, die sich aus einem im Vorabentscheidungsverfahren ergangenen Urteil für einen Mitgliedstaat ergeben können, für sich allein nicht die zeitliche Begrenzung der Wirkung dieses Urteils rechtfertigen könnten.[81] Ein rein wirtschaftliches Ziel könne demnach nie einen zwingenden Grund des Allgemeininteresses zur Rechtfertigung einer Beschränkung der Grundfreiheiten darstellen. Gleiches gelte für die Sicherung nationaler Haushaltsaufkommen. Andernfalls würden gegebenenfalls die schwersten Verstöße gegen das Gemeinschaftsrecht günstiger behandelt, da gerade diese die bedeutendsten finanziellen Auswirkungen für die Mitgliedstaaten haben könnten. Zudem liefe eine allein auf solche Erwägungen gestützte Beschränkung der zeitlichen Wirkungen eines Urteils darauf hinaus, dass der gerichtliche Rechtsschutz wesentlich eingeschränkt wäre. [82]

Nach ständiger Rechtsprechung des EuGH hat der Einzelne einen Anspruch auf Erstattung von innerstaatlichen Abgaben, die unter Verstoß gegen das Gemeinschaftsrecht erhoben wurden. Allein aus Gründen der Rechtssicherheit für die Betroffenen unterstrich der Gerichtshof, dass die Beschränkung der zeitlichen Wirkungen eines Urteils die absolute Ausnahme bleiben müsse.

In jüngster Zeit hat der EuGH zwei Fälle, in denen die deutsche und die italienische Finanzverwaltung beklagt werden, angesichts ihrer Bedeutung für die Mitgliedstaaten besonders herausgehoben. In beiden Fällen[83] hat die Erste Kammer des Gerichtshofes in Anbetracht der Bedeutung der Frage einer etwaigen Begrenzung der zeitlichen Wirkungen des zu erlassenden Urteils die Rechtssache dem Gerichtshof vorgelegt, der sie in der Folge der Großen Kammer zugewiesen hat. Die Große Kammer hat daraufhin beschlossen, die mündliche Verfahren wiederzueröffnen. In deren Rahmen sollte die Frage nach einer etwaigen Begrenzung der zeitlichen Wirkungen erörtert werden.

---

81 Schlussanträge des Generalanwalts Antonio Tizziano vom 10. November 2005, Rs. C-292/04, Meilicke et al. gegen Finanzamt Bonn-Innenstadt, Rn. 33.

82 Schlussanträge der Frau Generalanwalt Christine Stix-Hackl vom 5. Oktober 2006, Rs. C-292/04, Meilicke et al., Rn. 16.

83 Rs. C-475/03, Banca Popolare di Cremona gegen Agenzia Entrate Ufficio Cremona und Rs. C-292/04, Meilicke et al. gegen Finanzamt Bonn-Innenstadt.

Im Falle der italienischen Wertschöpfungssteuer IRAP[84] machte die italienische Regierung drohende Rückforderungen in Höhe von rund 120 Milliarden Euro geltend. In dem zweiten Fall, Meilicke et al.[85], veranschlagte die deutsche Bundesregierung die Erstattungen, die ohne eine Begrenzung der Wirkungen eines etwaigen Unvereinbarkeitsurteils vorzunehmen wären, auf 9 bis 13 Milliarden Euro (0,41 Prozent bis 0,59 Prozent des deutschen Bruttoinlandsprodukts 2004). Zwar wurde in der mündlichen Verhandlung dieser Betrag auf 5 Milliarden Euro gesenkt, da aufgrund von Änderungen der nationalen Verfahren in Steuersachen nicht gewährte Steuergutschriften nur für ab 1998 gezahlte Dividenden beansprucht werden können. In beiden Fällen handelt es sich aber um beträchtliche Beträge, die auch aus Sicht der Generalanwälte, eine Gefahr schwerwiegender wirtschaftlicher Auswirkungen implizieren könnten.

Die beiden Verfahren galten als Präzedenzfälle hinsichtlich der Frage nach der Rückwirkung. Wenn im Folgenden die Argumentationen der Generalanwälte nachgezeichnet werden, so geschieht dies aus Gründen möglicher sich abzeichnender und haltbarer Leitlinien im Hinblick auf eine Begrenzung der zeitlichen Rückwirkung. Denn die erwarteten Präzedenzfälle büßten mittlerweile in mindestens einem Fall (IRAP) ihren möglichen Präzedenzcharakter allein aus dem Grund ein, weil die IRAP vom EuGH entgegen aller Erwartungen als doch mit dem Gemeinschaftsrecht vereinbar beurteilt wurde und die Frage nach einer zeitlichen Begrenzung der Wirkung entsprechend gar nicht beantwortet werden musste.

Im Fall Meilicke et al. kamen die beiden befassten Generalanwälte in ihren Schlussanträgen zu unterschiedlichen Auffassungen, ein Urteil steht derzeit (Oktober 2006) noch aus. Dennoch wird in den versammelten Schlussanträgen beider Fälle der Rahmen deutlich, in dem sich Optionen der Beschränkung der zeitlichen Wirkung der Urteile bewegen könnte. Dabei geht es zunächst um die Frage, ob überhaupt eine Beschränkung der zeitlichen Wirkung in Betracht gezogen werden kann. In der Vergangenheit hat der EuGH die Beschränkung der zeitlichen Wirkung nur in extremen Ausnahmefällen zugelassen und prüfte in diesem Zusammenhang zwei wesentliche Kriterien – die Gefahr schwerer wirtschaftlicher Auswirkungen und das Vorliegen einer objektiven und bedeutenden Rechtsunsicherheit – die im Folgenden nacheinander kurz dargestellt

84 Schlussanträge des Generalanwalts Francis G. Jacobs vom 17. März 2005 und Schlussanträge der Frau Generalanwalt Christine Stix-Hackl vom 14. März 2006 in der Rechtssache C-475/03, Banca Popolare di Cremona.

85 Schlussanträge des Generalanwalts Antonio Tizziano vom 10. November 2005, Rs. C-292/04, Meilicke et al.

werden sollen. In deren Rahmen wird auch die Bandbreite möglicher Beurteilungen durch die Generalanwälte deutlich.

Die Gefahr schwerwiegender wirtschaftlicher Auswirkungen

Um eine mögliche Beschränkung der zeitlichen Wirkung von EuGH-Urteilen in Betracht zu ziehen, muss in Folge eines negativen Urteils eine Gefahr schwerwiegender wirtschaftlicher Auswirkungen für den in Rede stehenden Mitgliedstaat bestehen, die insbesondere mit der großen Zahl von Rechtsverhältnissen zusammenhängt, die gutgläubig auf der Grundlage der als gültig betrachteten Regelung eingegangen worden sind.[86] Dies gilt auch, wenn Abgaben zurückgefordert werden, die von den zuständigen nationalen Behörden vereinnahmt worden sind.

In der Auseinandersetzung der Generalanwälte mit der Frage, wann es sich um eine schwerwiegende wirtschaftliche Auswirkung handelt, werden unterschiedliche Auffassungen deutlich.

So kommt Generalanwalt Tizziano[87] im Rahmen des ersten Verfahrens betreffend den Fall Meilicke et al. zu dem Schluss, dass es sich allein bei dem von der deutschen Regierung genannten Betrag von 5 Milliarden Euro, die im Falle eines etwaigen Unvereinbarkeitsurteils zu erstatten wären, um einen so beträchtlichen Betrag handele, dass dies allein die Gefahr schwerwiegender wirtschaftlicher Auswirkungen impliziere. In seinen weiteren allgemeinen Überlegungen weist er darauf hin, dass im Rahmen der Rechtsprechung die Notwendigkeit berücksichtigt werden müsse, die Lage der Mitgliedstaaten nicht mehr zu erschweren als unbedingt nötig sei. Ziel und vorrangiges Interesse der Rechtsordnung müsse es sein, die Wahrung des Rechts sicherzustellen und so weit wie möglich wiederherzustellen. Wenn diese Ziele durchgesetzt werden könnten, gäbe es keinen Grund, strengere Auslegungskriterien ins Spiel zu bringen, die dann nur Ausdruck einer repressiver Absicht wären, nämlich der Absicht, den »Täter« dafür zu »bestrafen«, dass er es gewagt hat, gegen das Gemeinschaftsrecht zu verstoßen.[88]

Die Generalanwältin Stix-Hackl kommt im selben Fall, Meilicke et al., im Rahmen der späteren Wiedereröffnung des Falles zu einem anderen Schluss. Sie vertritt im Gegensatz zu Generalanwalt Tizziano die Auffassung, dass die Höhe der finanziellen Konsequenzen für eine Beschränkung der zeitlichen Wirkungen eines Urteils für sich allein genommen nicht maßgeblich sein kann

86 Schlussanträge des Generalanwalts Antonio Tizziano vom 10. November 2005, Rs. C-292/04, Meilicke et al., Rn. 34.

87 Ebenda Rn. 35.

88 Ebenda Rn. 42.

und die Gefahr schwerer wirtschaftlicher Auswirkungen schwerlich allein aufgrund einer Zahlenbetrachtung begründen könne. Der Gerichtshof solle aus ihrer Sicht der Versuchung widerstehen, den Schweregrad der wirtschaftlichen Auswirkungen an der Höhe allfälliger finanzieller Konsequenzen beziehungsweise Beträge festzumachen. Sie halte es, auch in Anbetracht der unterschiedlichen Wirtschaftskraft der Mitgliedstaaten, für auf lange Sicht bedenklich, davon auszugehen, dass gewisse (wenn auch beträchtliche) Beträge bereits von vornherein eine Gefahr schwerwiegender wirtschaftlicher Auswirkungen implizierten. Denn dies könnte schlimmstenfalls sogar zu einer »Schwellenwert-Diskussion« führen.[89]

Stattdessen hob die Generalanwältin auf die Frage ab, ob die deutsche Regierung die Gefahr schwerwiegender wirtschaftlicher Auswirkungen hinreichend substantiiert dargelegt habe, was sie im Ergebnis verneinte.[90] Für eine hinreichende Substantiierung sei nötig, dass eine Regierung Argumente hinreichend deutlich darlege und für eine ausreichende Information des Gerichtshofes sorge, damit dieser zu einer Entscheidung in der Streitfrage kommen könne. Dies sei erforderlich, um zu verhindern, dass der Gerichtshof Entscheidungen zu rein hypothetischen Fragen oder auf der Grundlage von bloßen Annahmen erlasse, die sich unter Umständen als ungenau erwiesen.[91]

Die deutsche Regierung habe in ihrem Vortrag lediglich die finanziellen Haushaltsauswirkungen dargestellt, die nach ständiger Rechtsprechung für sich genommen zum Nachweis einer Gefahr schwerer wirtschaftlicher Auswirkungen allein nicht ausreichten. Diese Gefahr ergebe sich insofern auch nicht aus einer rechnerischen Gegenüberstellung des Betrags von 5 Milliarden Euro mit dem deutschen Haushaltsdefizit – und der damit einhergehenden Reduzierung der verfügbaren Summe für Investitionen, den Einkünften aus der Unternehmenssteuer und anderen Bezugsgrößen, da solche Angaben (weiterhin) die »reinen« finanziellen Konsequenzen des zu erlassenden Urteils deutlich machten. Hinzu komme, dass es sich bei den genannten 5 Milliarden Euro lediglich um die potenzielle Höhe finanzieller Risiken handele, wenn alle vom Anrechnungsverfahren betroffenen Steuerpflichtigen Rechtsbehelfe einlegen würden. Obwohl die entsprechenden Haushaltsrisiken sich aus einer nicht mehr geltenden Regelung ergeben, sei es außerdem der deutschen Bundesregierung nicht gelungen, wenigstens annähernd darzulegen, wie viele Steuerpflichtige tatsächlich Rechtsbehelfe eingelegt hätten. Insoweit unterscheide sich die vorliegende Rechtssache auch von der Rechtssache Banca popolare di Cremona, wo die

89 Schlussanträge der Frau Generalanwalt Christine Stix-Hackl vom 5. Oktober 2006, Rs. C-292/04, Meilicke et al., Rn. 60.

90 Ebenda Rn. 64.

91 Ebenda Rn. 35.

fragliche nationale Regelung noch in Kraft stehe und nach unbestrittenem Vortrag der italienischen Regierung einen wesentlichen Bestandteil der Finanzierung autonomer Gebietskörperschaften darstelle.

Tatsächlich hob die italienische Regierung in der Rechtssache Banca popolare di Cremona darauf ab, dass die Wertschöpfungssteuer IRAP die hauptsächliche, wenn nicht gar die einzige Einnahmequelle für die Regionen sei, und welch katastrophale Auswirkungen auf die Regionalfinanzierung es hätte, wenn den Forderungen nach Erstattung der Gelder stattgegeben würde. Auch der zuerst in der Sache zuständige Generalanwalt Jacobs[92] kam zu dem Schluss, dass eine unbegrenzte zeitliche Wirkung das Finanzierungssystem der italienischen Regionen rückwirkend in seinen Grundlagen erschüttern könnte. Eine Auffassung, der sich die im zweiten Verfahren zuständige Generalanwältin Stix-Hackl im Übrigen anschloss.

Wie aufgezeigt werden sollte, bewegen sich die Positionen der Generalanwälte in ihren Ausführungen zwischen einer sehr engen Auffassung dessen, was als schwerwiegende wirtschaftliche Auswirkung zu gelten habe und einer etwas offeneren Variante. Welche der Positionen sich längerfristig durchsetzen wird ist derzeit noch offen.

Das Vorliegen einer objektiven und bedeutenden Rechtsunsicherheit

Das zweite Kriterium, das von Seiten des EuGH im Zusammenhang mit der Frage nach einer Beschränkung der zeitlichen Wirkung geprüft wird, ist, ob die nationalen Behörden zu einem mit der Gemeinschaftsregelung unvereinbaren Verhalten veranlasst worden sein könnten, weil eine objektive und bedeutende Unsicherheit hinsichtlich der Tragweite der Gemeinschaftsbestimmungen bestand, zu der gegebenenfalls auch das Verhalten anderer Mitgliedstaaten oder der Kommission beigetragen hat.[93]

In diesem Zusammenhang hat der Gerichtshof insbesondere die Haltung der Kommission zu den Rechtsvorschriften des Mitgliedstaats berücksichtigt. Er hat zum Beispiel anerkannt, dass sich ein Mitgliedstaat darauf berufen kann, dass die Kommission kein Vertragsverletzungsverfahren gegen ihn eingeleitet hat. Erst recht müsse sich ein Mitgliedstaat auf die ausdrückliche Anerkennung

92 Schlussanträge des Generalanwalts Francis G. Jacobs vom 17. März 2005, Rs. C-475/03, Banca Popolare di Cremona, Rn. 80.

93 Schlussanträge des Generalanwalts Antonio Tizziano vom 10. November 2005, Rs. C-292/04, Meilicke et al., Rn. 34.

der Vereinbarkeit seiner Rechtsvorschriften mit dem Gemeinschaftsrecht durch die Kommission berufen können.[94]

Beide mit der Rechtssache Banca popolare di Cremona befassten Generalanwälte kommen vor diesem Hintergrund zu dem Schluss, dass sich die italienische Regierung auf ihren guten Glauben beziehen konnte. Denn im Jahr 1997 äußerte sich die Kommission gegenüber der italienischen Regierung in einer Weise, die nur als ausdrückliche Versicherung dahingehend verstanden werden konnte, dass die IRAP mit dem Gemeinschaftsrecht vereinbar sein würde. So hatte die italienische Regierung die Rechtsvorschriften der Kommission als Entwurf bekannt gegeben und der für Zölle und indirekte Besteuerung zuständige Generaldirektor hatte in einem Antwortschreiben mitgeteilt, dass der Vorschlag für diese neue Steuer in seiner derzeitigen Form nicht als mit den im Bereich der Mehrwertsteuer geltenden Rechtsvorschriften unvereinbar erscheine.[95]

Nicht ganz so deutlich fällt die Beurteilung im Fall Meilicke et al. aus. Dort hatte die Kommission die Bundesregierung mit Schreiben vom 31. Oktober 1995 darauf aufmerksam gemacht, dass das deutsche Anrechnungsverfahren nach ihrem Dafürhalten gegen die Grundfreiheiten des EG-Vertrags verstößt. In der Folge leitete die Kommission jedoch kein Vertragsverletzungsverfahren ein. In der zweiten mündlichen Verhandlung in der Rechtssache erklärte die Kommission auf Nachfrage, sie habe auf die Einleitung eines Vertragsverletzungsverfahrens deshalb verzichtet, weil die deutsche Bundesregierung eine Änderung der fraglichen Rechtsvorschriften angekündigt habe und die Kommission es vorgezogen habe, die Bemühungen der deutschen Bundesregierung zu begleiten.

Generalanwalt Tizzano ging in seinen Schlussanträgen davon aus, dass insbesondere der lange Zeitraum der Untätigkeit der Kommission zwischen der Einleitung des Vertragsverletzungsverfahrens 1995 und der bundesrepublikanischen Änderung des in Rede stehenden Gesetzes im Jahr 2000 und das Nichtweiterverfolgen des Vertragsverletzungsverfahrens eine objektive Rechtsunsicherheit bewirkt haben könnte.[96]

Demgegenüber weist die im zweiten Verfahren zuständige Generalanwältin Stix-Hackl darauf hin, dass selbst wenn längere Zeiträume zwischen den Kontakten bestanden haben sollten, diese kaum als vertrauensstiftender Verzicht auf die allfällige Einleitung eines Vertragsverletzungsverfahrens gedeutet wer-

94 Schlussanträge des Generalanwalts Francis G. Jacobs vom 17. März 2005, Rs. C-475/03, Banca Popolare di Cremona, Rn. 76.

95 Ebenda, Rn. 77.

96 Schlussanträge des Generalanwalts Antonio Tizziano vom 10. November 2005, Rs. C-292/04, Meilicke et al., Rn. 39.

den könnten. Sie erinnerte in diesem Zusammenhang daran, dass nach ständiger Rechtsprechung des Gerichtshofes das bloße Schweigen der Kommission nicht als Billigung eines bestimmten mitgliedstaatlichen Verhaltens verstanden werden könne.[97]

Unabhängig vom konkreten Verhalten der Kommission geht es im Zusammenhang mit der Frage nach der Rechtsunsicherheit aber auch darum festzustellen, inwiefern anderweitig objektiv eine Rechtsunsicherheit bestanden haben könnte. Eine Rechtsunsicherheit könnte beispielsweise dann bestehen, wenn die zu entscheidende Vorlagefrage neuartig ist, das heißt vergleichbare Fälle noch nicht Gegenstand vor dem EuGH waren. Solche Einwände seitens der Mitgliedstaaten hat der Gerichtshof jedoch in der Regel zurückgewiesen, da bereits vorher eine Rechtsprechung bestanden habe, die dem jeweiligen Mitgliedstaat ermöglichte, die Vereinbarkeit der fraglichen nationalen Regelung mit den gemeinschaftsrechtlichen Vorgaben zu überprüfen. Allerdings erkennt der Gerichtshof Plausibilitätserwägungen im Hinblick auf eine Rechtsunsicherheit in Einzelfällen durchaus an. So könnte im Fall Meilicke et al. auch aus Sicht der Generalanwältin eine Rechtsunsicherheit immerhin bis zu dem Zeitpunkt bestanden haben, als sich der Gerichtshof erstmals in einer Rechtssache mit der Auslegung der einschlägigen Bestimmungen des Gemeinschaftsrechts in Bezug auf die einkommensteuerliche Behandlung von Dividendenzahlungen auseinandergesetzt hat.

Die Frage nach der zeitlichen Dimension, innerhalb deren eine Rechtsunsicherheit bestanden haben könnte, spielt ebenfalls eine Rolle, wenn es in einem zweiten Schritt darum geht, den Zeitpunkt oder Zeitraum genauer festzulegen für den, ab dem und/oder bis zu dem diese Beschränkung gilt.

Zwar ist auch diese Beantwortung schließlich für die mitgliedstaatlichen Budgets nicht irrelevant, dennoch ging es an dieser Stelle schwerpunktmäßig darum aufzuzeigen, auf Grundlage welcher Kriterien eine Beschränkung der zeitlichen Wirkung von Urteilen des EuGH in Frage kommen kann. Nur durch diese zeitliche Beschränkung wären die haushaltsrelevanten Risiken für die Mitgliedstaaten überhaupt zu begrenzen.

Was aber bedeuten die gesammelten Befunde nun eigentlich für die steuerliche Autonomie der europäischen Mitgliedstaaten? Das folgende Fazit soll die Ergebnisse und Bewertung hinsichtlich der mitgliedstaatlichen Gestaltungs- und Verwaltungsspielräume zusammenfassen.

97 Schlussanträge der Frau Generalanwalt Christine Stix-Hackl vom 5. Oktober 2006, Rs. C-292/04, Meilicke et al., Rn. 54.

1.6 Noch autonom? Ein Fazit

Wenig verwunderlich ist nach den vorangegangenen Ausführungen ein Fazit, das auf die Frage, ob die Mitgliedstaaten denn noch autonom seien in Steuerfragen, mit einem »Nein« beginnt, allerdings ein »Aber« anfügt.

Zunächst zum »Nein«:

Wie im vorangegangenen Kapitel gezeigt wurde, sind die Mitgliedstaaten bei der Gestaltung und Verwaltung ihrer indirekten Steuern *de jure* nicht mehr autonom. Weder können sie über die Steuersysteme als solche noch über deren Bemessungsgrundlagen und Sätze (mit Ausnahme der Bewegung innerhalb von Bandbreiten beziehungsweise oberhalb von Mindestsätzen) entscheiden. Ihr Steuererfindungsrecht – das heißt die Möglichkeit, allein im nationalen Rahmen neue Steuern oder umgestaltete Steuern zu entscheiden – ist ebenso eingeschränkt. Alle neuen Steuervorschläge müssen grundsätzlich der Europäischen Kommission zur Prüfung vorgelegt werden. Dabei geht es insbesondere um die Bewertung der Fragen, ob die Steuer Ähnlichkeiten mit Merkmalen harmonisierter Steuern aufweist oder die vier Grundfreiheiten beschränkt und entsprechend nicht erhoben werden darf, und darum, ob die Steuer in irgendeiner Form grenzwirksam wird und entsprechend ebenso wenig in Kraft treten kann. Diese Fragen können auch bezogen auf bestehende Steuern gestellt werden – durch die Kommission, aber auch, angestoßen durch Betroffene, der EuGH.

Ebenso sind die Verwaltungsverfahren europäisch angeglichen und ermöglichen es keinem Mitgliedsland, davon *de jure* autonom abzuweichen. Auch wenn formal nach wie vor dieselben nationalen oder gliedstaatlichen – also keine europäischen – Verwaltungseinheiten mit der konkreten Umsetzung der Regelungen betraut sind, so handeln alle weitgehend nach denselben Verwaltungsvorgaben. Der Blick in die Richtlinie oder Verordnung hat in weiten Teilen den Blick in nationale Vorgaben ersetzt.

Weniger eindrucksvoll *de jure* europäisch vorstrukturiert, stellt sich das Bild bei den direkten Steuern dar. Die Eingriffstiefe von europäischem Gemeinschaftsrecht in die Besteuerung der verschiedenen Einkommensarten von Privatpersonen und Unternehmen liegt deutlich unter dem der indirekten Steuern. Dennoch: auch wenn hier Autonomieverluste *de jure* hauptsächlich im Hinblick auf die Gestaltung der Bemessungsgrundlagen existieren, haben diese einige rechtliche Reichweite: Weder können die Mitgliedstaaten heute noch rein national Maßnahmen gegen Steuerflucht oder Steuervermeidung beispielsweise dadurch treffen, dass »nationales Kapital« oder »nationale Unternehmer« bessergestellt werden gegenüber nicht Gebietsansässigen, noch können Tatbestände der doppelten Besteuerung unterworfen werden, beispielsweise mit dem Ziel, ihre Mobilität zu hemmen. Umgekehrt dürfen die Mitgliedstaaten aber auch keine Steuerregime errichten, die den Tatbestand der Beihilfe erfüllen, was sich auch gegen solche Steuerregime richten kann, die unter die sogenannten schädlichen Steuerpraktiken fallen.

Insbesondere dem EuGH kommt dabei seit Ende der 1990er Jahre eine immer wichtigere Rolle zu. Der Luxemburger Gerichtshof entwickelt sich gleichsam zu einem zweiten Steuergesetzgeber, der dem ersten, nationalen, durch die Bindungswirkung der Urteile jedoch übergeordnet ist.

De jure nähern sich auch im Bereich der direkten Steuern die Verwaltungsvorgaben an. Anfragen aus anderen Mitgliedstaaten werden so behandelt wie inländische. Darüber hinaus wird die Abgrenzung der nationalen Steuerjurisdiktionen mittlerweile durch ein System von Kontrollmitteilungen in Bezug auf die Besteuerung von Zinsen von Privatpersonen – allerdings auch nur in diesem schmalen Bereich – beschränkt.

Der wiederholte und sich in nahezu allen Stellungnahmen findende Verweis auf das Gute, das im »fairen« steuerlichen Standortwettbewerb stecke, schränkt die Autonomie der Mitgliedstaaten darüber hinaus *de facto* ein. Steuersysteme und Steuersätze sind in Bewegung: die Steuersätze nach unten und die Steuersysteme in Richtung der Trennung nach Einkommensarten oder organisiert als niedrige proportionale »flat tax«. Die Kraft liegt hier allerdings weniger im Gesetz – die Mitgliedstaaten dürften rein rechtlich auch anders – als in der von allen geteilten Interpretation von ökonomischen Abläufen, mithin im wahlweise »monetaristischen«, »neo-« oder »ordoliberalen« Paradigma beziehungsweise hegemonialen Projekt, wie es verschiedenste Autoren unterschiedlicher politischer Herkunft und theoretischer Schulen in den vergangenen Jahren benannt haben (Hall 1993; Scharpf 1999b; Bieling/Steinhilber 2000; Swank/Steinmo 2002; Nonhoff 2006). Auch das folgende Kapitel 2 weist an vielen Stellen darauf hin.

Ich bin die Aufschlüsselung des »Aber« aus der Eingangsbemerkung zu meinem Fazit noch schuldig. Dass sich auf die Frage nach der Steuerautonomie und deren Verneinung dieses »Aber« anschließt, hat insbesondere damit zu tun, dass die Nationalstaaten noch Spielräume bei der Satzgestaltung haben und dies im Hinblick auf die nationalstaatliche Budgetgestaltung durchaus von einiger Wirkung ist oder sein könnte. Während sich die Steuersätze bei den indirekten Steuern in den festgelegten Bandbreiten bewegen müssen, ist die *De-jure*-Autonomie bei der Steuersatzgestaltung der direkten Steuern quasi konstitutiv: nur hinsichtlich dieser Frage autonome Staaten können überhaupt gegeneinander in den Wettbewerb ziehen.

Und so stellt sich am Ende dieses Kapitels die Frage: Wieso haben sich die Nationalstaaten auf einen derart weitreichenden Autonomieverzicht überhaupt eingelassen? Das folgende Kapitel möchte mögliche Antworten auf diese Frage in einem historischen Rückblick rekonstruieren.

Kapitel 2
Die steuerpolitische Integration und wie es dazu kommen konnte

Wie im ersten Kapitel gezeigt wurde, hat innerhalb der letzten rund 50 Jahre eine auch unter quantitativen Aspekten bemerkenswerte Angleichung mitgliedstaatlicher Steuerpolitiken in der EU stattgefunden. Keine der wesentlichen Steuerarten ist ohne europäische Vorgaben geblieben, auch wenn das Ausmaß an politischer Kompetenzübertragung in punkto Gestaltung – von Steuersystem, Bemessungsgrundlagen und Steuersätzen – und Verwaltung durchaus variiert: So sind die indirekten Steuern – Mehrwertsteuer, spezielle Verbrauchsteuern und Kapitalverkehrsteuern – weitgehend angeglichen, wohingegen die Angleichung im Bereich der direkten Einkommensbesteuerung in den letzten Jahren zwar deutlich zunimmt, die europäische *De-Jure*-Eingriffstiefe gegenüber den indirekten Steuern jedoch vergleichsweise geringer ausfällt. Galt das erste Kapitel der Darstellung des Status quo der europäischen Steuerangleichungen bis Ende des Jahres 2007 und den Auswirkungen im Hinblick auf die nationale Steuerautonomie, so soll in diesem Kapitel untersucht werden, wie und unter welchen Bedingungen die Mitgliedstaaten steuerpolitische Kompetenzen verbindlich an die europäische, supranationale Ebene abgegeben haben. Der Begriff der Integration wird in diesem Kapitel folglich eng gefasst und bezieht sich auf die Maßnahmen der Steuerangleichung, die rechtsförmig – also *de jure* – auf die europäische Ebene verlagert wurden.

Folgende Fragen sollen im Zentrum stehen: Warum haben sich die europäischen Staaten auf eine derart weitreichende verbindliche steuerpolitische Integration eingelassen? Wieso hat diese Kompetenzübertragung trotz der viel besprochenen institutionellen Schwierigkeiten stattgefunden, die eine Mehrzahl von Autoren insbesondere in der traditionellen Vielfältigkeit der Steuersysteme und -strukturen erkennen, ebenso wie im Einstimmigkeitserfordernis im Rat? Welche Faktoren sind es, die die verbindliche Kompetenzübertragung trotz der Vielfältigkeit der Systeme und der Einstimmigkeitsregel erläutern können und welche Gründe lassen sich für den unterschiedlichen Angleichungsgrad von indirekten und direkten Steuern anführen?

Einige Befunde dieses Kapitels sollen bereits an dieser Stelle mit dem Ziel zusammengefasst werden, den Rahmen abzustecken, innerhalb dessen in den vergangenen 50 Jahren diese bemerkenswerte steuerpolitische europäische Integration stattgefunden hat.

Zwei Phasen europäischer steuerpolitischer Integration, oder: Zur Asymmetrie der Integrationserfolge von indirekter und direkter Besteuerung

So begann die europäische Integration in den 1950er Jahren unter ökonomischen Vorzeichen als Projekt regionaler Wirtschaftsintegration zur Vergrößerung der Märkte in erster Linie für Waren. Zwar war die freie Mobilität von Produktionsfaktoren – Arbeit und Kapital – bereits in den Römischen Verträgen von 1957 konstituiert – allerdings wurde insbesondere die freie Mobilität von Kapital durch den Abbau von Kapitalverkehrskontrollen erst später deutlich wirksam. »Der freie Warenverkehr war nun einmal schon viel weiter hergestellt, als das freie Niederlassungsrecht und der freie Kapitalverkehr«, fasste der damalige Leiter der Generaldirektion Steuern Pieter VerLoren van Themaat (1966: 839) die Ausgangslage zusammen (siehe auch: Grasmann 1973: 230).

In den ersten Jahrzehnten waren so vor allem Zollschranken abzubauen, die keinesfalls in Form anderer, den Wettbewerb für Unternehmen im gemeinsamen Markt verzerrender Maßnahmen fortgeführt beziehungsweise neu errichtet werden sollten. Insofern richtete sich das vorrangige Interesse bezüglich der steuerpolitischen Vereinheitlichung auf produktbezogene Steuern: die Mehrwertsteuer und die speziellen Verbrauchsteuern. Es hätte bedeutet, die Idee des Gemeinsamen Marktes und später des Binnenmarktes ohne Grenzkontrollen schlicht aufzugeben, wären die Mehrwertsteuern und die Verbrauchsteuern ohne jede europäische Harmonisierung in alleiniger nationaler Verantwortung belassen worden. Die Beibehaltung der unterschiedlichen nationalen Regelungen hätte Wettbewerbsverzerrungen in größerem Umfang zur Folge gehabt.

Gleichzeitig sollte die Mobilität von Arbeit und Kapital durch die doppelte Besteuerung von Einkommen zumindest nicht behindert werden. Die Kommission drängte in dieser Hinsicht – wie bereits in den Römischen Verträgen fixiert – relativ erfolgreich auf ein vollständiges Netz von bilateralen Doppelbesteuerungsabkommen. Auf diese Weise konnten die meisten der konkreten Probleme im Bereich der Unternehmensbesteuerung auch aus Sicht vieler Binnenmarktvertreter im Bereich des Tolerablen gehalten werden.

Die Europäische Kommission und die Unternehmerverbände insistierten zwar gelegentlich auf Initiativen zur Harmonisierung der direkten Steuern, allerdings weitgehend ohne Erfolg. Gerne hätten die Genannten bereits in den frühen Jahren der Gemeinschaft eine vollständige steuerliche Angleichung gehabt. So forderte der Verband der Industrien der Europäischen Gemeinschaft (UNICE) auch noch in den späten 1980er Jahren im Hinblick auf die Vollendung des Binnenmarktes zum 1.1.1993, dass die Harmonisierung alle für die Unternehmen relevanten Steuern erfassen müsse, das heißt auch Einkommen- und Körperschaftsteuer, weil sonst nicht alle Wettbewerbsverzerrungen durch die Finanzämter auszuräumen seien (Die Zeit vom 5.2.1988). Demgegenüber wollten sich die Vertreter der Nationalstaaten aber auch nationale Handlungsspielräume erhalten und diese nicht ohne Not aus der Hand geben. So ließ beispielsweise der damalige französische Ministerpräsident Rocard im gleichen Jahr wissen, dass er und viele seiner Kollegen solchen Harmonisierungsbestrebungen »keinerlei Dringlichkeit beimessen« (*Neue Zürcher Zeitung* vom 16.9.1988).

Mit der verstärkten Kapitalmarktliberalisierung in den späten 1980er und 1990er Jahren änderte sich das Bild. Die Auswirkungen dessen wurden für die Mitgliedstaaten zu einer Zeit spürbar, als auch die Arbeitslosigkeit stark anstieg und damit auch die Anforderungen an einen demokratischen Sozialstaat. Aber zu diesem Zeitpunkt hatte sich – vor dem Hintergrund des ökonomischen Paradigmenwechsels hin zum Monetarismus (Hall 1993) – in Europa bereits eine andere Integrationsmethode durchgesetzt (Ziltener 1999). Dieser Wechsel der Integrationsmethode wird über die hier untersuchten verschiedenen Fälle hinweg sehr deutlich: von der Dominanz der verbindlich geregelten Angleichung hin zum steuerlichen Standortwettbewerb. Ein im Folgenden noch ausführlicher beschriebenes Beispiel im Bereich der Steuerpolitik zeigte diesen Wandel der Schulen der Harmonisierung in geradezu idealtypischer Schärfe, auch wenn dieser damals noch nicht als neue Gemeinschaftslinie zum Tragen kam. So legte der damalige britische EG-Kommissar Lord Francis Arthur Cockfield im Sommer 1987 einen Vorschlag zur detailliert verbindlich geregelten Harmonisierung der Mehrwertsteuersätze und der gesamten Verbrauchsteuern vor (für dessen hartnäckige Verteidigung er schließlich von seiner Premierministerin Margaret Thatcher abberufen wurde). Der damalige britische Schatzkanzler Lawson präsentierte ein »Gegenmodell«, das eine Angleichung der Steuersätze über »die Kräfte des Marktes« (»nach unten«) bewirken sollte. Damals konnte sich die Linie der verbindlichen Angleichung – allerdings auf inhaltlich sehr viel begrenzteren Niveau – noch durchsetzten (jedoch weder unter Cockfield, noch auf Basis seiner Vorschläge). In der Folge seien »die Gegner des Steuerwettbewerbs in der EU verstummt« titelte das *Handelsblatt* am 9.6.1999 und behielt bis heute weitestgehend recht. Der Beschluss über die Zinsbesteuerung war insofern keine Ausnahme von dieser Regel, sondern bot zusammen mit dem Verhaltenskodex für die Unternehmensbesteuerung die argumentative Kulisse dafür, trotz gewachsenen Problemdrucks den »schädlichen« vom »guten« Steuerwettbewerb zu trennen und die Methode in diesem Sinne zu bestärken.

Mit dem Wettbewerb als Methode ging jedoch auch eine veränderte Sicht auf den Staat selbst einher. Während es in den im Folgenden beschriebenen Fällen erfolgreicher Integration bis in die 1990er Jahre darum ging, über eine Angleichung der Steuerpolitiken den Unternehmen einen unverfälschten Wettbewerb im Gemeinsamen Markt zu ermöglichen, so ist es heute der Staat selbst, der sich im Wettbewerb befindet: die Mitgliedstaaten konkurrieren im Wettbewerb der Standorte um Kapital und Unternehmen.

Insofern lassen sich in Bezug auf die europäische steuerpolitische Integration zwei Phasen identifizieren: eine erste bis Ende der 1980er Jahre, die den konkreten Problemdruck aus der Wirtschaftsintegration durch verbindliche Harmonisierungsmaßnahmen beantwortete, die die Mitgliedstaaten *de jure* im Bereich der indirekten Steuern deutlich einschränkte. Dennoch blieben ihnen in dieser Phase aber *de facto* über (befristete) Ausnahmen und Abweichungsmöglichkeiten sowie Bandbreiten bei den Steuersätzen zumindest die damals geltenden Einnahmemöglichkeiten weitgehend erhalten; der Wettbewerb unter den Staaten wurde durch das beschlossene Verwaltungsverfahren auf Basis des Bestimmungslandprinzips nahezu ausgeschlossen. Konkrete Probleme mit grenzüberschreitenden Tatbeständen im Bereich der Einkommensbesteuerung wurden *de jure* über den europavertraglichen Verweis geregelt, untereinander bilaterale Doppelbesteuerungsabkommen abzuschließen.

In einer zweiten Phase seit etwa Anfang der 1990er Jahre wurde und wird der Problemdruck, resultierend aus der gewachsenen Kapitalmobilität, anders beantwortet. Harmonisiert – angeglichen – werden soll in erster Linie über wettbewerbsförmige Verfahren, die den Mitgliedstaaten zwar *de jure* Gestaltungsoptionen erhalten. *De facto* allerdings haben die Mitgliedstaaten heute ihre Spielräume deutlich eingeschränkt, da sie sich im vermeintlichen Wettbewerb um die niedrigsten Steuersätze bewegen und entsprechend von ihren *De-jure*-Möglichkeiten, höhere Steuern zu erheben, keinen Gebrauch machen. Im Prinzip könnten die Mitgliedstaaten eine der indirekten Besteuerung nach dem Bestimmungslandprinzip adäquate Regelung zumindest im Bereich der persönlichen Einkommens- und Kapitalbesteuerung alleine dadurch implementieren, dass sie das grundsätzlich im internationalen Steuerrecht geltende Wohnsitzprinzip (in- und ausländische Einkünfte werden im Wohnsitzland des Steuerpflichtigen besteuert) durch ein System von umfassenden Kontrollmitteilungen stärken.

All dies wird im Folgenden Teil der Ausführungen zu den einzelnen Integrationsschritten sein. Ausgewertet werden im Rahmen dieses Kapitels einerseits Dokumente europäischer Akteure und von europäischen Institutionen in

Auftrag gegebene Untersuchungen von Expertenkommissionen. Andererseits wird die Presseberichterstattung in Qualitätszeitungen ausgewählter Mitgliedstaaten herangezogen.[98] An Stellen, die mangels Material oder anderer Widersprüchlichkeiten undeutlich blieben, vervollständigten im Text benannte Interviews das Bild. Sofern die Sekundärliteratur empirische Einblicke in den Willensbildungsprozess zuließ, wurde sie ebenfalls herangezogen.

Welche der Faktoren jeweils für welche Maßnahmen der verbindlichen Angleichung bestimmend waren, soll im Folgenden für einzelne Steuerarten in ihren jeweiligen Konstellationen rekonstruiert werden. Im Bereich der indirekten Steuern sind dies die Umsatzsteuer-/Mehrwertsteuersystemangleichung (1968), die Angleichung der mehrwertsteuerlichen Bemessungsgrundlagen (1977), die Mehrwertsteuersatz-Angleichung und die Angleichung der Verbrauchsteuern (1992). Im Bereich der direkten Steuern bezieht sich die Untersuchung auf die Angleichung einzelner Tatbestände im Bereich der Bemessungsgrundlagen (1990/2000) und die Angleichung der Besteuerung von privaten Zinserträgen (2000/2005). Schließlich bietet diese Untersuchung auch Hinweise darauf, dass die Verschiedenheit der Steuersysteme und die Einstimmigkeitsregel, denen die steuerpolitische Kompetenzübertragung von den Mitgliedstaaten an die europäische Ebene unterliegt, für sich genommen keine ausreichende Erklärung für ein Integrationshemmnis darstellen.
Doch zuvor: der Blick zurück.

98 Bezüglich der Presseauswertung wurde in erster Linie auf das Presseausschnittsarchiv des Hamburger Weltwirtschaftsinstituts (HWWI) zurückgegriffen. Ausgewertet wurden in erster Linie die *Frankfurter Allgemeine Zeitung*, das *Handelsblatt*, die *Süddeutsche Zeitung*, die Neue Zürcher Zeitung, der *Industriekurier* und *Die Welt*. Alle weiteren Quellen sind im Verlauf des Textes gesondert gekennzeichnet. Die Auseinandersetzung mit den jeweiligen Angleichungen in Großbritannien wurde anhand der Presseausschnittsdatenbank LexisNexis nachvollzogen, die französischen Debatten vorwiegend anhand des Archivs der Tageszeitung *Le Monde*. Die ersten Presseausschnitte (von insgesamt 560) stammen dabei aus den 1960er Jahren und sind im Hamburger Weltwirtschaftsinstitut nur noch als Mikrofiches zugänglich. Diese wurden für die Angleichungen bei der Mehrwertsteuer (System 1968, Bemessungsgrundlagen 1977) ausgewertet und umfassen allein rund 180 ausführlichere Artikel. Um die Einheitlichkeit der Darstellung zu gewährleisten, werden im Folgenden bei Zitationen nur das Presseerzeugnis und das Erscheinungsdatum genannt, da dies der Archivierung bis in die 1990er Jahre entspricht. Erst ab diesem Datum werden von den Archiven auch Seitenzahlen in die Angaben mit aufgenommen.

2.1 Die Harmonisierung der indirekten Steuerpolitiken

2.1.1 Die Angleichung der Umsatzsteuersysteme in den späten 1960er Jahren

Alle Gründerstaaten der Europäischen Gemeinschaft hatten bis in die 1960er Jahre hinein ihre jeweils eigenen Umsatzsteuersysteme ausgeprägt (Hahn 1988: 78 und 126–182).

Bei der französischen Taxe à la valeur ajoutée (T.V.A. – wörtlich übersetzt »Steuer auf den hinzugefügten Wert«) handelte es sich um eine Nettoumsatzsteuer, bei der auf jeder Produktionsstufe zwar die volle Steuer vom steuerpflichtigen Umsatz errechnet wurde, danach aber von diesem Betrag die Vorsteuern abgesetzt wurden, die in den von Dritten bezogenen Fremdleistungen enthalten sind und von diesen bereits als Umsatzsteuer abgeführt wurden. Damit blieb letzten Endes vom zunächst festgestellten steuerpflichtigen Bruttoumsatz nur noch der Nettoumsatz, also der »Mehrwert« übrig, den das Produkt in der betreffenden Produktionsstufe durch Be- oder Verarbeitung gewonnen hatte.

Ganz anders das deutsche Umsatzsteuersystem, das eine Allphasensteuer auf den Bruttoumsatz war, die auf jeder Stufe des Produktions- und Absatzweges einer Ware neu erhoben wurde, ohne dass die in den Einkaufspreisen enthaltene Steuer der vorhergehenden Stufen vom steuerpflichtigen Umsatz abgesetzt werden durfte. Der Verkaufspreis erhöhte sich somit von Stufe zu Stufe außer um den Wertzusatz im jeweiligen Unternehmen noch um die jeweils geschuldete Steuer, die ja als Preisbestandteil galt. Daraus ergab sich, dass derselbe Teilwert einer Ware mehrmals besteuert wurde (sogenannte Kumulativ- oder Lawinenwirkung der Umsatzsteuer).

Das italienische Umsatzsteuersystem (Imposta generale sulle entrata[99]) war eine Mischform aus einer stark differenzierten kumulativen Mehrphasensteuer und einer großen Zahl pauschaler Einphasensteuern auf Güter des gehobenen Bedarfs.

Das belgische Umsatzsteuersystem (Taxes assimilées au timbre[100]) ähnelte wiederum der deutschen Umsatzsteuer, war kompliziert aufgebaut und bestand aus einer kumulativen Mehrphasensteuer und einer Reihe von Pauschalabgaben. Es wurden allerdings nicht alle Umsätze durch eine allgemeine Umsatzsteuer erfasst, sondern die Umsätze je nach ihrer Art mit unterschiedlichen

---

99 Internet: http://www.ricercagiuridica.com/codici/lmsg.asp (zuletzt aufgerufen am 1.6.2006).

100 Internet: http://fiscus.fgov.be/interfakredfr/Publicaties/CTAT.htm (zuletzt aufgerufen am 1.6.2006).

Umsatzsteuern belegt, was besondere Maßnahmen zur Vermeidung von Doppelbelastungen notwendig machte.

Die niederländische Umsatzsteuer war eine kumulative Mehrphasensteuer mit Einzelhändlerbefreiung, der Warenlieferungen und Dienstleistungen im Inland sowie Warenimporte unterlagen und die durch zahlreiche differenzierte Steuersätze und Ausnahmetatbestände gekennzeichnet war.

Die luxemburgische Umsatzsteuer war eine kumulative Allphasensteuer und entsprach weitgehend dem deutschen System.

Diesen Umsatzsteuersystemen waren in den jeweiligen Ländern durchaus unterschiedlich pointiert geführte nationale Reformdiskussionen vorausgegangen, die zum Teil über Jahre zur Entwicklung und Ausprägung der Systeme geführt hatten (Puchala 1984; Hahn 1988). Dennoch konnten die unterschiedlichen Steuersysteme den jeweiligen nationalen Ansprüchen aus verschiedenen materiellen Gründen ab etwa Ende der 1950er Jahre nicht mehr genügen. Im Folgenden sollen die wesentlichen Problemlagen und Debatten in den einzelnen damaligen Mitgliedstaaten nachgezeichnet werden.

Die Reformdiskussion in Deutschland

Allein in Deutschland hatte die Diskussion um die Form der Umsatzsteuer eine Tradition, die bis zu den Ursprüngen ihrer Erhebung unter der Bezeichnung Warenumsatzstempel im Jahr 1916 zurückreichte: »Die Geschichte der deutschen Umsatzsteuer ist zugleich die Geschichte ihrer Reform« (Heilmann 1975: 76). So wurde sie 1918 zunächst zur allgemeinen Umsatzsteuer auf alle Lieferungen und Leistungen erweitert. Fiskalische Gründe führten im Laufe der Entwicklung zu einer mehrfachen Heraufsetzung des Steuersatzes, wobei auch verschiedene Differenzierungen vorgenommen wurden. Mit dem Umsatzsteuergesetz in der Fassung vom 1.9.1951 erreichte der Steuersatz schließlich mit 4 Prozent seine bis in die 1960er Jahre geltende Höhe.[101] Allerdings hatten Befreiungen und Ausnahmen vom regulären Steuersatz bis in die 1960er Jahre erheblich zugenommen. So kritisierten verschiedene Zeitungen zwischen 1963 und 1967 immer wieder die starken Differenzierungen im Rahmen der damals bestehenden Steuer: 6 verschiedene Steuersätze und 416 Ausnahmetatbestände wurden gezählt. Und mit jeder Steuersatzerhöhung wurde die Debatte um die Reform des Gesamtsystems neu angestoßen, ohne jedoch am Ende zu einer tatsächlichen Reform geführt zu haben.

Die Hauptkritik am bestehenden System aber knüpfte an der Kumulativ- beziehungsweise Lawinenwirkung der deutschen Umsatzsteuer an und ihrer

---

101 Puchala 1984, Hahn 1988, Mette 1994.

mangelnden Wettbewerbsneutralität im Inland. Wie bereits beschrieben, war die deutsche Umsatzsteuer eine Allphasensteuer auf den Bruttoumsatz, das heißt sie wurde auf jeder Stufe des Produktions- beziehungsweise Absatzweges einer Ware neu erhoben, ohne dass die in den Einkaufspreisen enthaltene Steuer der vorhergehenden Stufen vom steuerpflichtigen Umsatz hätte abgezogen werden dürfen. Daraus folgte, dass die Steuerbelastung jeder Ware von der Zahl, der Reihenfolge und den umsatzsteuerlichen Besonderheiten der Produktions- und Absatzstufen abhing, die jede Ware auf ihrem Weg zum Endverbraucher durchlief. Dies bedeutete zweierlei: Insbesondere die hochwertigen Produkte, die in der Regel eine höhere Zahl an Produktions- und Handelsstufen durchliefen, waren am schwersten belastet. Durch diese Wirkung wurde tendenziell eine vertikale Unternehmenskonzentration gefördert, da ein Ausweichen der Unternehmen in Zusammenschlüsse Steuerstufen und damit Umsatzsteuern sparte. Diese Wirkungen wurden unter Wettbewerbsaspekten vielfach aufgezeigt und kritisiert.[102] Neben diesen beiden zentralen Punkten wurden noch viele und detaillierte Disparitäten diskutiert.

Doch auch die Auswirkungen auf den Außenhandel wurden in der bundesdeutschen Debatte immer vordringlicher. Wegen der Unbestimmtheit der Steuerbelastung einer Ware (da diese mehrere Steuerstufen durchlief, war am Ende der Kette die genaue Höhe der Steuerbelastung einer Ware meist nicht mehr festzustellen) gelang es weder, die deutschen Exportwaren voll von der Steuer zu entlasten, noch gelang es, die Importwaren mit einer der Inlandsgüterbelastung entsprechenden Ausgleichsteuer zu belegen.

Dass die Diskussion in Deutschland über Jahre so hohe öffentliche Wellen schlug, sich Ministeräußerungen pro Reform, Gutachten und parlamentarische Befassungen abwechselten und es schließlich doch das enge Wechselspiel zwischen bundesdeutschen und europäischen Reformdiskussionen waren, die schließlich dazu führten, dass die Bundesrepublik Deutschland quasi zeitgleich mit der europäischen Beschlussfassung über das gemeinsame Mehrwertsteuersystem ihre Reform verabschieden konnte, ist dabei kein Zufall.

In mehreren Wellen waren in der deutschen Öffentlichkeit alle Argumente pro und contra Reform ausgetauscht worden und die Vorzüge und Nachteile der alternativen Systeme – Nettoumsatzsteuer vs. Mehrwertsteuer – ausgetauscht worden. Dabei war ein langsamer Wandel erkennbar: Setzten die Reformvorschläge der 1950er Jahre noch mehrheitlich auf die Einführung der

102 So zum Beispiel: *Industriekurier* vom 25.7.1963, Frankfurter Allgemeine vom 7.3.1963, *Der Volkswirt* vom 10.3.1963 oder *Die Welt* vom 18.6.1966.

Nettoumsatzsteuer,[103] so sei es insbesondere dem damaligen Bundesfinanzminister Franz Etzel zu verdanken gewesen, wie der CDU-Bundestagsabgeordnete Manfred Luda schrieb, der das Wort vom schadhaften Gebäude der Allphasenumsatzsteuer prägte und in dessen Amtzeit und durch dessen Initiativen und Gutachten Anfang der 1960er Jahre jeder anderen Reformoption als einem Systemwechsel hin zur Mehrwertsteuer der Boden entzogen war (Luda 1963).

Dennoch konnte sich die Bundesregierung zunächst nicht zu einer Reforminitiative durchringen, sodass »die Mittelständler im Bundestag« (Hahn 1988: 145) die Initiative ergriffen. So brachten Teile der CDU/CSU-Bundestagsfraktion im Oktober 1962 einen Initiativantrag zur Einführung der Mehrwertsteuer mit Vorsteuerabzug ein, kurze Zeit später folgte der Vorschlag der SPD-Fraktion, ebenfalls auf Basis einer Mehrwertsteuer. Die Vorlagen unterschieden sich letztlich nur hinsichtlich ihrer Zugeständnisse und Ausnahmetatbestände.

Einen entscheidenden Anstoß erhielt die bundesdeutsche Debatte erst wieder, nachdem die Europäische Kommission ihre Pläne veröffentlichte, in der gesamten EG eine Mehrwertsteuer einzuführen: »Plötzlich ist die Mehrwertsteuer in aller Munde« schrieb die *Frankfurter Allgemeine* am 7.3.1963, nachdem auch der damalige Bundesfinanzminister Dahlberg einen Gesetzentwurf angekündigt hatte, der schließlich Anfang 1964 in den Bundestag eingebracht wurde und ebenfalls auf einem Mehrwertsteuersystem basierte.

Von diesem Zeitpunkt an wurden in der deutschen veröffentlichten Meinung in langen Folgen die Vor- und Nachteile des Systems und vor allem der Systemumstellung erörtert. Es wurden »Gretchenfragen an die deutschen Unternehmer« (*Die Welt* vom 17.8.1967) formuliert, betreffend die Frage, ob denn die Preissenkungen, die mit der Systemumstellung zu erzielen wären, auch an die Verbraucher weitergegeben würden, und Modellrechnungen präsentiert, die die Steigerung der Lebenshaltungskosten prognostizierten (*Der Volkswirt* vom 9.8.1963, *Handelsblatt* vom 26.9.1963). Es wurden die Modelle verglichen (1963/64 in 31 Folgen im Ergänzungsdienst der *Frankfurter Allgemeinen* mit dem Titel »Blick durch die Wirtschaft«), »oberflächliche, unsachliche und einseitige Kritiken« vielfach zurückgewiesen (*Industriekurier* vom 16.1.1964, *Frankfurter Allgemeine* vom 3.1.1964) und Ausnahmewünsche mit dem französischen Muster begründet: »Französisches System nimmt viele wirtschaftliche Tätigkeiten aus« (*Handelsblatt* vom 10.5.1963). Schließlich lud der Finanzaus-

103 Schmölders 1953b, Wissenschaftlicher Beirat beim Bundesfinanzministerium 1953, Wissenschaftlicher Beirat beim Bundesfinanzministerium 1962, *Handelsblatt* vom 25.6.1962, Heilmann 1975, Hahn 1988, 136 f.

schuss des Bundestages im Juni/Juli 1966 zu den ersten öffentlichen Anhörungen der bundesrepublikanischen Geschichte, in deren Rahmen 25 Spitzenverbände und 58 Einzelverbände der deutschen Wirtschaft zu Fragen des Systemüberganges gehört wurden,[104] um einen »fairen Kompromiss« zu finden (*Die Welt* vom 18.6.1966).

Nachdem die Europäische Kommission 1963 ihre Vorlage angekündigt hatte, wurde darüber hinaus die Frage aufgeworfen, warum es denn schon wieder die Bundesrepublik sein müsse, die Vorleistungen gegenüber ihren EWG-Partnern erbringe (*Industriekurier* vom 25.7.1963) und ob es sinnvoll sei, eine Mehrwertsteuer zu einem Zeitpunkt einzuführen, wo das europäische Modell noch gar nicht in Einzelheiten bekannt wäre.

Schließlich dauerte der bundesdeutsche parlamentarische Prozess – der erste Regierungsentwurf fiel der Diskontinuität durch die Bundestagswahlen zum Opfer und musste erneut eingebracht werden – so lange, dass die »wünschenswerte Parallelentwicklung auf diesem Gebiet« (*Vorwärts* vom 27.7.1966) gewährleistet war.

Die Reformdiskussion in Frankreich

Im Rahmen der zuvor erwähnten Parallelentwicklung versuchten Teile der französischen Wirtschaft eine europäische Beschlussfassung zu verzögern, da sie möglichst lange die Vorteile aus dem unvollkommenen Grenzausgleich mit ihren Nachbarstaaten mit Allphasen-Umsatzsteuern ziehen wollten, so jedenfalls die damalige Einschätzung deutscher und französischer Medien gleichermaßen.[105] Doch schließlich beschlossen der Deutsche Bundestag und der Europäische Rat nahezu zeitgleich ihre Gesetze. Der Bundestag verabschiedete am 26.4.1967 das Mehrwertsteuergesetz, das zum 1.1.1968 in Kraft trat. Der Europäische Rat hatte sich kurz zuvor, nämlich am 11.4.1967 auf die erste Richtlinie hinsichtlich des allgemeinen Mehrwertsteuersystems geeinigt, wonach alle Mitgliedstaaten aufgefordert waren, dieses bis zum 1.1.1970 in Kraft zu setzen.

Dass der Europäische Rat diesen Beschluss fassen konnte, dafür waren auch in den fünf anderen Mitgliedsländern politische Prozesse notwendig. Wie insbesondere Walter Hahn (1988), aber auch Donald J. Puchala (1984) heraus-

---

104 *Frankfurter Allgemeine* vom 2.7.1966, *Neue Zürcher Zeitung* vom 1.7.1966, *Vorwärts* vom 27.7.1966. Alle drei Zeitungen betonten – neben der fachlichen Berichterstattung – den Wert der öffentlichen Anhörungen und schrieben Plädoyers dafür, das Instrument beizubehalten, auch wenn die *Frankfurter Allgemeine* bemängelte, dass in diesem Fall nur Wirtschaftsvertreter geladen waren.

105 Siehe zum Beispiel: *Industriekurier* vom 25.7.1963, oder später: *Le Monde* vom 9.1.1968.

arbeiten, waren auch die Reforminitiativen der französischen und der belgischen Regierung vorwiegend innenpolitisch motiviert. Dies allerdings aus jeweils anderen Motivlagen.

So bestand in Frankreich bereits seit 1948 eine Mehrwertsteuer, die in erster Linie eine Produktionssteuer war, und diese war wiederum begrenzt auf die Industrie. Auf diese Weise existierten in Frankreich eine Reihe unterschiedlichster Regelungen, bezogen auf verschiedene Branchen. Den Durchbruch in Richtung einer Ausdehnung des Anwendungsbereichs brachte eine 1952 veröffentlichte Studie, der 1954 eine eher verunglückte Gesetzesänderung folgte, auf welche wiederum mit neuen Expertenrunden und Gesetzesentwürfen reagiert wurde, die im Sande verliefen. Dass die Regierung 1965 schließlich einen neuen Vorstoß unternahm, hat – wie das deutsche Beispiel – einen materiellen innenpolitischen Ausgangspunkt und einen ideellen europäischen Bezugsrahmen. Die innenpolitische Motivation entsprang dabei – so Walter Hahn (1988: 133) – insbesondere dem Strukturwandel, dem der französische Einzelhandel seit Anfang der 1960er Jahre ausgesetzt war: Kaufhäuser und Supermärkte waren im Kommen. So forderte der Einzelhandel aufgrund seines enormen Investitionsbedarfs die für ihn geltende Tax Locale abzuschaffen und den Einzelhandel stattdessen der Mehrwertsteuer zu unterwerfen. Insbesondere gegenüber den widerständigen kleinen Einzelhändlern und auch den Kommunen (die erst einlenkten, nachdem ihnen eine neue Steuerquelle eröffnet wurde) war dabei in Frankreich der Verweis auf den europäischen Einigungsprozess eine willkommene Hilfe und Rückendeckung.

Die Reformdiskussion in Belgien und Luxemburg

Viel weniger streitbar als in Deutschland und Frankreich verliefen – zunächst – die belgische und die luxemburgische Debatte. Luxemburg hatte mit ähnlichen Schwierigkeiten der konkreten Ausgestaltung seiner Allphasen-Umsatzsteuer zu kämpfen wie Deutschland und tat sich in der Folge weder als besonders hemmend noch befördernd für den europäischen Integrationsprozess hervor.

Den materiellen Anstoß zur belgischen Diskussion lieferte der wachsende Finanzbedarf des belgischen Staates, bedingt insbesondere durch den Ausbau der Sozialleistungen und die verstärkte öffentliche Wachstumspolitik (Hahn 1988: 151). Nachdem die Umsatzsteuer 1961 auf 6 Prozent angehoben worden war, wurde in der Folgezeit, wenn auch begrenzt auf Expertenzirkel, die Frage erörtert, ob der Weg der kleinen Modifikationen der Bruttoumsatzsteuer nicht ausgereizt sei. Dennoch wurde dieser Weg zunächst weitergegangen und wies in Richtung einer Nettoumsatzsteuer.[106] Als sich aber im Februar 1964 die Finanzminister der Mitgliedsländer in Rom schließlich grundsätzlich einig wurden darin, eine Mehrwertsteuer mit Vorsteuerabzug einzuführen (*Die Welt* vom 12.2.1964), schwenkte auch die belgische Regierung um und beauftragte eine interministerielle Arbeitsgruppe damit, die Frage zu klären, wie eine belgische Umsatzsteuer aussehen könnte. Dass sich die Einführung der Mehrwertsteuer in Belgien schließlich verzögerte und der Ministerrat im Wege der Richtlinie Belgien zwei Jahre Verlängerung bei der Umsetzung zubilligte, (69/463/EWG) hat damit zu tun, dass eine öffentliche Debatte zum Thema in Belgien erst einsetzte, als der Beschluss auf europäischer Ebene bereits gefasst war. Was folgte waren Auseinandersetzungen im Parlament und vorwiegend mit den Gewerkschaften (*Neue Zürcher Zeitung* vom 12.9.69). Eine großangelegte Informationskampagne und Maßnahmen, die die budgetären Folgen milderten, ließen das belgische Mehrwertsteuergesetz schließlich zum 1.1.1972 Realität werden.

Die Reformdiskussion in Italien

Deutlich länger brauchte die italienische Regierung. Auch hier begann die öffentliche Diskussion erst nach der europäischen Beschlussfassung (Puchala 1984: 97–106). Die italienische Regierung hatte – um es kurz zu fassen – keine Bedenken auf europäischer Ebene zuzustimmen, sie war jedoch auch nicht die treibende Kraft. Ohne sich umgekehrt als energischer Bremser zu verhalten – diese Rolle kam den niederländischen Vertretern zu – versuchte sie, die europäische Entscheidung möglichst lange hinauszuziehen. Kaum war jedoch klar, dass sich Italien den europäischen Vorgaben würde beugen müssen, wurde das Thema in der öffentlichen Debatte sofort weitgehend und intensiv politisiert. Jedoch wurde die Auseinandersetzung nicht an der Frage geführt »Europa: ja oder nein«. Auch die generelle Notwendigkeit der Steuerharmonisierung wurde nicht bezweifelt. Den zentralen Kern des Streits bildeten die Implikationen des Systemwechsels und hier die Neutralisierung möglicher italienischer Wettbewerbsvorteile im Gemeinsamen Markt. Dass Italien schließlich mit einiger Verspätung das gemeinsame Mehrwertsteuersystem einführte, führt Donald J. Puchala (1984: 103) auch auf die zurückhaltende Rolle der Europäischen Kommission zurück, die weniger auf Konfrontation als auf Unterstützung der italienischen Regierung im Argumentationsprozess setzte.

106 *Die Welt* vom 9.10.1963, *Handelsblatt* vom 13.12.1963.

Die Reformdiskussion in den Niederlanden

Anders jedenfalls als im Falle der Niederlande, deren Regierung die Prozesse auf europäischer Ebene jahrelang durch immer weitere Fragen und Einwände zumindest zu bremsen versuchte. Unter Federführung des damaligen Finanzministers Tuk war das niederländische Umsatzsteuersystem über die Jahre so modifiziert worden, dass es durch seine immer deutlichere Nettoausrichtung – das heißt der wachsenden Möglichkeit, die Steuern der Vorstufen abzuziehen – auch dem europäischen Grenzausgleich stand halten konnte. Erst nachdem der Finanzbedarf Mitte der 1960er Jahre stieg und ein Regierungswechsel 1965 auch auf wachsende Steuererträge aus sozialpolitischen Gründen verstärkt angewiesen war, lockerten sich die niederländischen Widerstände. Anders als im Falle Deutschlands, wo sich die Beamtenschaft erst nach langen Jahren mit der Mehrwertsteuer als Alternative anfreunden konnte, wurde die Mehrwertsteuer in den Niederlanden schließlich innerhalb von zwei Jahren realisiert. Die dortigen Beamten hatten sich in den europäischen Expertenrunden schon mit der Steuer vertraut gemacht und schafften es innerhalb kurzer Zeit, eine Vorlage zu präsentieren. Diese wurde quasi durch das Parlament gepeitscht und dies – wie Walter Hahn (1988: 170) vermerkt – unter Zuhilfenahme einer »politischen Lüge«: dass nämlich die Mehrwertsteuer allein wegen der EG einzuführen sei und die parlamentarischen Änderungen entsprechend nicht berücksichtigt werden könnten.

Kurzes Fazit

Wie zuvor gezeigt wurde, liefert das eindrücklichste Beispiel für den Anstoß in Richtung Harmonisierung der Umsatzsteuersysteme die Auswertung der Debatte in der Bundesrepublik Deutschland, deren Regierung schließlich auch zur europäischen Vorreiterin in Sachen Mehrwertsteuerharmonisierung wurde. So bot die über lange Jahre geführte Debatte über wettbewerbsverfälschende Effekte der bis dahin geltenden Bruttoumsatzsteuer den materiellen Anstoß für den Harmonisierungsprozess. Welche konkrete Form die Vorschläge der Umsatzsteuerreform jedoch annahmen, ist europäisch geprägt – sowohl von den Vorzeichen des Binnenmarktes her, die ein in ihren Auswirkungen auf den Warenaustausch innerhalb der EWG neutrales Umsatzsteuersystem nötig machten als auch im Hinblick auf die konkrete Form. So waren in der nationalen Reformdebatte die Erfahrungen des französischen Mehrwertsteuersystems und diesbezüglich die Meinungsbildung auf europäischer Ebene maßgebend. Neutral im Sinne des Binnenmarktes und seines Grenzausgleichs wäre beispielsweise auch die Einführung einer einphasigen Nettoumsatzsteuer gewesen, die lediglich auf die letzte Stufe erhoben wird. Diese hat lange die bundesdeutsche Reformdebatte bestimmt.

Der Befund, dass materielle innenpolitische Gründe die Zustimmung zur europäischen Mehrwertsteuer mitbestimmten beziehungsweise die Umsetzung in nationales Recht verzögerten, gilt in unterschiedlicher Ausprägung für alle europäischen Mitgliedsländer. In Belgien und den Niederlanden wäre allerdings – ebenso wie in Deutschland – das System der Nettoumsatzsteuer bevorzugt worden, wäre nicht parallel zur jeweils nationalen die europäische Debatte geführt worden. Dass dieser Befund nicht insgesamt so glatt ausfällt, dafür sorgt insbesondere Italien, dessen öffentliche politische Debatten erst nach der Beschlussfassung auf europäischer Ebene das Land beschäftigten.[107]

Dass es letztlich zu einem gemeinsamen Mehrwertsteuersystem kam, dafür war die Idee des Gemeinsamen Marktes zuständig. In Deutschland war das Argumentationsmuster in dieser Hinsicht schon zuvor bekannt: wer keine Wettbewerbsverzerrungen will, muss ein System schaffen, das zumindest den Grenzausgleich ermöglicht. In dieser Hinsicht waren denn auch die Mitgliedstaaten zum Erfolg verpflichtet.

Verstärkend kam als institutioneller Faktor hinzu, dass sich die nationale Beamtenschaft in Expertenrunden mit dem System über lange Jahre vertraut machen konnte. Weit weniger deutlich war deren Beitrag im folgenden Fall.

2.1.2 Die Angleichung der mehrwertsteuerlichen Bemessungsgrundlagen Ende der 1970er Jahre

Noch 1970 musste, wie Walter Hahn (1988: 191) beschreibt, jeder, der in Expertenrunden oder Ministergesprächen im Rat die Abschaffung der Steuergrenzen auf die 1980er Jahre hinausschieben wollte, mit lauten Buh-Rufen der jeweils anderen rechnen. Diese Situation änderte sich nachdrücklich, als Belgien und in erster Linie Italien mit der Umsetzung der ersten beiden Mehrwertsteuerrichtlinien nicht gleich nachkamen und auch die anderen Mitglieds-

107 Vor diesem Hintergrund wurde die Frist zur Umsetzung der Richtlinie in Italien wie folgt dreimal verlängert: Dritte Richtlinie zur Harmonisierung der Rechtsvorschriften der Mitgliedstaaten über die Umsatzsteuer – Einführung der Mehrwertsteuer in den Mitgliedstaaten 69/463/EWG – Fristverlängerung Einführung allg. Mehrwertsteuersystem in Belgien und Italien vom 1.1.70 auf 1.1.72; Vierte Richtlinie zur Harmonisierung der Rechtsvorschriften der Mitgliedstaaten über die Umsatzsteuer – Einführung der Mehrwertsteuer in Italien 71/401/EWG – Fristverlängerung wg. Umsetzungsschwierigkeiten vom 1.1.72 auf 1.7.72; Fünfte Richtlinie zur Harmonisierung der Rechtsvorschriften der Mitgliedstaaten über die Umsatzsteuer – Einführung der Mehrwertsteuer in Italien 72/250/EWG – Verlängerung der Umsetzungsfrist für Italien auf 1.1.73 wg. Auflösung des italienischen Parlaments.

länder noch mit den Auswirkungen der Systemänderungen und verschiedenen Anpassungen beschäftigt waren. Auch die Erweiterung um drei neue Mitglieder 1973 (Dänemark, Irland, Großbritannien) warf einen Schatten voraus: In Großbritannien war der für den 1.1.1973 geplante EG-Beitritt ebenso umstritten wie der damit verbundene Übergang zum Mehrwertsteuersystem.[108] So wurde das Thema der Abschaffung der Steuergrenzen bei der Mehrwertsteuer – das heißt der vollständigen Angleichung der Bemessungsgrundlagen bis hin zur Harmonisierung der Steuersätze – zu einem zähen Dauerbrenner.

Erst nachdem sich das Europaparlament in den Jahren 1975 und 1976[109] in mehreren Sitzungen des Themas angenommen hatte, kam Schwung in die Debatte. Neben der Forderung nach Direktwahlen war die vollständige Eigenfinanzierung der Gemeinschaft zentraler Kristallisationspunkt, hinter den sonstige Differenzen unter den Europaparlamentariern der verschiedenen Fraktionen zurücktraten. Dies reichte bis zur gemeinsamen Drohung der Parlamentarier Klage vor dem Europäischen Gerichtshof einzureichen beziehungsweise der Ankündigung, den europäischen Haushaltsplan gegebenenfalls ablehnen zu wollen.

Auch das Thema Eigenmittel war dabei in der Vergangenheit schon mehreren Höhen und Tiefen unterworfen gewesen. Die Kommission hatte bereits 1965 einen Vorschlag vorgelegt, den die französische Regierung empört zurückwies und mit der sogenannten »Politik des leeren Stuhls« beantwortete. Erst die finanzielle Absicherung der für Frankreich lukrativen gemeinsamen Agrarpolitik über die Beitrittsverhandlungen hinaus führte 1970 schließlich zu einem Beschluss des Ministerrats, der sich auf die bis dahin einzige in System und einigen Bemessungsgrundlagen angeglichene Steuer bezog: die Mehrwertsteuer. Und auch der entsprechende Grundgedanke wurde festgelegt: es sollte nicht mehr als 1 Prozent vom Brutto einer steuerpflichtigen Bemessungsgrundlage sein. Voraussetzung für dieses System war demnach die Angleichung der Bemessungsgrundlage, da die Mitgliedstaaten ansonsten ihre Beitragszahlung allein dadurch hätten steuern können, dass sie Steuertatbestände von der Besteuerung ausnahmen und entsprechend weniger einzuzahlen gehabt hätten. So waren die Themen schließlich verknüpft: Ein Eigenmittelsystem war nicht zu haben ohne zumindest die mehrwertsteuerliche Bemessungsgrundlage zu vereinheitlichen. Allein: der politische Prozess kam ins Stocken.[110]

108 New York Times 22.3.1972 und 28.5.1972.

109 Siehe zum Beispiel die Amtsblätter AB 1975/C 157 und AB 1976/C 178.

110 Dennoch hatte die Brüsseler Steuerdirektion weiter an einer Vorlage gearbeitet, die jedoch in einigen entscheidenden Fragen offen blieb und in der Folge die verschiedensten Widerstände

Dadurch dass sich das Europaparlament des Themas Eigenmittel annahm, geschah in der politischen Debatte jedoch Entscheidendes: das Thema der Eigenmittelfinanzierung der Gemeinschaft verwies das Thema Abschaffung der Steuergrenzen im Gemeinsamen Markt auf den zweiten Platz. Mit anderen Worten, die zu regelnden Prioritäten verschoben sich. Dies hatte einen neuen Blickwinkel zur Folge: Nicht mehr der Abbau der Steuergrenzen war das zentrale Ziel, sondern das Eigenmittelsystem, das mit erheblich weniger Zugeständnissen auskommen konnte, denn hier war der Anspruch an Vereinheitlichung weniger groß. Dieser Umstand, verbunden mit der aufeinanderfolgenden Präsidentschaft zweier Regierungen – zunächst der italienischen, schließlich die niederländische –, die sich die Stärkung des Europaparlaments auf die Fahnen geschrieben hatten, machte letztlich einen Kompromiss unter den Regierungen möglich, der noch wenige Jahre zuvor nahezu ausgeschlossen schien. Sowohl der damalige italienische Finanzminister als auch der nachfolgende ehemalige niederländische Finanzminister Duisenberg gingen dazu über, Mehrwertsteuer-Sitzungen anzuberaumen, die ausschließlich der Kompromissfindung dienen sollten. Der unerschütterlichen Beharrlichkeit des Letzteren sei es schließlich zu verdanken,[111] dass aus einer abgespeckten Vorlage schließlich doch noch eine Richtlinie wurde.

Der inhaltliche Durchbruch wurde aber mit einer Linie erzielt, die dem neuen Ziel entsprach: auf europäischer Ebene wurde eine gemeinsame Bemessungsgrundlage festgelegt. Jedoch wurden den Mitgliedstaaten an den Punkten, an denen partout keine Einstimmigkeit zu erzielen war, für eine Übergangszeit Abweichungen von der gemeinsamen Regel gestattet. Dass dies nicht automatisch auch zur Reduktion der Beiträge führte, wurde dadurch gewährleistet, dass jede das Steueraufkommen verändernde Abweichung automatisch eine Kompensationszahlung begründete. Diese wurde der Höhe nach so festgelegt, als wäre keine Abweichung genehmigt worden und entsprechend trat die gemeinsame Bemessungsgrundlage in vollem Umfang in Kraft (77/388/EWG).

---

auf sich zog. Streitpunkt war sowohl die Frage, bis zu welcher Größenordnung Kleinunternehmer in den Genuss jeweils welcher Sonderregelung kommen sollten, als auch die Frage nach dem Umgang mit den Landwirten. Bis dahin geltende Steuerbefreiungen – in den einzelnen Ländern gab es verschiedene – sollten darüber hinaus nach dem Willen der Kommission weitestgehend abgeschafft werden. Kurz gesagt: Fast jeder der im Entwurf für die Sechste Mehrwertsteuerrichtlinie enthaltenen Artikel bereitete dem einen oder anderen Mitgliedstaat Schwierigkeiten und die Vorlage dümpelte weiter vor sich hin.

111 *Wirtschaftswoche* vom 29.1.1979: »Insbesondere der niederländische Finanzminister Duisenberg, ein blonder Hüne aus Friesland, profilierte sich bei den Beratungen als Antreiber. Er entließ seine Kollegen aus den anderen EG-Staaten erst aus dem Konferenzsaal, nachdem sie den nach dreieinhalbjähriger Vorarbeit gefundenen Kompromiß abgesegnet hatten. ›Wir sind damals doch alle vergewaltigt worden‹ erinnert sich ein deutscher EG-Beamter.«

Auf diese Weise konnte es auch geschehen, dass die Angleichung der mehrwertsteuerlichen Bemessungsgrundlage zu einem Zeitpunkt stattfand, der ohne offensichtlichen materiellen äußeren Druck auskam, und aus heutiger Sicht inhaltlich weiter ging, als zu dem Zeitpunkt im politischen Umfeld der Mitgliedstaaten – das heißt von Seiten einschlägiger unternehmerischer Interessenverbände – für notwendig erachtet wurde.

So kam die Umsetzung der mehrwertsteuerlichen Bemessungsgrundlage 1977 für die Öffentlichkeiten der meisten Mitgliedstaaten auch denkbar überraschend. Und in keinem der hier sonst beschriebenen steuerpolitischen Harmonisierungsfälle kam es in Folge der europäischen Beschlussfassung zu so heftigen Reaktionen.

In Frankreich sahen viele Abgeordnete die nationale Souveränität des französischen Parlaments in Haushaltsfragen angetastet und beklagten, es sei eine regelrechte europäische Machtusurpation[112] im Gange. Der Vorgang der Angleichung der Bemessungsgrundlagen auf europäischer Ebene wurde zu einem großen öffentlichen Thema. Schließlich lehnten in der französischen Nationalversammlung gaullistische Abgeordnete zusammen mit Kommunisten und Sozialisten den Gesetzentwurf der eigenen Regierung zunächst ab und konnten aus Sicht der Regierung erst durch massiven Druck und Rücktrittsandrohungen zur Zustimmung bewegt werden.[113]

Auch in Deutschland schlugen die Wellen hoch. In – wie die Presse schrieb – »seltener Einmütigkeit« kritisierten die Abgeordneten den »unheilvollen Mechanismus der Richtlinienkompetenz der EG« (*Wirtschaftswoche* vom 28.5.1979), die »beklemmende Mixtur aus europäischer Superbürokratie und kleinlichem Anpassungszwang« (der damalige CDU-Abgeordnete Reinhold Kreile vor dem Bundestag) und den Vorgang selbst: »Wir haben nur nachvollzogen, was uns von dort aufgezwungen wurde. Uns allen ist nicht wohl dabei« (der ehemalige SPD-Abgeordnete Horst Gobrecht, zitiert in der *Wirtschaftswoche* vom 30.5.1979). Diese Heftigkeit der Reaktionen blieb in Folge des nachfolgenden – der Sache nach erheblich weitreichenderen – Harmonisierungsschrittes aus.

---

112 *Le Monde* vom 28.11.1978, *Süddeutsche Zeitung* vom 5.12.1978, *Wirtschaftswoche* vom 29.1.1979.
113 *Le Monde* vom 30.5.1979.

2.1.3 Die Angleichung der speziellen Verbrauchsteuern, der Mehrwertsteuersätze und der Verwaltungsvorgaben Ende der 1980er/Anfang der 1990er Jahre

Bevor sich die Regierungschefs Ende 1986 dazu durchringen konnten, der Kommission schließlich doch noch den Auftrag zur Unterbreitung eines Harmonisierungsvorschlages in Bezug auf die Mehrwertsteuersätze und die speziellen Verbrauchsteuern zu erteilen, waren die Steuerexperten der zu diesem Zeitpunkt auf zwölf Länder angewachsenen EG[114] nach langem Überlegen zu dem Schluss gekommen, die Steuerharmonisierung und somit die Abschaffung der Grenzkontrollen 1992 sei schlicht undurchführbar.[115]

Die Beherzigung dieser Einlassung hätte aber bedeutet, dass die Regierungschefs das auf dem Gipfeltreffen von Kopenhagen 1982 gesteckte Binnenmarkt-Ziel, das sie auf allen Folgetreffen mit zunehmender Entschiedenheit postulierten,[116] allein aufgrund der Erfahrungen mit der Implementation vorangegangener Steuerharmonisierungsschritte aufgegeben hätten, obwohl bereits langjährige Vorarbeiten zu weiteren Harmonisierungen existierten. Schließlich datierte der erste Entwurf zur Harmonisierung der Verbrauchsteuern, den die Kommission dem Rat vorlegte, aus dem Jahr 1972.[117] Und auch an konkreten Vorschlägen zur vollständigen Angleichung der Mehrwertsteuer mangelte es in der Vergangenheit nicht.

Und so einigte sich das Kommissionskollegium am 4.8.1987 durchaus mühsam auf Vorschläge,[118] mit dem Ziel der Harmonisierung der indirekten

---

114 Seit 1981 war Griechenland und seit 1986 waren Spanien und Portugal EU-Mitglieder.

115 Siehe Neue Zürcher Zeitung vom 2.5.1987 und *Frankfurter Rundschau* vom 19.8.1987.

116 Dass die europäische Entwicklung in den 1970er Jahren in Stocken geraten war, ist kein Geheimnis. Dies änderte sich erst, als sich der Europäische Rat in Kopenhagen 1982 selbst das Ziel steckte, vor Ende März 1983 über die vorrangigen Maßnahmen zu beschließen, die die Kommission im Hinblick auf die Stärkung des Binnenmarktes vorschlagen sollte. Diese Entwicklung setzte sich von Gipfel (Fontainebleau, Juni 1984) zu Gipfel (Dublin, Dezember 1984) zu Gipfel (Brüssel, März 1985) mit wachsender Dynamik unter dem Schlagwort »Binnenmarkt 1992« fort, bis die Kommission im Juni 1985 das »Weißbuch Vollendung des Binnenmarktes« vorlegte, das die Regierungschefs auf dem Gipfel in Mailand im Juni 1985 grundsätzlich anerkannten und das schließlich darin mündete, dass durch die Einheitliche Europäische Akte (EEA) eine neue Vorschrift in den Vertrag eingeführt wurde: »Der Binnenmarkt umfasst einen Raum ohne Binnengrenzen, in dem der freie Verkehr von Waren, Personen, Dienstleistungen und Kapital gemäß den Bestimmungen dieses Vertrages gewährleistet ist« (Artikel 8a EG-Vertrag).

117 Kommission der Europäischen Gemeinschaften 1972.

118 Es seien an dieser Stelle zwei der wichtigsten Vorlagen erwähnt: Vollendung des Binnenmarktes: Annäherung der Sätze und Harmonisierung der Strukturen der indirekten Steuern, Gesamtmitteilung der Kommission, KOM/87/320endg. und Vollendung des Binnenmarktes: Einführung eines Clearingmechanismus für die Mehrwertsteuer im innergemeinschaftlichen

Steuern. Bezogen auf die Mehrwertsteuer sollte die Zahl der Steuersätze in den Mitgliedstaaten auf zwei reduziert werden und zwar auf einen Normalsatz und einen ermäßigten Steuersatz. Für den Normalsatz wurde eine Bandbreite von 14 bis 20 Prozent vorgeschlagen; für den ermäßigten Satz, der ausschließlich für sogenannte »soziale Güter« nämlich Nahrungsmittel (ohne alkoholische Getränke) Licht und Heizung, Pharmazeutika und Druckerzeugnisse gelten sollte, sollte ein ermäßigter Satz zwischen 4 und 9 Prozent erhoben werden. Der Grenzausgleich innerhalb der Gemeinschaft sollte entfallen. Stattdessen wollte die Kommission ihren alten Plan um- und das Ursprungslandprinzip endlich durchsetzen, das heißt die Waren sollten mit dem Steuersatz belegt werden, der im Land der letzten Produktionsstufe galt. Das Aufkommen sollte jedoch dem Land des Endverbrauchs zustehen, was ein kompliziertes sogenanntes Clearingverfahren nötig machte (sogenanntes Gemeinsamer- Markt-Prinzip/Gemeinschaftsprinzip).[119] Bei den Verbrauchsteuern sahen die Kommissionsvorschläge eine völlige Vereinheitlichung der Steuersätze sowie der steuerlichen Bemessungsgrundlage vor. Der Katalog der Verbrauchsteuern sollte auf die fünf Warengruppen Branntwein, Wein (inklusive Sekt), Bier, Tabak und Mineralöl beschränkt werden. Ein Steuerlagerverbund sollte den Verwaltungsvollzug sicherstellen.

Kaum hatte die Kommission ihre Vorschläge vorgestellt, brandete die Kritik an diesen hoch. Brüssel starte einen »Angriff auf die Steuerhoheit der Mitgliedsländer« (*Frankfurter Rundschau* vom 19.8.1987), »tax attacks« witterte die Times (*The Times* vom 3.9.1987), die Vorschläge seien ein »centralised bureaucratic nightmare«, wie sich die britische Premierministerin Thatcher zitieren ließ (nach *The Guardian* vom 10.11.1988) und wer darüber weiterrede, sei »un

Handelsverkehr, Arbeitspapier der Kommission, KOM/87/323endg. Insgesamt legte die Kommission dem Rat acht Richtlinien-Entwürfe vor.

119 Der Wegfall der Steuergrenzen sollte so erfolgen, dass eine Ware auf Basis der im Herkunftsland gezahlten Steuer vom Importeur an den Endverbraucher weitergegeben werden (Ursprungslandprinzip). Der Unternehmer im Importland sollte berechtigt sein, die vom Lieferanten ausgewiesene Steuer des anderen Landes gegenüber seiner eigenen Finanzverwaltung als Vorsteuer geltend zu machen. Das Importland bekäme deshalb auf die importierte Ware – statt wie bisher den vollen Steuerbetrag – nur noch den Steueranteil auf den in seinem Gebiet anfallenden Mehrwert. Daraus hätten sich erhebliche Aufkommensverschiebungen innerhalb der Mitgliedstaaten ergeben können. Deshalb hatte die Kommission ein Clearingverfahren vorgesehen: Jeder Mitgliedstaat hält die Steuerbeträge auf den Export in die anderen Mitgliedstaaten und den Import aus diesen fest. Die Saldierung der beiden Gesamtsummen ergäbe am Monatsende entweder einen Erstattungsanspruch (bei einem Mehr an Import-Steuern) oder eine Zahlungsverpflichtung. Beide Ansprüche wären an eine zentrale Stelle bei der Kommission zu richten gewesen, die für den Ausgleich unter den Mitgliedstaaten zuständig gewesen wäre.

européen convaincu« wie der französische Premierminister Michel Rocard feststellte (zitiert nach *Le Monde* vom 10.11.1988).

Was aber erzürnte die Mitgliedstaaten derart? Neben dem immer wieder allgemein konstatierten Souveränitätsverlust waren es die konkreten Zugeständnisse, die ihnen die Vorschläge abverlangten, und zwar sowohl hinsichtlich der Tiefe der Eingriffe in ihre Steuersysteme als auch der finanziellen – einzelne Staaten rechneten mit drastischen Steuerausfällen – und sozialen Folgen, wenn plötzlich Personengruppen mit Steuern belastet würden, die sie bisher nicht zu entrichten hatten. Die Nullsätze bei der Mehrwertsteuer sollten beispielsweise ebenso abgeschafft werden wie die sogenannten Luxus-Mehrwertsteuersätze und ganze Verbrauchsteuerarten. Tabelle 2.1 soll dies erläutern.

Tabelle 2.1 Mehrwertsteuersätze der EU-12 Mitgliedstaaten am 1.1.1990

Mitgliedstaat	*Ermäßigte Sätze*	*Normal-Satz*	*Erhöhte Sätze*	*Null-Sätze*
Belgien	6 / 17	19	25 / 33	-
Dänemark	-	22	-	ja
Deutschland	7	14	-	-
Frankreich	5,5	18,6	25	-
Griechenland	3 / 6	16	36	-
Großbritannien	-	15	-	ja
Irland	2,4 / 10	25	-	ja
Italien	4 / 9	19	38	-
Luxemburg	3 / 6	12	-	-
Niederlande	6	18,5	-	-
Portugal	8	17	30	ja
Spanien	6	12	33	-

Quelle: Europäische Kommission 2005

Die Umsetzung der Kommissionsvorschläge bezüglich der Mehrwertsteuersätze hätte folglich bedeutet, dass alle Mitgliedsländer mehr oder weniger deutlich ihre Sätze hätten anpassen müssen, wobei die Reduktion auf einen verminderten Satz als vergleichsweise weniger schwierig durchzusetzen erschien. Am meisten Kritik erntete die avisierte Abschaffung der Nullsätze beziehungsweise der erhöhten sogenannten Luxussätze. Deren Einführung war in der Vergangenheit sozialpolitisch begründet worden. Insbesondere in Großbritannien, Irland und Portugal waren die Nullsätze weit verbreitet. Widerstand gegen die Abschaffung kam insbesondere aus Großbritannien, wo rund 32 Prozent der steuerpflichtigen Transaktionen nullbesteuert waren.[120] Die Kommission führte vor allem folgende drei Argumente gegen die Nullsätze an: Erstens seien sie vor vornherein nur befristet genehmigt worden, zweitens könnten die dahinter stehenden sozialpolitischen Intentionen auch mit anderen Instrumenten (zum Beispiel Sozialhilfe) kostengünstiger erreicht werden und drittens blieben auf diese Weise Wettbewerbsverzerrungen bestehen (Clemens/Paulini 1991: 42). Die Einwände wurden von den betroffenen Staaten zurückgewiesen.

Weniger Schwierigkeiten bereitete der Kommission ihre Argumentation im Hinblick auf die Luxussätze, die in Belgien, Frankreich, Griechenland, Italien, Portugal und Spanien auf ihren Vorschlag hin würden abgeschafft werden müssen. Hier argumentierte die Kommission, dass die Bemessungsgrundlage der Luxussteuersätze durchschnittlich deutlich unter 10 Prozent läge[121] und die hieraus resultierenden Steuerausfälle entsprechend leichter zu tragen seien. Die Mitgliedstaaten beschäftigten schließlich auch weniger einnahmenpolitische Gründe, als solche der sozialen Akzeptanz.

Erheblich drastischere budgetäre Folgen hätte die Einführung des Ursprungslandprinzips mit dem vorgesehenen Clearingmechanismus gehabt (Smith 1993). Wie die Kommission die Umverteilungswirkung einschätzte ist Tabelle 2.2 zu entnehmen. Mitgliedstaatliche Kritik entzündete sich an den von der Kommission vorgelegten Zahlen ebenso (»der Export wird vielmehr mit fünf bis sechs Milliarden Mark netto subventioniert werden«, rechneten Experten in der *Wirtschaftswoche* vom 9.12.1988 vor) wie an technischen Fragen, das heißt ob und wie der Clearingmechanismus überhaupt funktionieren könnte: »le mythe des frontières« (*Le Monde* vom 28.3.1989) beschäftigte die französischen Medien ebenso wie die britischen »VAT Under Fire« (*Financial Times* vom 18.4.1988).

---

120 Angaben für das Jahr 1981 aus Parsche u. a. (1988: 188).

121 Zum Beispiel machte der Anteil in Italien 1981 2,43 Prozent aus, in Frankreich 5,27 Prozent (Parsche u. a. 1988: 119).

Tabelle 2.2 Schätzung der Steueraufkommensumverteilung bei Einführung des Gemeinschaftsprinzips

Mitgliedstaat	*Nettobeitrag, den ein Mitgliedstaat erwarten kann (in Mio. ECU), auf Basis der Zahlen von 1986 und bei Mehrwertsteuersätzen von 16,5% (normal) und 6,5% (ermäßigt)*
Belgien/Luxemburg	+ 747
Bundesrepublik Deutschland	+ 3.543
Dänemark	- 680
Frankreich	- 2.421
Griechenland	- 437
Großbritannien	- 1.845
Irland	- 52
Italien	- 147
Niederlande	+ 1.509
Portugal	- 77
Spanien	- 132

Quelle: KOM 87/323endg., S.14.

Auch die Harmonisierungsvorschläge bei den Verbrauchsteuern erzürnten die Mitgliedstaaten. Ganze Steuerarten sollten abgeschafft werden – wie Tabelle 2.3 zeigt – und auch die vorgeschlagenen Bemessungsgrundlagen und Steuersätzen hätten zu Steuerausfällen geführt: »Bei den zur Streichung vorgeschlagenen Verbrauchsteuern handelt es sich nicht nur um Steuern mit sehr geringem Erhebungsaufwand, sondern auch um solche, die kaum wahrgenommen würden und dennoch 2 Milliarden DM erbringen. Gerade diese Steuern sind für die EG-Staaten fiskalisch und politisch attraktiv« so der damalige Bundesfinanzstaatssekretär Hansjörg Häfele in der Süddeutschen Zeitung vom 4.2.1988 und anderenorts: »Das Kleinvieh macht auch Mist« (derselbe in der *Süddeutschen Zeitung* vom 8.2.1988).

Ebenso erhielt die in einigen Mitgliedstaaten neu einzuführende Weinsteuer umgehend eine Abfuhr: unmissverständlich stellte sich die deutsche Regierung an die Seite der damals ca. 30.000 inländischen Weinbetriebe und gab Brüssel ein »unmissverständliches Nein« (*Frankfurter Allgemeine* vom 8.11.1989) zu Protokoll. Mit dieser Position setzte sich Deutschland schließlich auch durch.

Tabelle 2.3 Übersicht über Verbrauchsteuerarten, die gemäß Kommissionsvorschlag aus 1987 hätten abgeschafft bzw. neu eingeführt werden müssen

Mitgliedstaat	*aufzuhebende Steuern auf*	*neue Steuern auf*
Belgien	Mineralwasser, Limonade, Zucker, Kaffee	-
Bundesrepublik Deutschland	Kaffee, Tee, Zucker, Salz, Leuchtmittel, Erdgas	Wein
Dänemark	Kaffee, Tee, Süßwaren, Speiseeis, Mineralwasser, Parfüm, Körperpflegemittel, KfZ-Registrierung, Zündwaren, Leuchtmittel, Unterhaltungselektronik, Haushaltsgeräte, Verpackungen, Spielkarten, Charterflüge, Stein- und Braunkohle	
Frankreich	Zucker, Zuckerrüben, Tee, Kakao, Kfz-Registrierung,	-
Griechenland	Spielkarten, Salz, Fernsehwerbung, Kfz-Zusatzverbrauchsteuer, Wachs, Waschmittel, Kornsirup	Wein
Großbritannien	Zündwaren, Ersterwerb von Kfz	Wein
Irland	Mineralwasser, Zündwaren, Ersterwerb von Kfz, Fernseh- und Videogeräte, Schallplatten, Kreditkarten, Autoreifen und -schläuche	-
Italien	Kaffee, Kakao, Zucker, Glukose, Pflanzenöl, Margarine, Bananen, Zündhölzer, Feuerzeuge, Waffen, Munition, elektrische Energie	Wein
Luxemburg	Zucker	Wein aus inländischen Trauben
Niederlande	Zucker, Mineralwasser, Limonade, Fruchtsaft, Kfz-Zusatzverbrauchsteuer, Kohle	-
Portugal	Einkünfte aus der Förderung und Verarbeitung von Mineralöl, Zündhölzer	Wein
Spanien	-	Wein

Quelle: Clemens/Paulini 1991, Wiss. Dienst des Deutschen Bundestages 1989 und Nachrichten für den Außenhandel vom 26.10.1987.

Erhebliche Unterschiede existierten in den Mitgliedstaaten auch hinsichtlich der Bemessungsgrundlagen und Steuersätze derjenigen Verbrauchsteuern, die die Kommission zur Harmonisierung vorschlug, wie Tabelle 2.4 zeigt.

Nach Ansicht der Kommission stellten die vorgeschlagenen Sätze jedoch einen arithmetischen Schnitt der bisherigen nationalen Steuersätze dar (Smith 1988: 152). Es half nicht: »Bonn lehnt gespaltenen Mineralölsteuersatz ab« (*Süddeutsche Zeitung* vom 4.2.1988), »Bundesfinanzministerium sieht noch eine

Fülle von Schwierigkeiten« titelte das *Handelsblatt* am 8.2.1988. Ein Tenor, der sich auch durch viele weitere Kommentare zog. Dabei spielten immer auch nationale Rechnungen eine Rolle: Frankreich erleide »enorme Einnahmeverluste« (*Handelsblatt* vom 19.9.1988).

Tabelle 2.4 Verbrauchsteuersätze nach den Vorschlägen der Kommission (1987)

Mitgliedstaat	*Bier* (ECU/Liter)	*Wein* (ECU/Liter)	*Spirituosen* (ECU/Flasche)	*Benzin* (ECU/Liter)	*Diesel* (ECU/Liter)	*Zigaretten* (ECU + %)
Belgien	0.13	0.33	3.67	0.25	0.12	0.15+66%
Dänemark	0.71	1.57	10.50	0.46	0.19	1.52+39%
Deutschland	0.07	0	3.52	0.24	0.20	0.52+44%
Frankreich	0.03	0.03	3.45	0.39	0.19	0.03+71%
Griechenland	0.10	0	0.14	0.42	0.42	0.01+58%
Großbritannien	0.68	1.54	7.45	0.31	0.26	0.96+34%
Irland	1.13	2.79	8.17	0.38	0.29	1.00+35%
Italien	0.17	0	0.69	0.53	0.12	0.03+69%
Luxemburg	0.06	0.13	2.53	0.20	0.10	0.03+64%
Niederlande	0.23	0.34	3.89	0.29	0.08	0.24+54%
Portugal	0.09	0	0.74	0.41	0.18	0.04+63%
Spanien	0.03	0	0.93	0.20	0.03	0.01+35%
Kommissionsvorschlag	0.17	0.17	3.81	0.34	0.18	0.39+52–54%

Quelle: Smith 1988.

Welche Höhe diese Einnahmeverluste tatsächlich hätten, darüber ließ sich trefflich streiten – auch auf Basis von Zahlen, die einschlägige Wirtschaftsforschungsinstitute veröffentlichten, wie Tabelle 2.5 verdeutlicht. Unzweifelhaft jedoch schienen die Wirkungen für Dänemark. Alle Beteiligten gingen entsprechend sicher davon aus, dass sich die dänische Regierung in den folgenden Jahren als »Zitadelle des Widerstandes« (*Frankfurter Rundschau* vom 19.8.1987) hervortun würde. Allein: Die britische Regierung übernahm diese Rolle.

Was nun aber tun angesichts einer solch verfahrenen Lage? Die Finanzminister beauftragten eine Ad-hoc-Gruppe damit, nach Kompromiss – Formeln zu suchen, was schon als zäher Prozess begann. Die Kommissionsmitglieder und in erster Linie der zuständige Kommissar Lord Francis Arthur Cockfield gingen europaweit auf Reisen und besuchten die jeweiligen nationalen Anhörungen, Symposien oder Veranstaltungen und verteidigten die Idee und das Ziel: »Ein Europa ohne interne Grenzen – kein Europa mit weniger oder einfacheren Grenzkontrollen, sondern eines ohne jede trennende

Grenze« (Cockfield zitiert in Die Zeit vom 5.2.1988). Und entsprechend seien auch die Instrumente gewählt worden: »Die Vorschläge zielen nicht auf ein ideales Steuersystem, sondern sind praktische Maßnahmen, um die steuerlichen Hindernisse bei der Vollendung des Binnenmarktes zu beseitigen« (Cockfield zitiert im *Handelsblatt* vom 4.2.1988). Tatsächlich gibt es auch keine Hinweise in den ausgewerteten Medien darauf, dass das Ziel Binnenmarkt von offiziellen Stellen zu irgendeiner Zeit infrage gestellt worden wäre. Allein der Weg dorthin wurde bezweifelt und kostete schließlich »den Lord den Kopf« (*Frankfurter Allgemeine* vom 10.9.1988).

Tabelle 2.5 Prognosen zur Auswirkung der geplanten Mehrwert- und Verbrauchsteuerharmonisierung auf das Gesamtsteueraufkommen in Prozent

Mitgliedstaat	*Institute for Fiscal Studies*	*DIW / Ifo-Institut*	*Centre for European Policy Studies*	*EG-Kommission*
Belgien	+ 0,7	+ 0,6	+ 1,1	Geringe Veränderungen
Dänemark	- 9,5	- 8,7	- 8,0	Große Verluste
Deutschland	+ 1,6	+ 2,2	+ 0,4	Kleinere Gewinne
Frankreich	- 1,7	0,0	- 0,7 / - 1,4	Kleinere Verluste
Großbritannien	+ 0,6	+ 1,8	+ 0,6	Kleinere Gewinne
Irland	- 4,4	+ 6,9	-4,0	Große Verluste
Italien	- 0,8	+ 5,8	+ 1,2	Geringe Veränderungen
Luxemburg	k.A.	+ 13,7	k.A.	Große Gewinne
Niederlande	+ 1,4	+ 0,6	+ 0,2	Geringe Veränderungen

Quellen: Genschel 2002, CEPS 1989.

Wie den vorangegangenen Ausführungen unschwer zu entnehmen ist, hatte der Kommissar mit den Maßnahmen, die er vorschlug, in ein Wespennest gestochen und stellte den Willen der Zwölf zu einem Konsens auf eine harte Probe. Vor diesem Hintergrund geschah nun zweierlei: Die damalige britische Premierministerin Thatcher entzog dem Lord das Vertrauen, den sie noch einige Zeit vorher selbst in Brüssel inthronisiert hatte und beorderte ihn zum Ende des Jahres 1988 zurück nach London: »Thatcher fires UK´s man at EEC« (*Manchester Guardian Weekly* vom 31.7.1988) Nahezu zeitgleich legte ihr Schatzkanzler Nigel Lawson ein »Gegenmodell« auf den Brüsseler Tisch, das in idealtypischer Weise sowohl die britische Regierungshaltung, wie auch eine andere Schule der Harmonisierung repräsentierte.

Während die Kommissionsvorlagen mittels verbindlich geregelter Richtlinien zum Ziel führen sollten, setzte das »Lawson-Modell« ganz auf die Kräfte des Marktes und verzichtete weitgehend auf administrative Eingriffe.[122] Nach Lawsons Vorstellung genügte es, 1992 die Grenzkontrollen für den internen Mehrwertsteuerausgleich aufzuheben, ein verzögertes Clearingverfahren einzuführen und alle Beschränkungen für Privateinkäufe in den grenznahen Gebieten abzuschaffen. Auf diese Weise – so die Vorstellung – würden die Kräfte des Marktes über kurz oder lang eine Angleichung der Steuersätze bewirken. Nach unten, versteht sich. Dieser Vorschlag rief die anderen Mitgliedsländer und die Kommission auf den Plan: »UK and Europe on crash course. Lack of harmony over Lawson taxation proposals« titelte die britische Times am 10.9.1988. Offene Sympathie mit Lawsons Plan äußerte nur die luxemburgische Regierung[123] wohingegen die dänische beide zur Auswahl stehenden Vorschläge zurückwies. Auch die französische Regierung tat schnell ihre Ablehnung kund, wie auch der deutsche Finanzminister Stoltenberg, dessen Haltung allerdings einige verwunderte,[124] war nicht zuletzt der britische Schatzkanzler doch davon ausgegangen, dass sich sein deutscher Kollege aufgeschlossen zeigen würde. Die deutsche Regierung hatte sich allerdings schon mit den Kommissions-Plänen angefreundet, wenn auch noch mit einigen Änderungswünschen.

So führten die strittigen Diskussionen rund um den »Lawson-Plan« schon auf dem Finanzministertreffen Ende September 1988 auf Kreta dazu, dass im Rahmen einer Grundsatzdebatte alle Regierungsvertreter mit Ausnahme der britischen Delegation einer Einlassung des damaligen EG-Kommissionspräsidenten Delors zustimmten, der betonte, dass erstens das Binnenmarktkonzept eine Abschaffung aller Grenzkontrollen impliziere und dass zweitens zur Erreichung dieses Ziels eine Angleichung bei den indirekten Steuern unumgänglich sei. Mit ihren Vorschlägen bewege sich die britische Regierung außerhalb der von ihr selbst mit beschlossenen Ziele.[125] Diese Einlassung bedeutete jedoch nicht, dass Luxemburg und Dänemark ihre Bedenken vollkommen zurückstellten. Jedoch erklärten sie sich mit einem Verfahren einverstanden, wonach in bilateralen Gesprächen zwischen der Kommission und den einzelnen Mitgliedstaaten deren jeweilige Probleme nochmals vertieft erörtert werden sollten. Der noch länger widerspenstigen britischen Regierung kam

---

122 Wissenschaftlicher Dienst des Deutschen Bundestages (1989: 43), *Frankfurter Allgemeine* vom 10.9.1988, *Financial Times* vom 9.9.1988, *The Times* vom 10.9.1988.

123 *The Times* vom 19.9.1988.

124 *Frankfurter Allgemeine* vom 10.9.1988.

125 *Neue Zürcher Zeitung* vom 20.9.1988, *Financial Times* vom 19.9.1988, *The Guardian* vom 20.9.1988. *Handelsblatt* 1.10.1992.

schließlich der Wechsel der Kommissare zur Jahreswende 1988/1989 zupass, und nicht nur die Presse beschrieb die Kompromissfreudigkeit der neuen aus Frankreich kommenden Kommissarin Christiane Scrivener erfreut: »The biggest change, so far, is in her style, which differs markedly from that of Lord Cockfield [...] Legal harangues have given way to talk of flexibility, compromise and political deals« (*Financial Times* 17.4.1989), während Lord Cockfield »in a press conference said somewhat bitterly that Britain was congratulating itself on its ability to run after a departing train instead of taking its place at the controls« (*The Times* 4.1.1989).

Die neue Kommission legte schließlich 1989 und 1990 stark überarbeitete Vorschläge vor, die nach abermaligen Diskussionen, Scheiternsdrohungen und Änderungen vom Ministerrat in 1992 gebilligt wurden und deren Inhalt in Kapitel 1.4.1 bereits beschrieben wurde. Die Beschlussfassung im Ministerrat im Jahr 1992 verlangte den Mitgliedstaaten dennoch einiges ab – ganze Steuerarten mussten abgeschafft oder entlang der europäischen Vorgaben neu gefasst werden.

Für Deutschland bedeutete die Angleichung der speziellen Verbrauchsteuern zum einen die Abschaffung der Leuchtmittel-, Zucker-, Salz- und Teesteuer; das bis 1992 geltende Kaffeesteuergesetz musste von der an den Grenzübertritt anknüpfenden Rohkaffeebesteuerung auf eine Fertigproduktsteuer umgestellt und die Systematik der übrigen, innerhalb der Gemeinschaft harmonisierten Verbrauchsteuern angepasst werden. Die harmonisierten Steuern auf Mineralöle, Tabake und Alkohole führten ebenfalls zu weitreichenden Anpassungen, die zwar im Falle der Mineralölprodukte zu Steuermehreinnahmen führten, jedoch auf Basis einer Verschiebung innerhalb des Mineralölsteueraufkommens. Dem erheblichen Anstieg der Steuer auf Benzin und leichtes Heizöl standen Steuersenkungen bei Dieselkraftstoffen, Gasölen und Flüssiggasen gegenüber. Auch die Angleichung der Tabaksteuer verschob die Steuerbelastung hin zu hochwertigeren Fertigprodukten.

Auch in den anderen Mitgliedstaaten führte die Angleichung zu Mehr- oder Mindereinnahmen, zur Abschaffung ganzer Steuerarten und/oder zur Verschiebung der Steuerbelastungen innerhalb der jeweiligen Steuerarten. Ersten Schätzungen zufolge wurde in den Ländern Belgien, Luxemburg, Frankreich, Italien und in den Niederlanden mit Mehreinnahmen in Höhe von rund 1 Prozent des damaligen Aufkommens gerechnet, während in Dänemark und Großbritannien mit spürbaren Mindereinnahmen von rund 4 Prozent kalkuliert wurde (Wissenschaftlicher Dienst des Deutschen Bundestages 1989: 47 ff.).

Auch wenn im Zusammenhang mit diesem Harmonisierungsschritt den einzelnen Mitgliedstaaten viele – befristete – Ausnahme-, Ausgleichs- und

Übergangsregelungen zugebilligt wurden, so waren die Beschlüsse weit gehend und haben auch heute noch, wo die Anpassungen, Steuersatzänderungen und die Abschaffung ganzer Steuern von den Mitgliedstaaten längst umgesetzt worden sind, erhebliche Auswirkungen in die Gestaltungs- und Verwaltungskompetenzen der Mitgliedstaaten, wie bereits weiter vorne gezeigt wurde.

So sei schließlich noch darauf hingewiesen, dass die bis zur Beschlussfassung intensiv öffentlich–veröffentlicht geführten Diskussionen sicherlich ein Baustein in der Erklärung sind, warum die Richtlinien vergleichsweise unproblematisch in jeweils nationales Recht gegossen werden konnten.[126] Die deutsche Öffentlichkeit erregte am Ende des gesamten Prozesses im Wesentlichen eines: die Bierpreise würden steigen,[127] während die britische Presse angesichts der immerwährenden Auseinandersetzungen über »VAT headache« (*Financial Times* vom 13.10.1992) klagte.

Und tatsächlich: eine solch polarisierte politisch-konzeptionelle Auseinandersetzung um grundlegende Herangehensweisen, für die die britischen Protagonisten standen, wurde im Zusammenhang mit den Angleichungen im Rahmen der direkten Besteuerung nicht (mehr) geführt. Dies soll allerdings nicht bedeuten, dass es keinen Zündstoff für europäische Auseinandersetzungen mehr gegeben hätte, wie die folgenden beiden Fälle aufzeigen.

2.2 Erklärungen für die Integration direkter Steuerpolitiken

Welche Faktoren können die Verlagerung von mitgliedstaatlichen steuerpolitischen Kompetenzen im Bereich der direkten Steuern auf die europäische Ebene erläutern? Zwei Fälle werden hierzu untersucht: die Maßnahmen zur Verhinderung der doppelten Besteuerung im Binnenmarkt (DBA-Netz, Mut-

126 Beispielsweise galt in der deutschen Presse mit Beginn der 1990er Jahre die Aufmerksamkeit nicht mehr so sehr dem Fortgang der Brüsseler Verhandlungen, als vielmehr den Details der erwarteten Umsetzung. Wieder erschienen in einschlägigen Tages- und Wochenzeitungen Serien darüber, mit welchen Umstellungen schließlich für wen zu rechnen sei und wie die Unternehmer sich auf die bevorstehenden Änderungen in Organisation und Verwaltung einstellen könnten. Statt vieler sei hier verwiesen auf die Ausgaben der Beilage zur *Frankfurter Allgemeinen* »Blick durch die Wirtschaft« (in mehreren Folgen zwischen März 1991 und Dezember 1992) und das »EG-Mehrwertsteuer-Glossarium«, welches das *Handelsblatt* in mehreren Folgen im April 1992 veröffentlichte. Auch in der zweiten Jahreshälfte 1992 veröffentlichte das *Handelsblatt* eine Serie »EG 1993«, in der in jeweils ganzseitigen »Stichworten« die bevorstehenden Steueränderungen erläutert wurden.

127 *Frankfurter Rundschau* vom 26.6.1991, die tageszeitung vom 26.6.1991, Neue Zürcher Zeitung vom 27.6.1991, *Süddeutsche Zeitung* vom 21.10.1992.

ter-Tochter- und Fusions-Richtlinie, Schiedsübereinkommen) sowie die Harmonisierung der Zinsbesteuerung.

2.2.1 Die Angleichung der einkommensteuerlichen Bemessungsgrundlagen durch die Verhinderung der doppelten Besteuerung im Gemeinsamen Markt

Schon seit Ende des 19. Jahrhunderts waren weltweit einzelne Staaten dazu übergegangen, zur Vermeidung der Doppelbesteuerung zweiseitige Abkommen zu schließen.[128] Am Anfang handelte es sich um Staaten, die zueinander in einem Bundesverhältnis oder doch einem engen Bündnis standen (Hemetsberger-Koller 1999). Solange das Interesse an außenwirtschaftlicher Liberalisierung gering blieb, verharrte auch die Zahl der Doppelbesteuerungsabkommen auf niedrigem Niveau: Bis Mitte der 1950er Jahre waren weltweit nur etwa 100 Abkommen geschlossen worden. Erst im Zuge der Liberalisierung der Weltwirtschaft begann das Netz der Abkommen umfassender zu greifen. Heute gibt es mehr als 2.000 solcher Verträge (Rixen/Rohlfing 2004). Zu einer Angleichung der zwischenstaatlichen Abkommen und zur Entwicklung einheitlicher Abkommensmuster trugen wesentlich die Arbeiten des Völkerbundes seit etwa den 1920er Jahren bei. An seinen Vorarbeiten knüpften schließlich die Arbeiten der OEEC und ihrer Nachfolgeorganisation OECD an. 1963 wurde das erste Musterabkommen von Seiten des Rates der OECD angenommen. Den OECD-Mitgliedstaaten wurde empfohlen, ihre Bemühungen um den Abschluss zweiseitiger DBA fortzusetzen und dabei das vorgenannte Muster zugrunde zu legen.[129] Vor diesem Hintergrund gab es auch keinerlei Schwierigkeiten, als die EG-Gründerstaaten mit Art. 293 EG-Vertrag (neu:

128 Die Notwendigkeit, Doppelbesteuerungsabkommen zu schließen, wurde lange bestritten: »Wer sich in außergewöhnliche Verhältnisse begibt, zum Beispiel durch den Kauf auswärtigen Bodens und dergleichen, der muß sich auch außerordentliche Besteuerung gefallen lassen« (Schanz 1892, 34, zitiert nach Hemetsberger-Koller, 1999: 15). Mit diesem oder vergleichbaren Argumenten – etwa dass die Erhebung doppelter Steuern auch doppelten Staatsschutz sichere oder internationale Zugeständnisse in Steuersachen die staatliche Unabhängigkeit schmälerten, wurde – worauf Hildegard Hemetsberger-Koller hinweist – immer wieder die Berechtigung der doppelten Besteuerung im Sinne einer Zweifachbesteuerung desselben Steuergegenstandes durch identische oder verwandte Steuern selbstständiger Staaten reklamiert.

129 Dem Musterabkommen war ein offizieller Kommentar beigefügt, in dem auch die Vorbehalte einzelner Mitgliedstaaten notiert waren, einzelnen Vorschriften zu folgen. Muster und Kommentar wurden seither 1977 und 2003 erneuert. Die Veränderungen betreffen dabei – so Vogel (1990: Rn. 19) – weniger das Muster als den Kommentar: er sei umfangreicher geworden und die Vorbehalte haben sich vermehrt.

Art. 220) die Aufforderung aufnahmen, dass die Mitgliedstaaten zugunsten ihrer Staatsangehörigen Verhandlungen untereinander zur Beseitigung der Doppelbesteuerung in der Gemeinschaft aufnehmen sollten.

Wie im vorangegangenen Kapitel gezeigt wurde, bestand das Problem der Doppelbesteuerung von grenzüberschreitenden Sachverhalten – und damit der Einschränkung von drei der vier Grundfreiheiten der Gemeinschaft – aus Sicht der Kommission weniger in fehlenden Verträgen. Tatsächlich trägt das europäische Netz einen multilateralen Charakter, da auf Grundlage des OECD-Musterabkommens eine Art Gesamtpaket bilateraler Abkommen in Europa geschlossen wurde: Von den 297 möglichen Abkommen unter den EU-25 unterhielten mit Stand Mitte 2007 lediglich 20 keine Abkommen untereinander (betroffen davon sind in erster Linie die baltischen Staaten und Zypern). Aus europäischer Sicht sind also weniger fehlende Verträge das Problem als spezielle, in den bilateralen Abkommen teilweise offen gehaltene beziehungsweise uneinheitlich geregelte Tatbestände betreffend die mitgliedstaatlichen Körperschaftssysteme.

Deren Harmonisierung hatte sich die Kommission von Anfang an verschrieben: erste Empfehlungen zur Harmonisierung der Körperschaftsteuern finden sich bereits in einem 1962 vom Neumark-Ausschuss erstellten Bericht, den die Kommission unterstützte. 1969 folgten bereits die ersten Vorschläge zur »Mutter-Tochter-Richtlinie« und der »Fusionsrichtlinie«, mit dem Ziel, die wesentlichen steuerlichen Benachteiligungen grenzüberschreitender Unternehmenszusammenschlüsse zu beseitigen. Die steuerliche Behandlung solcher Zusammenschlüsse sollte der von inländischen Zusammenschlüssen angenähert werden, wobei sich die Kommission am Vorbild der liberalsten nationalen Vorschriften orientierte (Genschel 2002: 164).

Dass der Prozess ins Stocken kam, hatte mindestens zwei Gründe: So hatten mehrere Mitgliedstaaten in den Jahren zuvor bewusst die Unternehmenskonzentration in ihrem jeweiligen nationalen Bereich gefördert. Dies galt sowohl für Frankreich und Italien als auch für Deutschland. Die Mitgliedstaaten rechtfertigten diese nationale Industriepolitik damit, dass die Strukturen vieler Sektoren und die Dimension vieler Unternehmen für den Gemeinsamen Markt noch unzureichend seien. Die Ermöglichung grenzüberschreitender Unternehmensverschmelzungen erfüllte sie deshalb – so Hans Joachim Herrmann (1972: 205 f.), zu der Zeit Richter am Finanzgericht in Hamburg nicht nur mit der Sorge, Entscheidungszentren von Unternehmen, die ein hohes nationales Prestige genießen oder gar Produkte für die Landesverteidigung herstellten, könnten außer Landes verlegt werden. Darüber hinaus fürchteten manche, die einen weniger günstigen Standort als andere boten, die grenzüberschreitende Verschmelzung könne für sie eine Einbahnstraße werden. Die

Kommission argumentierte dagegen in einem Memorandum betreffend die Industriepolitik (Kommission der Europäischen Gemeinschaften 1970: 75 f.) für »plurinationale Strukturen« und gegen monopolistische Situationen auf nationaler Ebene. Die Verlegung eines Entscheidungszentrums in einen anderen Mitgliedstaat sei immer noch besser als die in ein Drittland. Damit die grenzüberschreitende Unternehmenskonzentration nicht für einzelne Staaten zur »Einbahnstraße« werde, schlug die Kommission vor, sie durch eine konzertierte Politik auf Gemeinschaftsebene zu lenken.

Ein zweites Argument war die befürchtete Sogwirkung zugunsten der Mitgliedstaaten mit dem mildesten Steuerklima (Debatin 1972). So bestanden auch damals große Unterschiede bei der steuerlichen Belastung von Unternehmen in den einzelnen Staaten, was sich schon bei den nominellen Steuersätzen andeutet: In Belgien betrug die Körperschaftsteuerbelastung 35 Prozent, in der Bundesrepublik (die verschiedenen Steuern zusammengenommen) rund 60 Prozent. Der Anreiz, in ein niedrig besteuertes Land zu investieren, wurde dadurch geschmälert, dass auf sogenannte »repatriierte Gewinne« von Tochtergesellschaften im Quellenstaat regelmäßig zusätzlich eine Kapitalertragsteuer von 10–25 Prozent erhoben wurde. Die Umsetzung der Kommissionsvorlage hätte die Steuerlastunterschiede zwischen den Mitgliedstaaten offengelegt und den Anreiz, in niedriger besteuernde Mitgliedstaaten zu investieren, erhöht. Verstärkt worden wäre dieser Effekt durch die Fusionsrichtlinie, wenn sich Unternehmen aus hoch besteuernden Mitgliedsländern in solche in niedrig besteuernde eingliedern (Anschütz 1972: 37; Herrmann 1972: 206).

Die Finanzminister der Mitgliedsländer machten entsprechend weitreichende Bedenken geltend. Den weitreichendsten formulierte der damalige luxemburgische Finanzminister Pierre Werner, der sich dafür einsetzte zunächst »die Ziele, die Tragweite und die Grenzen der direkten Steuerharmonisierung festzulegen« (zit. nach *Frankfurter Allgemeine* vom 7.3.1969). Eine große Zahl der herrschenden Schwierigkeiten würde sich auflösen, wenn eine gemeinsame Konzeption über einen europäischen Kapitalmarkt und die erforderlichen Souveränitätsverzichte bestehe. Dieser Linie schloss sich – wenn auch anscheinend kompromissbereiter – der damalige deutsche Bundesfinanzminister Franz Josef Strauß an. Und so wurde der Prozess der »Teileinigung« in Sachen Unternehmenssteuerharmonisierung, wie die Vorschläge der Kommission genannt wurden, zurückgestellt.

Diesem Vorgehen kam zupass, dass die Gemeinschaft ohnehin vor weitreichenderen Entscheidungen stand: Der Druck auf die Staats- und Regierungschefs nahm deutlich zu, sich darüber zu verständigen, wohin sich die Gemeinschaft nach Abschluss ihrer vertraglich fixierten Aufbauphase am 1.1.1970 eigentlich entwickeln sollte. Auf einem Europäischen Gipfeltreffen »fassten sie den Mut, das einmal Erreichte durch eine Flucht nach vorne in die siebziger Jahre hinüberzuretten: Aus der Zollunion sollte eine Wirtschafts- und Währungsunion werden« (Hahn 1988: 189). Der damalige Luxemburger Premierminister, Pierre Werner, wurde vom Rat beauftragt, einen entsprechenden Stufenplan zu erarbeiten. In einer ersten Stufe des Zeitplans zur Verwirklichung der Wirtschafts- und Währungsunion (WWU) – so beschloss der Ministerrat schließlich im März 1971 – sollten die Körperschaftsteuerstrukturen harmonisiert werden (Grasmann 1971: 93). Dass aus diesem Plan nichts wurde, war auf das Engste verknüpft mit dem Scheitern des Werner-Plans in 1973.

Dieser war als eine Antwort auf die sich schon im Verlauf der 60er Jahre abzeichnende Aushöhlung des Fixkurssystems von Bretton Woods angelegt worden. Nach dessen Zusammenbruch 1973 bildeten sich – entgegen so manchen Erwartungen – auch nach einer Suchphase auf den Märkten keine marktstabile Kursrelationen heraus. Es kam vielmehr zu häufig korrigierten Wechselkursverwerfungen, die mit den stark anwachsenden Kapitalströmen in den 1970er und 1980er Jahren den europäischen Binnenmarkt und die politische Integration zu gefährden drohten.[130] Und so spielten in der Folge verschiedene Versuche eine Rolle, die Wechselkurssituation für die Europäische Gemeinschaft wieder in den Griff zu bekommen. Auch die drastisch gestiegenen Ölpreise zum Jahreswechsel 1973/1974 trafen die Industriestaaten wie ein Schock.[131] Öl galt bis dahin als Grundvoraussetzung für das Wirtschaftswachstum der Volkswirtschaften und für den Wohlstand der Gesellschaften beiderseits des Atlantiks. Und so kämpften die Regierungen über einige Jahre mit den Folgen des Ölpreisschocks und wirtschaftlicher Stagnation und waren wenig gewillt die Kontrolle über ein so wichtiges Steuerungsinstrument wie die Körperschaftsteuer aufzugeben (Genschel 2002: 188). Dies führte auch dazu, dass im Ministerrat offiziell niemals über den Vorschlag der Kommission zur

130 Doch ein europäischer Binnenmarkt erforderte auch stabile Wechselkurse. Diese waren aber nur zu erreichen, indem die Mitgliedstaaten ihre eigenständige nationale Währungspolitik aufgaben, da nicht zugleich die Offenheit der Ökonomie (freier Kapitalverkehr), stabile Kurse und eine eigenständige Währungspolitik aufrecht erhalten werden können. Nach verschiedenen Phasen der währungspolitischen Kooperation (Europäische Währungsschlange nach dem Ende des Bretton-Woods-Systems 1973, Europäisches Währungssystem (EWS) ab 1979) wurde schließlich die Schaffung einer gemeinsamen Währungsinstitution (Europäische Zentralbank – EZB) mit einer einheitlichen Gemeinschaftswährung beschlossen (Deutscher Bundestag 2002).

131 Der Rohölpreis, der 1970 noch 1,40 US-Dollar pro Barrel (=158,8 Liter) betragen hatte, hatte sich um die Jahreswende 1973/74 infolge der OPEC-Politik in Reaktion auf den Nahost-Konflikt vervierfacht. Auch die westlichen Ölkonzerne erhöhten im Windschatten kräftig die Preise.

Harmonisierung der Körperschaftsteuersysteme von 1975 geredet wurde (Easson 1992: 227).

Erst Mitte der 1980er Jahre, als sich die Mitgliedstaaten in ihrer tiefsten Rezessionsphase der Nachkriegsgeschichte befanden, die Arbeitslosigkeit auf ein bis dahin unbekanntes Maß stieg und der Anschluss an internationale technologische Entwicklungen schon fast verpasst schien,[132] schafften es die Richtlinien wieder auf die europäische Tagesordnung. Den Anstoß bot wieder dieselbe Diagnose wie schon Ende der 1960er Jahre: die übergroße Fragmentierung des europäischen Marktes und die mangelnde Größe europäischer Unternehmen (Hoorn 1991; Tsoukalis 1997).

Verlief derselbe Anstoß Ende der 1960er Jahren noch im Sande, war ihm jetzt vor dem Hintergrund veränderter politischer Vorzeichen, einem modifizierten und vor allem »parallelisierten« ideellen Bezugsrahmen mehr Erfolg beschieden.

Basierte der Kommissions-Vorschlag zur Harmonisierung der Körperschaftsteuersysteme in Folge des Werner-Plans noch auf einem Konzept der verbindlichen Steuerharmonisierung, bei dem die Kommission die unterschiedlichen nationalen Unternehmensteuern einer gemeinsamen Steuerregelung unterwerfen wollte, so wurde dieses Konzept von der EG-Kommission 1990 offiziell aufgegeben. Stattdessen informierte die Brüsseler Behörde das Europäische Parlament und den Europäischen Rat offiziell über neue Leitlinien zur Unternehmensbesteuerung (European Commission 1990) für die seitdem ebenfalls das Subsidiaritätsprinzip[133] gilt. Entsprechend sollten die nationalen Systeme der direkten Unternehmensbesteuerung bestehen bleiben

132 Godet/Ruyssen (1981), Schneider/Werle (1989), Genschel (2002: 193)

133 Ein Grundsatz, aus der katholischen Soziallehre stammend, hat es auf europäischer Ebene zu einiger Konjunktur gebracht. Die erste vertragliche Festschreibung subsidiärer Aufgabenwahrnehmung findet sich in der Einheitlichen Europäischen Akte (EEA) von 1987. Dass Subsidiarität im Zusammenhang mit dem Vertrag über die Europäische Union von Maastricht eine größere Rolle bekam und schließlich an prominenter Stelle (erneut) ins Vertragswerk aufgenommen wurde, hängt aus Sicht von Dieter Freiburghaus (1997: 207) in erster Linie damit zusammen, dass dieser Vertragspassus »wohl gerade deswegen aufgenommen werden (konnte), weil er materiell dem Vertrag nichts hinzufügte«. Als Begründung hätte entsprechend ausgereicht, dass »man einem Vertragspartner einen Gefallen tun konnte«. Dies betraf in erster Linie die Bundesregierung, die einerseits eine starke politische Europäische Union befürwortete, andererseits aber aus den Bundesländern mit starken Bedenken gegen einen weiteren Kompetenzverlust konfrontiert war. Um die deutsche Zustimmung zu erhalten waren die anderen Vertragspartner bereit, in Bereichen, die sie nicht schmerzten, der Bundesregierung Zugeständnisse zu machen. Da der Wunsch der Bundesregierung (insbesondere am britischen Widerstand) scheiterte, den föderalen Charakter der Union vertraglich zu verankern, wurde ersatzweise die Subsidiarität bemüht (Hrbek 1995; Höffe 1997). So kam es zu einer der »seltsamsten Sachkoalitionen in der europäischen Integrationsgeschichte« (Hilz 1999: 30), dem deutsch-britischen Bündnis zur Verankerung des Subsidiaritätsprinzips.

und auf der Gemeinschaftsebene sollte sich lediglich auf diejenigen Maßnahmen beschränkt werden, die für die Vollendung des Binnenmarktes essentiellen Charakter hätten. Zu diesen noch vor 1993 dringlich umzusetzenden Maßnahmen gehörten die erwähnten Richtlinien aus 1968, die in 1990 von der Kommission zunächst offiziell zurückgezogen, schließlich modifiziert neu vorgelegt und kurze Zeit später auch beschlossen wurden.[134] »Frau Scrivener wagte sich mit neuem Selbstvertrauen an die Unternehmensteuern und gewann« (*Frankfurter Allgemeine* vom 12.1.1993).

Dennoch war der »Politik der kleinen zergliederten Schritte« während der Amtszeit von Christiane Scrivener kein weiterer materieller Erfolg mehr beschieden. Allerdings wirkte das von ihr zur Jahreswende 1990/1991 in Auftrag gegebene Gutachten zur Unternehmensbesteuerung an den nach ihrem Vorsitzenden benannten Ruding-Ausschuss noch einige Zeit nach, auch wenn dessen Empfehlungen sowohl von der Kommission wie dem Rat mit freundlichen Worten weitgehend zurückgewiesen wurden.[135] Man dankte dem Ausschuss für seinen »wertvollen Beitrag«, verwies auf das Prinzip der Subsidiarität und erklärte sich allenfalls mit einem unerlässlichen Mindestmaß an Steuerangleichung einverstanden. Die Minister sprachen sich für ein Konzept des pragmatischen und schrittweisen Vorgehens aus; und sollten Maßnahmen für das reibungslose Funktionieren des Binnenmarktes wirklich unumgänglich sein, so seien sie am besten auf der Grundlage freiwilliger Zusammenarbeit zu ergreifen. »Im Klartext heißt das: die Empfehlungen des Ruding-Ausschusses fanden eine ehrenvolles Begräbnis. Mit dem Stichwort der Subsidiarität bleibt die Unternehmensbesteuerung in den Händen der Mitgliedstaaten. Und wenn die Steuern doch in Bewegung kommen, dann aus Gründen des Standortwettbewerbs und nicht aus Gründen der Brüsseler Regelungswut« (*Frankfurter Allgemeine* vom 12.1.1993). Der Autor sollte Recht behalten. Die europäischen Verabredungen im Rahmen der Zinsbesteuerung Privater bilden so die sprichwörtliche Ausnahme von der Regel.

---

134 Dass insbesondere die deutsche Bundesregierung ihren langjährigen Widerstand relativ zügig aufgab, hat auch damit zu tun, dass diese vor dem Hintergrund des Falls der Mauer durch europapolitische Gesten die Furcht der europäischen Nachbarländer vor einem wiedererstarkten Deutschland eindämmen wollte: »Deutsche Kleinlichkeit in politisch zweitrangigen Fragen schien da nicht opportun« (Genschel 2002: 196).

135 Elliott (1993), Martín Jiménez (1997)

2.2.2 Die Angleichung der Zinsbesteuerung

»Wie eine Spinne, fett und frech«, sitze das winzige Großherzogtum Luxemburg inmitten der EG und sei ausschließlich »Profiteur vom Gemeinsamen Markt«, schimpfte der ehemalige stellvertretende Fraktionsvorsitzende der damals noch Bonner CDU/CSU Kurt Faltlhauser im März 1993 lauthals.[136] Was war passiert? Die vollständige Liberalisierung des Kapitalverkehrs in der EU im Jahr 1990[137] und erste Diskussionen über die Einführung einer Quellenbesteuerung 1991 hätten dazu geführt, dass zwischen Sommer 1991 und Anfang 1993 Anleger aus der Bundesrepublik mindestens 110 Milliarden DM nach Luxemburg gebracht hatten, wie die Wochenzeitung Der Spiegel in der Ausgabe vom 29.3.1993 auf Basis von Daten der Bundesbank vorrechnete, etwa die Hälfte dessen also, was jährlich neu gespart würde. Zwar ging das Bundesfinanzministerium davon aus, dass acht von zehn Sparern von der ab dem 1.1.1993 in Deutschland geltenden 30 Prozentigen Zinsabschlagsteuer[138] gar nicht betroffen seien, weil ihre jährlichen Zinseinnahmen geringer seien als der steuerliche Freibetrag, dennoch wurden die Finanzpolitiker angesichts des ungebrochenen Transfers unruhig: Allein im ersten Halbjahr 1993 wurden – so die *Frankfurter Allgemeine* am 18.8.1993 – 40 Milliarden DM nach Luxemburg transferiert, das keine Quellensteuer kannte. Und so kündigte der damalige Finanzminister Theo Waigel an, dieses Steuerschlupfloch durch die Einführung einer europaweit geltenden Quellensteuer stopfen zu wollen. Nachdem bereits alle großen deutschen Institute ihre Werbung für die luxemburgischen Anlagemöglichkeiten auf seinen Druck hin einstellt hatten (*Handelsblatt* vom

136 Zitiert nach *Der Spiegel*, vom 29.3.1993.

137 Die vollständige Liberalisierung des Kapitalverkehrs in der EU wurde 1988 beschlossen (88/361/EWG) und trat in den meisten Mitgliedstaaten 1990 in Kraft; für die restlichen wurden spezielle Übergangsfristen vereinbart. Bis Mitte der 1990er Jahre war der Kapitalverkehr in einer Reihe von Mitgliedstaaten faktisch dadurch eingeschränkt, dass viele Finanzgeschäfte mit Akteuren in anderen Mitgliedstaaten noch dadurch eingeschränkt wurden, dass eine Genehmigung durch nationale Behörden im Rahmen der sogenannten »Devisenkontrollen« eingeholt werden musste. Die Liberalisierung des Kapitalverkehrs erfolgte im Zuge des Aufbaus der Wirtschafts- und Währungsunion und wurde schließlich im Vertrag von Maastricht verankert, der im November 1993 in Kraft trat.

138 Nachdem das Bundesverfassungsgericht in einem Urteil vom 27. Juni 1991 den deutschen Gesetzgeber dazu aufgefordert hatte, die »Steuerehrlichkeit durch hinreichende, die steuerliche Belastungsgleichheit gewährleistende Kontrollmöglichkeiten abzustützen«, hatten Bundestag und Bundesrat auf Basis eines Regierungsentwurfs zur Neuregelung der Zinsbesteuerung (BT-Drucksache 12/2501) unter anderem beschlossen, einen ab dem 1.1.1993 geltenden Zinsabschlag einzuführen.

10.3.1993), setzte sein Haus eine »Harmonisierung der Zinsbesteuerung auf die europäische Tagesordnung«.[139]

Die Reaktion aus Luxemburg kam prompt: Die Luxemburger Regierung könne einer solchen Regelung nur dann zustimmen »wenn diese Steuer in ganz Westeuropa, inklusive der Schweiz und exotischen Steuerparadiesen wie den englischen Kanalinseln eingeführt wird« so der damalige Finanzminister Jean Claude Juncker[140] und steckte damit die Position ab, die noch einige Jahre Bestand haben sollte und schließlich auch in die Beschlussfassung einging. »Ansonsten«, so Juncker weiter, »bestünde die Gefahr, dass es zu einer Verlagerung des Kapitals in Drittländer käme«. Dennoch stand die Quellensteuer sowohl während der belgischen als auch während der deutschen Präsidentschaft 2004 ganz weit oben auf der Agenda. Knapp vier Jahre zuvor hatte die deutsche Bundesregierung eine entsprechende Kommissions-Vorlage an der Seite Großbritanniens und Luxemburgs noch scheitern lassen. Und auch diesmal schwebte dem damaligen deutschen Finanzminister lediglich eine Minimalregelung vor: Die Mitgliedstaaten sollen im Prinzip ihre nationalen Steuersysteme beibehalten dürfen; zur Vermeidung der Steuerflucht sollte ein Mindeststeuersatz eingeführt werden; von der Steuerpflicht sollten Investoren aus Drittländern wie bisher ausgenommen bleiben, nicht Gebietsansässige müssten jedoch in die Steuerpflicht mit einbezogen werden. Außerdem sollte das Bankgeheimnis in jenen Ländern gewahrt bleiben, wo es ein solches gab. Jeder Mitgliedstaat sollte selbst entscheiden, ob es ein Anrechnungs- oder Abgeltungssystem geben soll. Die unterschiedlichen Freibeträge sollen nach Möglichkeit beibehalten werden.[141]

Dies deutet bereits darauf hin, dass es nicht nur hinsichtlich des »Ob« sondern auch des »Wie« einer Zinsbesteuerungsregelung in der EU unterschiedliche Einschätzungen unter den Mitgliedstaaten gab. Diese bezogen sich sowohl auf den Ansatz – ob pauschaliert erhoben oder mit dem individuellen Einkommensteuersatz, ob als Quellensteuer erhoben oder per Kontrollmitteilung von Banken an die Finanzbehörden gemeldet – als auch auf die Höhe des Tarifs.

Der Ausgangspunkt der Mitgliedsländer – siehe Tabelle 2.6 – sah 1990 wie folgt aus: Über eine pauschale Besteuerung von Zinseinnahmen im Wege einer Quellensteuer mit Abgeltungscharakter für Gebietsansässige verfügten Belgien, Frankreich, Griechenland, Portugal und Italien. Teilweise existierten dort auch Optionen auf Veranlagung, das heißt beispielsweise, wenn der individuelle

139 Finanzstaatssekretär Franz-Christoph Zeitler zitiert in *Der Spiegel*, vom 29.3.1993.
140 Zitiert in *Frankfurter Allgemeine* vom 18.8.1993, *Neue Zürcher Zeitung* vom 29.7.1994.
141 *Frankfurter Allgemeine* vom 12.7.1994.

Steuersatz unterhalb der Höhe des Quellensteuersatzes lag, konnte der Steuerpflichtige diesen niedrigeren Satz für sich geltend machen.

Tabelle 2.6 Konzepte der Zinsbesteuerung in der EU 1990

Mitgliedstaat	*Anrechnung*	*Abgeltung*	*Kontrollsystem*
Belgien	optional	Regelfall	nein
Dänemark	-	-	ja
Deutschland	ja	-	nein
Frankreich	-	für Nicht-Gebietsansässige	ja
Großbritannien	ja	-	nein
Griechenland	optional	Regelfall	nein
Irland	ja	-	nein
Italien	Sonderfälle	Regelfall	nein
Luxemburg	-	-	nein
Niederlande	-	-	ja
Portugal	Regelfall	optional	nein
Spanien	ja	-	nein

Quellen: Europäische Kommission 1992, Rasch 1994.

Über eine individuelle Besteuerung von Zinserträgen im Rahmen der persönlichen Einkommensteuern im Wege einer Quellensteuer mit Vorauszahlungscharakter (Zinsabschlagsteuer) – das heißt der Vorabüberweisung eines fixierten Steuersatzes durch die Kreditinstitute und der schließlichen individuellen Verrechnung mit der persönlichen Steuerschuld – verfügten Großbritannien, Irland, Spanien und Deutschland. Die reale Anwendung entschied sich darüber hinaus noch an der Frage, wie strikt jeweils das Bankgeheimnis gehandhabt wurde. Kontrollmitteilungen, das heißt die Benachrichtigung über Zinszahlungen und deren Höhe seitens der Banken direkt an die Finanzbehörden, wurden in Dänemark, Frankreich und den Niederlanden angewendet. In dieser Beziehung – zwischen Banken und Finanzbehörden – ist das Bankgeheimnis aufgehoben.

Luxemburg schließlich erhob gar keine Steuern auf Zinserträge, weder von Gebietsansässigen noch von Nicht-Gebietsansässigen. Und die britischen Kanalinseln galten aufgrund eines Zusatzprotokolls zu den Römischen Verträgen steuerlich nicht als Bestandteil der EU, das heißt ihr Finanzdienstleistungssektor ist »offshore«.

Auch eine Differenzierung bei der Behandlung von Gebietsansässigen und Nicht-Gebietsansässigen nahmen fast alle Länder vor. So waren zumindest in bestimmten Fällen die Quellensteuern für Nicht-Gebietsansässige niedriger (zum Beispiel Großbritannien, Italien) bis hin zu null (Deutschland). Und auch insgesamt differierten die Steuersätze unter den Mitgliedstaaten deutlich.

Die 1995 bevorstehende EU-Erweiterung (um Schweden, Finnland und Österreich) tat ein Übriges dazu: So hatte beispielsweise Österreich zeitgleich mit Deutschland zum 1.1.1993 eine 10 Prozentige Quellensteuer mit Abgeltungscharakter eingeführt und warb darüber hinaus mit einem strengen Bankgeheimnis, was einerseits dazu führte, dass das Land die Schweiz »aus ihrer traditionellen Rolle einer Fluchtburg für Fluchtgeld« (Rasch 1994) verdrängte und andererseits die Kräfteverhältnisse innerhalb der EU eine weitere Einigung erschwerend verschob.

So prognostizierte das *Handelsblatt* (vom 25.8.1994) »schlechte Chancen für Waigels Ambitionen«, während der deutschen Präsidentschaft in der zweiten Hälfte des Jahres 1994 auch nur einen Schritt weiterzukommen. Luxemburg blieb weiter gegen eine gemeinsame Regelung und auch London tat seine ablehnende Haltung erneut kund. Neben den prinzipiellen Einwänden gegen jede weitere Harmonisierung trugen die britischen Vertreter dabei hauptsächlich folgende zwei Argumente vor: Erstens sei eine Harmonisierung vor dem Hintergrund bestehender Doppelbesteuerungsabkommen gar nicht nötig und zweitens – weit wichtiger – berge eine Harmonisierung die Gefahr, dass der EU insgesamt – und der Londoner City[142] im Besonderen – Geschäfte entgehen könnten.[143]

142 Aus der Selbstdarstellung der Stadt London: »The City of London is the world's leading international financial and business centre – a global powerhouse at the heart of the UK's financial services. The City contributes around 2.5 Prozent to the UK's GDP and 13 Prozent to London's GDP, while London contributes over 18 Prozent to the UK's GDP. The City of London's prime role is to support and promote the ›Square Mile‹. Internet: http://www.cityoflondon.gov.uk/Corporation/media_centre/keyfacts.htm (10.7.2006).

So hat die britische Regierung jahrelang deshalb Widerstand gegen eine europäische Quellensteuer geleistet, weil sie Belastungen für die Finanzinstitutionen in der Londoner City befürchtete. Dabei geht es vor allem um die sogenannten Eurobonds oder internationalen Anleihen; dies sind Anleihen von Regierungen, Unternehmen und anderen Organisationen in Fremdwährungen. Wer in Großbritannien als Zeichner einer solchen Anleihe Kapitalerträge empfängt, zahlt darauf Steuern, nicht aber Personen oder Institutionen, die außerhalb Großbritanniens registriert sind. Nach Angaben des Finanzministeriums werden 90 Prozent aller Eurobonds von institutionellen Investoren gehalten, darunter Versicherungen und Pensionsfonds. Der Wert dieser internationalen Anleihen betrage weltweit 4000 Milliarden Euro; fast die Hälfte der Emittenten kämen aus der EU. In London würden 100 000 Arbeitsplätze direkt oder indirekt von dem Geschäft mit diesen Anleihen abhängen. Die Institutionen, die die Anleihen verwahren (custodians, paying agents), würden 6000 Mitarbeiter beschäftigen. Die großen Zentren für den Anleihenhandel sind neben London New York und Tokio, wobei auf

Tatsächlich brandete in Großbritanniens Presse zu diesem Zeitpunkt wie auch einige Jahre später, als die Zinsbesteuerung 1998/1999 erneut auf der europäischen Tagesordnung stand, unisono die Kampfansage »not to destroy the City's eurobond business« (The Evening Standard vom 29.11.1999). Investmentbanker warnten, geschätzte 10.000 Arbeitplätze (Birmingham Post vom 9.11.1999) beziehungsweise 11.000 Jobs (*The Independent* vom 12.9.1999) stünden zur Disposition, würden Eurobonds gemäß den Europäischen Vorstellungen besteuert.

So klangen die Bonner Töne kurz vor Beginn der deutschen Präsidentschaft 1994 schon sehr viel gedämpfter: »Die einheitliche Zinsbesteuerung braucht Zeit« so Finanzminister Theo Waigel, es sei keine rasche Einigung möglich (*Frankfurter Allgemeine* vom 28.7.1994) und schließlich: »Deutsche Pläne gescheitert« (*Frankfurter Allgemeine* vom 5.12.1994). Und tatsächlich spielte das Thema Zinsbesteuerung auf der europäischen und nationalen Tagesordnung von Politik und Öffentlichkeit zunächst keine wichtige Rolle mehr.

Dass es dem Nachfolger von Kommissarin Scrivener, Mario Monti, im Jahr 1998 gelingen konnte, einen Kommissionsvorschlag »zur Gewährleistung eines Minimums an effektiver Besteuerung von Zinserträgen innerhalb der Gemeinschaft«[144] mit einigermaßen Aussicht auf Erfolg vorzulegen, war einer Debatte zu verdanken, die in den 1990er Jahren Öffentlichkeit, Politik und Wissenschaft gleichermaßen umtrieb: die Globalisierung und ihre tatsächlichen oder vermeintlichen Auswirkungen auf die Nationalstaaten.

Allein die quantitative Entwicklung von Presseveröffentlichungen und wissenschaftlicher Globalisierungsliteratur nahm bis zum Ende der 1990er Jahre exponenziell zu[145] und zeigt, wie populär der Ausdruck »Globalisierung« zur Analyse der politischen Lage wurde. Im Zentrum des Interesses standen dabei der ökonomische »Transformationsprozess« (Held u. a. 1999) und seine Wirkung auf den Nationalstaat: Von Denationalisierung (Zürn 1998), Entgrenzung (Kohler-Koch 1998), der postnationalen Konstellation (Habermas 1998) oder Transnationalisierung (Perraton u. a. 1998) war die Rede in Bezug auf den Verlust nationalstaatlicher Steuerungsfähigkeit beziehungsweise »Problemlösungsfähigkeit«. Auch die Gegenthese in Bezug auf die globalisierungsbedingten Auswirkungen auf die Nationalstaaten wurde vertreten, allerdings auf Basis

---

die britische Metropole der Großteil des Geschäftes entfällt: Rund 60 bis 80 Prozent der Erstemissionen und 75 Prozent des Handels mit den Anleihen finden in der Londoner City statt (*Frankfurter Allgemeine Zeitung* vom 9.12.1999).

143 *Handelsblatt* vom 20.6.1994, *Neue Zürcher Zeitung* vom 29.7.1994.

144 KOM (1998) 295.

145 Siehe Graphiken in Altvater/Mahnkopf (1999), Busch/Plümper (1999).

vergleichbarer Einschätzungen: Der Nationalstaat erleide keinen Bedeutungsverlust, sondern stehe schlicht vor neuen Aufgaben (Sassen 1998) und habe einen Bedeutungswandel hin zum Wettbewerbstaat vollzogen (Hirsch 1995). Obwohl auch Stimmen laut wurden, die die empirische Basis für derlei Szenarien grundsätzlich in Zweifel zogen (Hirst/Thompson 1999), traf das Stichwort den Nerv der Öffentlichkeit: es schien zumindest zu den Befunden zu passen, die in vielen europäischen Hauptstädten die Politik umtrieben: Massenarbeitslosigkeit und leere öffentliche Kassen. Die Diskussionen rund um das Thema Globalisierung schafften es immerhin, dem Thema Steuerwettbewerb auch Schattenseiten zu attestieren, sodass sich dessen Befürworter teilweise bereits – und phasenweise vielleicht sogar zu Recht – in der Defensive wähnten. So warnte zum Beispiel der damalige FDP-Fraktionsvorsitzende und Koalitionspartner Hermann Otto Solms: »Es hilft keine Flucht in die Koordinierung – der Wettbewerb bleibt auch in der Epoche der Globalisierung das erfolgversprechende Konzept« (*Frankfurter Allgemeine Zeitung* vom 16.7.1997).

Diese Debatten jedenfalls bildeten den ideellen und diskursiven Bezugsrahmen für die Initiative des neuen für Steuern zuständigen Kommissars Mario Monti, als er auf einer informellen Tagung des Finanzministerrats in Verona ein zuvor von der Kommission beschlossenes Diskussionspapier vorstellte, das eine Debatte über »ein Globalkonzept in Steuerfragen« anregen sollte. Steuerpolitik sollte in den Gesamtzusammenhang mit anderen Gemeinschaftspolitiken gestellt und nicht länger in Detailprobleme zerlegt werden. Aber vor allem stellte das Papier Steuerfragen – neben einigem Altbekanntem – hauptsächlich in Bezug zu Arbeitslosigkeit und zur Stabilisierung von Steuereinnahmen in den Mitgliedstaaten der Gemeinschaft: »Mit diesem Papier wollen wir die Frage zur Diskussion stellen, welche Rolle denn Steuern im Hinblick auf die Ziele der Europäischen Union und dabei vor allem der Bekämpfung der Arbeitslosigkeit zukommen soll [...]. Die Mitgliedstaaten sind allein nicht mehr in der Lage, dem insbesondere bei mobilen Produktionsfaktoren auftretenden Steuerschwund wirksam zu begegnen.«

Damit waren die zentralen Probleme der öffentlichen aber auch der politischen Hauptstadtdebatten aufgegriffen. Und die europäische Ebene bot sich explizit als Problemlösungsebene für die Nationalstaaten an. Zum ersten Mal wurde darüber hinaus in einem offiziellen EU-Dokument an prominenter Stelle die »Steuerkonkurrenz unter den Mitgliedstaaten unter den Bedingungen des liberalisierten Kapitalverkehrs« als Problem benannt, das die Steuereinnahmen der Mitgliedstaaten immerhin so unter Druck setze, dass diese als Anteil am BIP nur um den Preis der Umschichtung hin zu weniger mobilen Produktionsfaktoren – der Arbeit – hätten gehalten werden können. Dieser Prozess könne aber aus Sicht der Kommission nicht so weitergehen, »ohne die jetzt schon negativen Auswirkungen auf Arbeitskosten und Beschäftigung noch zu verstärken.«[146]

Um diesen Prozessen entgegenzuwirken, schlug die Kommission eine Reihe konkreter Maßnahmen vor, darunter die bekannte Zinsbesteuerung, einen effektiven Mindeststeuersatz bei der Körperschaftsteuer und einen Verhaltenskodex, wie mit dem Gebrauch selektiver Steueranreize durch die Mitgliedstaaten umzugehen sei. Darüber hinaus sollte zur Senkung der Abgabenbelastung auf Arbeit beispielsweise überlegt werden, ob nicht durch eine allgemeine Erhöhung des Mehrwertsteuerniveaus Raum für Steuersenkungen im Bereich der persönlichen Einkommensteuer geschaffen werden könne (Europäische Kommission 1996b).

Die Finanzminister fanden das Papier in Verona immerhin so anregend, dass sie eine hochrangig besetzte Arbeitsgruppe nationaler Beamten damit beauftragten das Papier mit der Kommission nochmals zu besprechen, was im Ergebnis schon dazu führte, dass beispielsweise der Vorstoß in Richtung Mindeststeuersatz bei der Körperschaftsteuer bereits Ende 1996 wieder verworfen wurde und auch die Differenzen bei der Zinsbesteuerung bereits wieder sichtbar wurden (Europäische Kommission 1996a). Dennoch sollte die Arbeitsgruppe das Thema weiterführen und zwar insbesondere unter dem Aspekt des Steuerwettbewerbs. Eine vollständige Harmonisierung der Zins- und Unternehmensteuern komme zwar nicht in Frage, so fasste der damalige Bundesfinanzminister Theo Waigel die Stimmung zusammen, weil ein gewisses Maß an Steuerwettbewerb in der Union und gegenüber Drittländern durchaus erwünscht sei. Bei unfairem Steuerwettbewerb sei es anders: er nütze nur wenigen und schade vielen (*Frankfurter Allgemeine Zeitung* vom 28.1.1997).

Seine Amtskollegen vor allem aus Belgien und Frankreich – Philippe Maystadt und Jean Arthuis – bekräftigten die Position. Maystadt wies auf das Abwerben belgischer Unternehmen durch niederländische Stellen hin, was skandalös sei. Arthuis sprach von Freibeutertum, das die weitere Integration des Binnenmarktes bremsen könne. Sogar die luxemburgische und die britische Regierung zeigten sich moderat und grundsätzlich zur Kooperation bereit, was schließlich dazu führte, dass der Ministerrat im Dezember 1997 einem »Maßnahmenpaket zur Bekämpfung des schädlichen Steuerwettbewerbs« zustimmte.[147] Darin forderte er die Kommission unter anderem auf, einen Richtlinienentwurf zur Zinsbesteuerung vorzulegen, was die Kommis-

146 Europäische Kommission, Pressemitteilung IP/96/243 vom 20.3.1996

147 Neben der Richtlinie zur Zinsbesteuerung, die hier im Mittelpunkt steht, waren der »Verhaltenskodex für die Unternehmensbesteuerung« und die »Besteuerung von Zinsen- und Lizenzgebühren« zwischen verbundenen Unternehmen Bestandteile des Maßnahmenpaketes.

sion auch tat.[148] Der Vorschlag beruhte auf einem Koexistenzmodell, wonach es den Mitgliedstaaten freigestellt war, entweder eine Quellensteuer von 20 Prozent auf Zinszahlungen an Empfänger in anderen Mitgliedstaaten zu erheben oder den Steuerbehörden der jeweiligen Mitgliedstaaten Auskünfte über die Zahlungen zu erteilen.

Damit waren aber die Differenzen zwischen den Mitgliedstaaten noch nicht beendet. Die Luxemburger Regierung hielt an ihrem Junktim fest, erst dann zustimmen zu können, wenn Dritte dies auch taten. Allerdings signalisierte der damalige Luxemburger Haushaltsminister auch Bewegung: er könne sich einen Mindestzinsteuersatz von 15 Prozent vorstellen (*Frankfurter Allgemeine Sonntagszeitung* vom 5.7.1998).

Die neue britische Labour-Regierung trat wiederum mindestens ebenso entschieden für die Interessen der »City« ein wie ihre Vorgängerin. Im medialen Begleitprogramm durch Vertreter der Londoner City wurde darauf verwiesen, dass schließlich der Grund für den eigenen Erfolg darin zu finden sei, dass die USA vormals eine Quellensteuer eingeführt hätten und London quasi die Erbin sei (*The Guardian* vom 17.4.1999). Sie befürchteten, dass sich die meisten Mitgliedstaaten im Rahmen der Wahlmöglichkeiten, die das Koexistenzmodell eröffnete, für eine Quellensteuer entscheiden würden, was auf längere Sicht in eine europaweit geltende Quellensteuer münden könnte. Aber insbesondere die Einbeziehung der Eurobonds in die Zinsbesteuerung erregte die britischen Gemüter.

Um einen Schritt vorwärts zu kommen, schlug der ehemalige Bundesfinanzminister Hans Eichel während der deutschen Präsidentschaft einen Kompromiss vor: Institutionelle Anleger auf dem Londoner Eurobondmarkt sollten ab einer Schwelle von einer Million Euro von der Zinsbesteuerung ausgenommen werden (*Frankfurter Allgemeine Zeitung* vom 26.5.1999). Immerhin wies der britische Schatzkanzler Gordon Brown den Vorschlag nicht sofort zurück, sondern bat um Bedenkzeit, innerhalb derer auch die Londoner City im Grundsatz nickte, allerdings sollte die Schwelle schon bei 40.000 Euro liegen. Nachdem die anderen Mitgliedstaaten aber eine derart weitgehende Regelung zurückgewiesen hatten, stellte sich die britische Regierung erneut stur. Unter finnischer Präsidentschaft wurde Großbritannien schließlich ein neuer Kompromiss unterbreitet: Neue Eurobond-Engagements sollten nicht mehr unter die Richtlinie für die Zinsbesteuerung fallen, sondern nach den bereits bestehenden Grundsätzen zur Vermeidung der Geldwäsche behandelt

148 Vorschlag für eine »Richtlinie zur Gewährleistung eines Minimums an effektiver Besteuerung von Zinserträgen innerhalb der Gemeinschaft« (KOM (1998) 295).

werden.[149] Die britische Regierung begrüßte den Vorschlag vorsichtig, bat sich erneut Bedenkzeit aus und kündigte an, auch die Institutionen in der Londoner City dazu zu konsultieren. Deren Vertreter allerdings äußerten sich abwartend bis skeptisch.[150] Kurz vor dem entscheidenden Gipfel in Helsinki – und zuerst in der britischen Presse lanciert (*The Independent* vom 12.9.1999) – schlug der britische Schatzkanzler eine weitere Verwässerung des ursprünglichen Planes vor: Banken und Investmenthäuser sollten nur dann die nötigen Daten melden, wenn es einen begründeten Verdacht auf Steuerhinterziehung gebe. Die Mehrheit der Mitgliedstaaten lehnte dies wiederum ab, weil dieses Meldesystem von Fall zu Fall nicht mehr dem ursprünglichen Ziel der Besteuerung der Zinserträge entsprochen hätte (*Frankfurter Allgemeine Zeitung* vom 11.12.1999).

Während Gordon Brown und die britische Regierung nach dem Scheitern des Gipfels in Teilen der britischen Presse gefeiert wurden: »a welcome victory« (zum Beispiel The Evening Standard vom 8.12.1999) waren andere Medien skeptischer: So wurde sowohl die Frage aufgeworfen, ob an dieser Auseinandersetzung nicht auch künftige Kapitalmarktliberalisierungen scheitern könnten (*Financial Times* vom 9.12.1999) als auch die europäische »Wut« transportiert: »Britain is Europe´s ball and chain, says Prodi« (*Daily Mail* vom 2.12.1999).

Dieser »Klotz am Bein« hatte in Helsinki dennoch nicht alle Fäden abreißen lassen[151] und gemeinsam mit Deutschland erneut auf der Einrichtung einer Arbeitsgruppe bestanden. Auch weil einschlägige Wirtschaftskreise in Großbritannien mittlerweile durchaus auf Kompromissbereitschaft setzten, legte der britische Schatzkanzler schließlich ein weiteres – mit der Londoner

149 Kommissionspräsident Romano Prodi wies in diesem Zusammenhang darauf hin, dass Großbritannien nur sein existierendes Informationssystem mit der Identifizierung der zeichnenden Personen auf die Eurobonds anwenden müsse. Nur der Name und die Adresse des Käufers von Eurobonds seien zu nennen, nicht dagegen die Höhe des Betrages. Anlaufstellen sollten alle Banken und Investmenthäuser sein, die mit Eurobonds handeln (*Frankfurter Allgemeine Zeitung* vom 9.12.1999).

150 Der Austausch von Informationen könne für die Finanzunternehmen neue Belastungen bringen, die zu einem Abwandern der Branche führen könnten, so der Sprecher der International Securities Market Association (ISMA), Tim Dickenson. Wenn die Banken die Namen und Adressen der Zeichner internationaler Anleihen feststellen und unter Umständen an die nationalen Finanzämter melden sollten, so wäre damit ein hoher technischer Aufwand verbunden, ganz zu schweigen davon, dass ein Sparer sein Geld lieber dort außerhalb der Europäischen Union anlegen würde, wo kein Finanzamt nach ihm fahnde. Wenn man Investoren anziehen wolle, dann sei dieser Vorschlag nicht hilfreich. Daher plädiere ISMA für eine einheitliche Regelung innerhalb der OECD.

151 So der damalige EG-Binnenmarktkommissar Frits Bolkestein im Interview mit der *Frankfurter Allgemeinen Zeitung* vom 14.12.1999.

City abgestimmtes[152] – Papier vor, in dem einerseits eine altes/neues Fass aufgemacht wurde, das andererseits aber schließlich die Kompromissfindung Mitte 2000 mit strukturierte. Das Papier pries die Vorzüge der Kontrollmitteilungen gegenüber einer Quellensteuer, da diese am besten geeignet seien, alle Arten von Zinseinkünften (auch von Eurobonds) zu erfassen und damit auf perfekte Weise die Steuerflucht und die Geldwäsche zu unterbinden (*Frankfurter Allgemeine Zeitung* vom 10.4.2000). Um die Ernsthaftigkeit des Vorstoßes zu demonstrieren kündigte Schatzkanzler Brown kurze Zeit später den Aufbau eines nationalen Kontrollmitteilungssystems an. Vom Folgejahr an sollten alle Banken den Steuerbehörden automatisch Meldung über die von ihnen verwalteten Bankguthaben und Wertpapierdepots machen (Genschel 2002: 153).

Mit diesem Vorschlag hatte die britische Regierung erreicht, dass der Ball nun weit im Spielfeld der anderen Mitgliedstaaten lag. Der Schatzkanzler hatte mit dem Papier die klarste und effektivste Form der Erfassung von Zinserträgen vorgeschlagen, die am Bankgeheimnis – das bis zu diesem Zeitpunkt insbesondere für Länder wie Luxemburg, Österreich und Deutschland konstitutiv war – rüttelte: »Luxemburg stellt nicht sang- und klanglos das Bankgeheimnis zur Disposition« so der luxemburgische Ministerpräsident Jean-Claude Juncker (*Frankfurter Allgemeine Zeitung* vom 10.4.2000). Und auch in Österreich und Deutschland röhrte es gewaltig. Allerdings signalisierten alle Beteiligten – unterschiedlich deutlich – die Bereitschaft, darüber nachzudenken, ob ein System von Kontrollmitteilungen nicht zumindest für Nicht-Gebietsansässige eingeführt werden könnte. Österreich hatte damit allerdings nach wie vor die meisten Probleme, da die dortige Einführung von Kontrollmitteilungen eine Verfassungsänderung auf Basis einer Zwei-Drittel-Mehrheit voraussetzte, die zu erreichen auch aufgrund des EU-Boykotts aus Gründen der Regierungsbeteilung der rechten FPÖ kaum möglich schien. Dass es auf dem Gipfel von Feira im Juni 2000 schließlich zu einer Einigung in Eckpunkten kam, hat schließlich – immer noch vor dem Hintergrund der öffentlichen Diskussionen um Steuerflucht und schädliche Steuerpraktiken – damit zu tun, dass alle Vorbehalte gleichermaßen Berücksichtigung fanden: Nach einer langen Übergangsfrist – während der das Koexistenzmodell galt – sollte ein Kontrollmitteilungssystem eingeführt werden, das jedoch nur für Nicht-Gebietsansässige gelten sollte, nach innen konnte das Bankgeheimnis folglich bestehen bleiben. Grundsätzlich trat die Regelung nur dann in Kraft, wenn mit relevanten Drittländern (USA, Schweiz, Liechtenstein, Monaco, Andorra und San Marino) gleichwertige Maßnahmen vereinbart werden könnten. Vor dem Beschluss

152 *The Guardian* vom 17.4.2000

einer Richtlinie spätestens Ende 2002 sollte sich der Ministerrat »hinreichende Garantien« über die Kooperationsbereitschaft besorgen.

Während die britische Regierung insbesondere sich selbst ob des Kompromisses feierte und feiern ließ: »Tony Blair last night claimed victory for Britain« (*The Guardian* vom 21.6.2000), »UK claims victory on savings tax« (*Daily Mail* vom 21.6.2000), waren die Reaktionen in Deutschland erheblich verhaltener: Von einer Einigung auf kleinstem gemeinsamen Nenner (*Financial Times Deutschland* vom 21.6.2000) war die Rede bis hin zur »Fehlgeburt von Feira« (*Frankfurter Allgemeine Zeitung* vom 29.6.2000).

Dass die Richtlinie mit dem Ziel der Durchsetzung der Besteuerung privater, in anderen Mitgliedsländern erzielter Zinserträge, die die Kommission im Juli 2001 als Verhandlungsgrundlage mit den Drittstaaten vorgelegt hatte, schließlich Anfang 2003 vom Rat beschlossen und Mitte 2004 mit Wirkung zum 1.7.2005 in Kraft trat, ist wiederum das Ergebnis langwieriger Verhandlungen, während derer es allerdings entscheidende Zugeständnisse an die widerständigen Länder gab – allen voran Österreich, wie das vorangegangene Kapitel 1.4.2 deutlich machte.

2.3 Zusammenfassung und Fazit

Welches Fazit kann nun am Ende eines langen Kapitels im Hinblick auf die Ausgangsfrage nach dem Warum gezogen werden: Warum haben die europäischen Mitgliedstaaten viele ihrer steuerpolitischen Kompetenzen auf die europäische Ebene verlagert? Ausgangspunkt für Verhandlungen war in den meisten Fällen, dass ein konkretes wirtschafts- oder finanzpolitisches Problem zu lösen war, das in seinem Kern von Niemandem bestritten wurde.

Im Falle der frühen Mehrwertsteuersystemangleichung waren in erster Linie heimischen Problemlagen ausschlaggebend, denen zum Teil schon längere nationale Reformdiskussionen vorausgingen. Dafür, dass die Verbrauchsteuern und die Mehrwertsteuersätze auf der europäischen Tagesordnung landeten, waren europäische Erfordernisse verantwortlich: wo faktisch existente Grenzen die Voraussetzung dafür sind, die nationale steuerliche Zurechenbarkeit zu garantieren, konnten diese nicht – wie aber beabsichtigt – abgeschafft werden. In den beiden Fällen die direkten Steuern betreffend, waren ebenfalls konkrete materielle Problemlagen der Ausgangspunkt für Aktivitäten auf europäischer Ebene. Während im ersten Fall die national unterschiedlich gehandhabten Besteuerungen multinationaler Konzerne aus Sicht der Kommission die als notwendig erachteten transnationalen Unternehmenszusammenschlüsse hemmten, lagen im zweiten betrachteten Fall die Probleme im Bereich tatsächlicher privater Einkommensteuerflucht infolge der Kapitalmarktliberalisierung und deren budgetären Auswirkungen auf die Mitgliedstaaten. Um ein Budget ging es auch im Fall der Harmonisierung der mehrwertsteuerlichen Bemessungsgrundlagen. Hier ging es um ein institutionelles Eigeninteresse: das Europäische Parlament wollte auf Basis einer harmonisierten Bemessungsgrundlage Eigenmittel für die europäische Ebene generieren.

Die jeweiligen Vorstöße konnten aber nur dann eine Kraft im Verhandlungsprozess entfalten, wenn sie – und zwar in allen Fällen – vor dem Hintergrund einer gemeinsamen politischen Debatte weiterverfolgt wurden. In einem Fall war die Schaffung eines Gemeinsamen Marktes ohne Wettbewerbsverzerrungen der Bezugspunkt, in einem anderen die Aufhebung sämtlicher Grenzkontrollen im Binnenmarkt; einmal boten die heftig geführten öffentlichen Auseinandersetzungen um die Folgen der Globalisierung den Hintergrund für einen erfolgreichen Integrationsschritt.

Dass Vorstöße auf Basis konkreter Problemlagen ohne öffentlich geführte Debatten und gemeinsame politische Bezugspunkte keine Kraft im weiteren Verhandlungsprozess entfalteten, sondern im Gegenteil versandeten, darauf deutet mit Blick auf die dargestellten Fälle zweierlei hin: So konnte die Initiative zur Zinsbesteuerungs-Richtlinie erst beim zweiten Mal – vor dem Hintergrund der Debatten um mögliche negative Auswirkungen der ökonomischen Globalisierung – Kraft entfalten. Beim ersten Vorstoß fehlte – jenseits der gemeinsamen Problembeschreibung Steuerflucht – ein gemeinsamer diskursiver Bezugsrahmen. Auch bemühten die am Prozess Beteiligten im Laufe der häufig extrem schwierigen Suche nach Kompromissen in nahezu allen Fällen wiederholt die jeweiligen gemeinsamen Problemwahrnehmungen und politischen Leitbilder, um die Kontrahenten auf ein gemeinsames Ziel hin zu »sammeln«.

Verstärkend für den positiven Verlauf der Integrationsbemühungen kamen in einigen der betrachteten Fälle institutionelle Faktoren hinzu: nationale Beamte, die bereits zuvor in gemeinsame Arbeitszusammenhänge eingebunden waren, die institutionalisierte Zusammenarbeit selbst, oder ein engagierter Kommissar.

In allen betrachteten Fällen gelang es, bezogen auf die konkreten Verhandlungsergebnisse in der Auseinandersetzung zwischen Kommission und Mitgliedstaaten oder den Mitgliedstaaten untereinander jeweils materielle Kompromisse zu finden, die sich als gerade noch immanent »problemadäquat« und für den Moment als relativ autonomieschonend darstellten. So gehörten befristete Ausnahmen oder Abweichungen von den gemeinsamen Regeln zum

Standardrepertoire im Rahmen der jeweiligen Kompromisssuche. Zum Teil wurden aber für diese akute Autonomieschonung recht weitgehende Zugeständnisse hinsichtlich der Gestaltungsmöglichkeiten in der Zukunft gemacht. Dies betrifft insbesondere auch Politikoptionen, die zum Zeitpunkt der Beschlussfassung über die jeweilige Integrationsmaßnahme unter Umständen noch gar nicht auf der politischen Agenda standen. Ein Beispiel: Als die damals noch sechs europäischen Regierungen über das System der europäischen Mehrwertsteuer befanden, ahnte die italienische Regierung noch nicht, dass sie in den 1990er Jahren ihre regionale Gewerbesteuer durch eine Wertschöpfungssteuer ersetzen wollen würde. Entsprechend waren Beschlüsse in den 1960er Jahren, die die Möglichkeiten beschränkten in der Zukunft neue und der Mehrwertsteuer vergleichbare Steuern einzuführen, von untergeordneter Bedeutung. In dieser Hinsicht machten die Mitgliedstaaten unbewusst Zugeständnisse auf Kosten ihrer künftigen Gestaltungshoheit.

Bezogen auf die in den jeweiligen Verhandlungsprozessen ausgehandelten nationalen Ausnahmetatbestände können sich die Mitgliedstaaten bis heute allerdings relativ gut auf die faktische Dauerhaftigkeit ihrer erzielten Regelungen (die zum Teil bis zur Mehrwertsteuersystemangleichung in den Jahren 1967 und 1968 zurückreichen) recht gut verlassen, wurden diese doch nahezu immer – wenn auch nicht konfliktfrei – verlängert.

Zuletzt machten zwei institutionelle Neuerungen im Kompromissfindungsprozess auf sich aufmerksam: Paketlösungen und eine Art »konditionierter Beschluss«, wie sie beide im Falle der Zinsbesteuerung praktiziert wurde. Die Verantwortung, ob eine Richtlinie schließlich scheitert oder nicht, oder in welcher modifizierten Form sie letztendlich zur Abstimmung steht, wird – wie im Fall der Zinsbesteuerung – von der Verhandlungskunst der Kommission und deren erfolgreichen Durchsetzung von (Vor-)Bedingungen mit Drittstaaten abhängig gemacht.[153]

Alle hier besprochenen Fälle zeigen auch, dass zwei der wohl prominentesten Begründungen, warum es zu einer steuerpolitischen Integration eigent-

153 Es sollte im Rahmen dieses Buches kein klassischer integrationstheoretischer Rahmen aufgespannt werden, der sich zur Erklärung des »Warum« im Spannungsfeld der Kontroversen zwischen neofunktionalistischen und realistischen beziehungsweise supranationalen und intergouvernementalen Konzepten bewegt. Auch Mehrebenenansätze und Versuche, eine kritische Theorie bezogen auf den Integrationsprozess zu beleben wurden in Laufe der Ausführungen lediglich gestreift. Dennoch findet sich vieles aus meiner Analyse des »Warum so und nicht anders« in den existierenden theoretischen Betrachtungen von Integration und Europäisierung wieder. Für einen integrationstheoretischen Überblick siehe zum Beispiel Ziltener 1999; Bieling/Steinhilber 2000; Loth/Wessels 2001; Jachtenfuchs/Kohler-Koch 2003; Holzinger u. a. 2005; Bieling/Lerch 2005.

lich hätte gar nicht kommen dürfen, in der ihnen zugesprochenen Dominanz eher fraglich sind.

Die längste Tradition als Begründung für »Integrationsresistenz« kommt dem Verweis auf die historische Genese mitgliedstaatlicher Besteuerungssysteme und -strukturen zu. Diese unterschiedlichen Steuertraditionen – so das Argument – ließen die Schwierigkeiten, zu einer gemeinsamen Steuerpolitik auf europäischer Ebene zu kommen, als nahezu unüberwindbar erscheinen. Jedes Land habe danach auf Grund seiner Eigenheiten ein ihm entsprechendes Steuersystem gefunden, das auf seiner Sozialordnung beruhe und entsprechend nicht geändert werden könne (Deringer-Bericht 1963: Ziffer 114; VerLoren van Themaat 1966: 835; Andel 1971/72; Hahn 1988: 292; Tsoukalis 2005: 128). Unzweifelhaft ist richtig, dass die Mitgliedstaaten über unterschiedliche Steuertraditionen verfügen und sie nach wie vor unterschiedlich hohe Einnahmen aus vergleichbaren Steuerquellen erzielen. Allerdings liegt dieser unterschiedlichen Zusammensetzung ihrer jeweiligen Gesamtsteuereinnahmen ein immer ähnlicheres Besteuerungssystem zugrunde. Und obwohl das Argument der unterschiedlichen Steuertraditionen seit Beginn der europäischen Steuerintegration immer wieder vorgetragen und entkräftet wurde, kommt ihm als eine der zentralen Begründungen für das vermeintliche »Warum nicht?« in der Steuerintegration eine erstaunliche Beharrungskraft zu. Dies mag daraus resultieren, dass es zwar am Ende fast immer gelang, einen Kompromiss unter den Staaten zu finden, dieser Prozess sich aber über Jahre hinziehen konnte und häufig ins Stocken geriet.

Dennoch, die Mitgliedstaaten konnten die Angleichung der indirekten Steuern nicht etwa nur deshalb beschließen, weil ihre Steuersysteme – entsprechend der Umkehrung der These – ohnehin so ähnlich gewesen wären. Es forderte den Staaten einiges ab, sich auf ein einheitliches System, einheitliche Bemessungsgrundlagen, eine Angleichung der Steuersätze und Verwaltungsvorgaben zu einigen. Die Mitgliedstaaten haben sich entsprechend trotz der Verschiedenheit ihrer Besteuerungssysteme geeinigt. Die Mehrwertsteuerangleichung und die Angleichung der speziellen Verbrauchsteuern in der EU sind Beispiele dafür. Dass mit diesen erwähnten Steuern nicht nur nebensächliche Einnahmen für die mitgliedstaatlichen Haushalte verbunden waren, zeigt ein Überblick aus den Jahren 1962/1963. Damals lagen die mitgliedstaatlichen Einnahmen aus indirekten Steuern zwischen 35 Prozent in Luxemburg und 63 Prozent in Italien (als Prozentsatz der Gesamtsteuereinnahmen).[154]

---

154 Der Vollständigkeit halber seien die Einnahmen am Gesamthaushalt für die anderen Mitgliedsländer ergänzt: Deutschland (1963) 42,6 Prozent; Frankreich (1963) 58,1 Prozent, Belgien (1962) 50,2 Prozent, Niederlande (1962) 39,7 Prozent, Großbritannien (1963/64) 38,3 Prozent (Daviter u. a. 1969: 18).

Eine noch größere Beachtung als institutioneller Hinderungsgrund findet allerdings der Entscheidungsmodus des Ministerrats. So müssen, gemäß EG-Vertrag, alle steuerpolitischen Entscheidungen einstimmig getroffen werden. Alle Versuche, diese Einstimmigkeitsregel durch die qualifizierte Mehrheitsregel in Steuerfragen zu ersetzen sind in der Vergangenheit gescheitert. Auf diese Weise kommt jedem einzelnen Mitgliedstaat ein Vetorecht zu und der Konsensbedarf ist entsprechend sehr groß (Scharpf 1999b: 70 f.). Dass steuerpolitische Entscheidungen auf diese Weise besonders blockadeanfällig sind, erscheint vielen Autoren plausibel (Radaelli 1995: 160; Bratton/McCahery 2001: 168; Fraenkel/Giegold 2005; Tsoukalis 2005: 128). Insbesondere der Vergleich mit der regulativen europäischen Harmonisierung verleihe dieser Einschätzung eine Basis, denn dort sei – so verschiedene Autoren – mit der Einführung der qualifizierten Mehrheitsregel eine neue Integrationsdynamik zu verzeichnen gewesen (Dashwood 1977; Wessels 1991; Joerges/Neyer 1998). An beiden Thesen wurden bereits in der Vergangenheit Zweifel angemeldet (Golub 1999) und auch ich möchte mich hier einreihen.

Nicht nur dass der Ministerrat weitreichende und tiefgreifende steuerpolitische Beschlüsse fasste und dies auch noch in beträchtlichem Umfang: 145 Richtlinien und Verordnungen wurden zwischen 1967 und 2007 einstimmig vom Ministerrat beschlossen. Auch ein Vergleich mit regulativen Politiken – der Umweltpolitik und der regulativen Sozialpolitik – und ihrer europäischen Integration bestärken diese Zweifel. So beschloss der Rat bis Dezember 2004 insgesamt 264 Richtlinien und Verordnungen im Umweltbereich (ohne Verbraucherschutz). Mehr als die Hälfte davon, nämlich 139, beschloss er ohne explizite qualifizierte Mehrheitsregel im EG-Vertrag. Denn erst mit dem Maastrichter Vertrag (1993) änderte sich das umweltpolitische Entscheidungsverfahren im Ministerrat. Seither müssen Maßnahmen nach Artikel 174 EGV, der die Grundsätze der Umweltpolitik der Gemeinschaft umreißt, nur noch mit qualifizierter Mehrheit beschlossen werden. Dennoch fand bereits zuvor – einstimmig – eine beachtliche Rechtssetzung statt. Im Bereich der Sozialpolitik brachte der Maastrichter Vertrag, was die Abstimmungsregel angeht, eine gewisse Zäsur. Allerdings ist es auch hier bereits im Vorfeld – zu Zeiten, als die Einstimmigkeitsregel noch galt – zu einer nennenswerten Rechtsetzung gekommen. So wurden von den 179 bis Ende 2004 beschlossenen Richtlinien und Verordnungen bereits 94 Beschlüsse auf Basis der geltenden Einstimmigkeitsregel gefasst.

Selbst wenn man also zu der Auffassung gelangen sollte, dass trotz des vielfach und zu Recht kritisierten Demokratiedefizits in der EU die Entscheidungsregel in der Steuerpolitik von der Einstimmigkeit zur qualifizierten Mehrheit geändert werden sollte, so sollte an dieser Stelle deutlich werden, dass bereits in der Vergangenheit auf Basis der Einstimmigkeitsregel eine nennenswerte europäische Rechtsetzung stattgefunden hat. Nicht nur die Steuerpolitik, sondern auch Auswertungen im Bereich regulativer Politiken lassen darauf schließen, dass allein der Abstimmungsmodus als Begründung für die Integrationsfreudigkeit beziehungsweise -resistenz eines Politikfeldes für sich genommen wenig Erklärungskraft besitzt.

Beide Faktoren – nationale Steuertraditionen und Einstimmigkeitserfordernis – erklären demnach weniger das Ausbleiben von Integrationsschritten als möglicherweise deren konkretes Ergebnis: steuerpolitische Integration fand zumeist auf der Basis des kleinsten gemeinsamen Nenners statt und ermöglichte einzelnen Mitgliedstaaten national begründete, zumeist befristete Ausnahmen und Abweichungen von der gemeinsam gesetzten Regel. Dass die Beschlüsse im Ganzen dennoch weitreichende Konsequenzen hatten bezogen auf die mitgliedstaatliche Steuerautonomie war bereits Gegenstand des ersten Kapitels. Was dies im Hinblick auf die staatliche Verfasstheit Europas und seiner Mitgliedstaaten bedeutet, damit wird sich das folgende dritte Kapitel beschäftigen.

Kapitel 3
Zur steuerpolitischen Verfasstheit Europas

Wie ist es nun also bestellt um eine Steuerstaatlichkeit Europas? Wenn die Mitgliedstaaten derart einschneidende steuerpolitische Gestaltungs- und Verwaltungskompetenzen an die europäische Ebene abgegeben haben, welche Qualität hat dann heute die steuerpolitische Verfasstheit Europas, welche die Beziehung der Ebenen im Mehrebenensystem zueinander? Ist die These des europäischen politischen Systems sui generis für die Steuerpolitik plausibel oder tendiert die Gestalt des politischen Systems der EU in Steuerfragen vor dem Hintergrund des genannten empirischen Befundes und seiner nationalen Auswirkungen nicht deutlich in Richtung einer Form föderaler Steuerstaatlichkeit? Wie im ersten Kapitel gezeigt wurde, können die Mitgliedstaaten der Europäischen Union in Steuerfragen keinen Alleinvertretungsanspruch mehr erheben. Die nationalen Steuerstaaten haben *de jure* und *de facto* so viele steuerstaatliche Funktionen an die europäische Ebene abgegeben, dass ihre Autonomie im Hinblick auf die Gestaltung und Verwaltung der steuerlichen Einnahmenseite des Staates deutlich eingeschränkt ist.

Aber wenn dem so ist, wie sieht dann diese heutige Form über die Ebenen verteilter gestaltender und verwaltender Steuerkompetenzen eigentlich aus? Tendieren diese eher in Richtung einer kooperativen oder einer wettbewerbsorientierten Organisationsform, eines kooperativen oder wettbewerbsorientierten föderalen Steuersystems?[155]

Deutlich machen möchte ich an dieser Stelle, dass es bei den zu beantwortenden Fragen im Rahmen dieser Arbeit nicht um die föderale Qualität Europas als solches geht. Die hier aufgeworfenen Fragen orientieren sich sehr eng

---

155 In der internationalen Debatte finden sich für das Begriffsgegenüber wettbewerbsföderal – kooperativ auch andere Begriffe, die zwar in eine ähnliche Richtung weisen, im Einzelnen jedoch durchaus eine verschiedene Schwerpunktsetzung in der Analyse zum Ausdruck bringen. So ist von intrastate oder executive federalism versus interstate oder dual federalism (Wachendorfer-Schmidt 2000: 7) die Rede, von collaborative versus arm´s length federalisms (Kincaid 1991) oder von collaborative versus competitive federalisms (Painter 1991: 269). Im Deutschen wird auch ein Gegenüber von kompetitivem Föderalismus versus Verbundföderalismus verwendet.

an dem zuvor Untersuchten. So möchte ich mich im Folgenden mit einem Ausschnitt der Finanzverfassung der Mitgliedstaaten beschäftigen – mit deren Besteuerungs- und Finanzausgleichssystemen – und der Frage nach deren horizontaler und vertikaler Verflechtung im Mehrebenensystem Europas. Dass sich hierbei ein Vergleich anhand föderaler Kategorien anbietet, liegt im Wesentlichen an zwei Aspekten: einem historischen und einem systematischen.

Der erste Aspekt bezieht sich auf die Vielfältigkeit an Ausprägungen, die die Aufkommenseite des staatlichen Finanzsystems in der historischen Betrachtung entwickelt hatte. So fanden in der Vergangenheit Finanzverfassungen auf der Grundlage teilweise deutlich weniger zentraler steuerpolitischer Vorgaben Anerkennung im Rahmen eines föderalen Systems. Sowohl im Rahmen des Norddeutschen Bundes, der 1866 gegründet wurde und dem ein Großteil der damaligen deutschen Länder angehörte, wie auch nach Reichsgründung 1871 verzichteten die deutschen Bundesstaaten nicht auf den Großteil ihrer Steuerhoheit. Noch weiter als im deutschen Beispiel ging ungefähr hundert Jahre zuvor die – weitgehend ungeschriebene – amerikanische Finanzverfassung, in der den Bundesstaaten die Steuerhoheit betreffend alle wichtigen Steuerarten im Rahmen der Föderation belassen wurde. Aber es gibt noch einen zweiten Grund, auf den in der Einleitung bereits verwiesen wurde:

Der Vergleich anhand föderaler Maßstäbe ist in der Lage, ein Ausmaß an steuerpolitischer europäischer Verwicklung begrifflich auf einen Punkt zu bringen, an dem erstens das Beharren auf »Steuersouveränität« den Widerspruch zwischen »Zuschreibung und tatsächlichem Gehalt« offenlegt und damit zweitens auch Auswirkungen haben kann auf die steuer- und darüber hinaus auch staatspolitischen Rezepte für die europäische Zukunft. Die europäischen steuerpolitischen Vorgaben vor dem Hintergrund einer anerkannten europäischen Steuerstaatlichkeit zu debattieren, verändert die Perspektive. Diese andere Perspektive eröffnet den Raum, im Bereich der normativen Anforderungen an eine europäische Steuerpolitik zu anderen Ergebnissen kommen, als dies auf Grundlage der herkömmliche Perspektive zu erwarten wäre, die die nationale Besteuerungsautonomie und das Thema der Subsidiarität für gegeben nimmt.

Um der Schwierigkeit zu entgehen, dass ein Vergleich, der in erster Linie auf real existierende föderal organisierte Besteuerungssysteme und deren Ausprägung zu einem ganz bestimmten Zeitpunkt abhebt, deren jeweiligen Besonderheiten und historischen Entwicklungen nur unzureichend gerecht werden kann, möchte ich im Folgenden einen anderen Weg einschlagen. So möchte ich zunächst anhand der theoretisch beziehungsweise konzeptionell geführten Debatten rund um die Stichworte Wettbewerbsföderalismus und kooperativer Föderalismus Modelle ableiten, wie Steuersysteme und deren

Finanzbeziehungen organisiert sein müssten, um die jeweiligen – auch normativen – Anforderungen erfüllen zu können.

Wenn schließlich meine Befunde aus der Analyse europäischer Steuerpolitiken mit den Modellen abgeglichen werden, so sollen an dieser Stelle auch Befunde aus real existierenden föderal verfassten Besteuerungssystemen herangezogen werden. Hierzu bieten sich insbesondere die Strukturen der heutigen Steuersysteme aus den USA und Deutschlands an, wie sie sich in der Sekundärliteratur finden. So verfügen die Gliedstaaten in den USA über einen hohen Grad an regionaler steuerpolitischer Autonomie. Entsprechend neigen die USA in Richtung eines Wettbewerbsföderalismus. Demgegenüber gilt die Bundesrepublik Deutschland spätestens seit der Finanzverfassungsreform im Jahr 1969 und ihren damit (erneut) eingegangenen deutlicheren Verflechtungen der Finanzbeziehungen der staatlichen Ebenen untereinander als Beispiel für einen kooperativen Föderalismus.

Diese Zuordnung, USA – Wettbewerbsföderalismus und Bundesrepublik – kooperativer Föderalismus, gilt allerdings nur jeweils für eine gewisse historische Entwicklungsphase. So möchte ich an dieser Stelle betonen, dass sich der Vergleich mit beiden föderal geprägten Besteuerungssystemen lediglich auf einen besonderen Zeitpunkt ihrer Ausprägung bezieht. Beide Systeme waren im Laufe ihrer wechselvollen Geschichte mit unterschiedlichen Implikationen verknüpft und entsprechend verschiedenen Ausprägungen von »mehr wettbewerbsförmig« oder »mehr kooperativ« unterworfen.[156] Und beide Systeme verfügen selbstverständlich auch innerhalb ihrer jeweiligen Ausprägungen über Elemente des Wettbewerbs und der Kooperation. Auch zeigt sich natürlich, dass beide Besteuerungssysteme in ihren (Nicht-)Verflechtungen abweichen von den hier modellhaft entwickelten Besteuerungssystemen. Sie sollen dennoch jeweils problemorientiert mit herangezogen werden, um deutlich zu machen, wo und in welchem Ausmaß auch anderenorts »in der Wirklichkeit« Abweichungen von den stilisierten Modellen existieren, selbst wenn diese einer Grundtendenz folgen. Keine Rolle spielt dabei in meinem Vergleich die jeweilige Verfassungsordnung. Denn an dieser Stelle geht es nicht um einen Abgleich zwischen Verfassungsnorm und -wirklichkeit, sondern um die fakti-

---

156 Während die Bundesrepublik insbesondere zu ihrer Geburtsstunde dem Idealtypus eines nach dem Autonomieprinzip aufgebauten Bundesstaates, einem fiskalischen Wettbewerbsföderalismus, sehr nahe gekommen sei (Blankart 1996: A3), würde der Politikwissenschaftler Gerhard Lehmbruch (2002: 12) einer solchen Interpretation deutlich widersprechen. Für Lehmbruch erstreckt sich der Entwicklungspfad, der zum Verbundföderalismus der Gegenwart führte, über einen Zeitraum, der noch deutlich vor der Bismarckzeit einsetzt. Die USA wiederum kannten – weitgehend unstrittig – verschiedene Phasen und Ausprägungen ihres föderalen Systems: von einer weitgehenden Ebenentrennung zwischen Bund und Einzelstaaten bis hin zu kooperativen Formen (Hesse/Benz 1987: 16).

sche Gestalt, die die jeweiligen Föderalismen angenommen haben. Darüber hinaus spielt die Abbildung der Finanzverflechtungen in den Verfassungen eine extrem unterschiedliche Rolle: während die staatlichen Finanzen in der US-amerikanischen Verfassung nur in wenigen Zügen normiert sind, sind sie in der bundesrepublikanischen detailliert geregelt.

Aber es gibt noch einen weiteren Grund dafür, die gegenwärtigen Finanzbeziehungen in den USA und in der Bundesrepublik Deutschland heranzuziehen. Während sich die Merkmale eines Wettbewerbsföderalismus hauptsächlich auf die Theorie des fiskalischen Föderalismus stützen, basieren die abgeleiteten Merkmale des kooperativ verfassten Mehrebenen-Steuersystems auf einer ideen- und realgeschichtlichen Betrachtung. Im Rahmen dieser spielen die historischen und ideellen Entwicklungen gerade dieser beiden Länder wiederum eine bedeutende Rolle. Dies zu zeigen, ist Bestandteil der folgenden Ausführungen.

Welches die Grundlinien, die Merkmale eines »Wettbewerbsföderalismus« und eines »kooperativen Föderalismus« betreffend die Aufkommensseite des Staates sind, wird Gegenstand des folgenden Abschnittes sein.

3.1 Wettbewerbsföderalismus und kooperativer Föderalismus: idealtypische Merkmale der steuerlichen Einnahmenseite der Staatsebenen im Bundesstaat

Während sich die Merkmale eines kooperativen Föderalismus für die Organisation der steuerlichen Einnahmenseite des Staates – wie bereits erwähnt – eher aus der Ideen- und Realgeschichte ableiten lassen, rekurrieren die Annahmen zum Wettbewerbsföderalismus in erster Linie auf das Konzept der ökonomischen Theorie des Föderalismus. Die Begriffe legen ihren grundsätzlichen Gehalt dabei bereits nahe. Während es beim vorwiegend aus der Feder von Ökonomen stammenden Konzept des Wettbewerbsföderalismus in erster Linie um die regionale Autonomie der dezentralen Gliedstaaten beziehungsweise Gebietskörperschaften, eine klare Aufteilung der Aufgaben und Finanzen zwischen diesen Ebenen und den steuerlichen Standortwettbewerb unter diesen geht, setzt der kooperative Föderalismus auf die Zusammenarbeit der Ebenen und auf Ausgleichsmaßnahmen unter ihnen. Während im ersteren Konzept Steuerwettbewerb somit keine unerwünschte Erscheinung, sondern im Gegenteil ein konstitutives Element föderaler Staatlichkeit ist, spielt dieses Prinzip im kooperativen Föderalismus nur eine untergeordnete Rolle, insoweit als jedem föderal verfassten Staat gewisse Wettbewerbs- und Konkurrenzelemente immanent sind. Allerdings bezog sich dieser Wettbewerb im Hinblick auf den kooperativen Föderalismus nicht in erster Linie auf die Höhe der Steuereinnahmen, sondern eher auf sogenannte »weiche Standortfaktoren« mit Blick auf Beschäftigung. Während das erste Ziel, das die normativ-analytische ökonomische Theorie des Föderalismus verfolgt, eine effiziente Staatsorganisation unter Allokationsgesichtpunkten ist, orientiert sich der eher ideen- und realgeschichtlich zu begründende (gleichwohl normative) kooperative Föderalismus unter Verteilungsgesichtpunkten zuvörderst an dem Ziel, die Einheitlichkeit beziehungsweise Gleichwertigkeit der Lebensverhältnisse im Bund zu garantieren.

Doch noch vor dem Einstieg in die Frage, welche konkreten Implikationen eine wettbewerbsorientierte beziehungsweise kooperative Steuereinnahmengenerierung im Bundesstaat hat, möchte ich an dieser Stelle kurz die Aspekte – teilweise nochmals – benennen, die die Analyse strukturieren sollen. Dabei ist zunächst zu unterscheiden zwischen den drei verschiedenen Aspekten der *Steuerhoheit*: der *Gestaltungs- oder Gesetzgebungshoheit* (Welche Ebene entscheidet über die Form und Höhe der einzelnen Steuern – System, Bemessungsgrundlagen, Sätze?), die *Verwaltungshoheit* (Welche Ebene ist zuständig für das Eintreiben der Steuern?) und der *Ertragshoheit* (Welcher Ebene steht der Ertrag aus der Steuer zu?).

Schließlich können unter Berücksichtigung der verschiedenen Aspekte der Steuerhoheit unterschiedliche Systeme der Organisation der Einnahmenstruktur unterschieden werden (Nowotny 1991: 97 f.):

Im *Trennsystem* besteht im Prinzip volle steuerpolitische Unabhängigkeit zwischen den einzelnen Gebietskörperschaften eines Bundesstaates, analog zur Situation zwischen einzelnen souveränen Staaten. Dementsprechend werden bei grenzüberschreitenden Aktivitäten oder im Falle einer Wirtschaftsgemeinschaft auch Regelungen der Koordination der Steuerpflicht erforderlich, insbesondere in Bezug auf eine *Doppelbesteuerung*. Abschwächungen eines strengen Trennsystems können sich durch folgende Einrichtungen ergeben: eine gleiche Erfassung der *Bemessungsgrundlagen* bei unterschiedlichen Steuersätzen (der Ertrag bleibt der gestaltende Ebene); eine *Anrechenbarkeit* der Steuern gegenüber einer Gebietskörperschaft, woraus sich eine Verflechtung der Aufkommensentwicklung ergibt.

Als *gebundenes Trennsystem* wird die gesamtstaatlich einheitliche Gesetzgebungsregelung einer Steuer bezeichnet, wobei den einzelnen Gliedstaaten jedoch die Möglichkeit offengelassen wird, die Steuersätze innerhalb eines gewissen Rahmens zu variieren und über Erträge zu verfügen.

Im *Verbundsystem* ist die Gesetzgebungshoheit bei einer Gebietskörperschaft, überwiegend bei der Zentrale, konzentriert; die anderen Ebenen des Bundesstaates haben jedoch das Recht auf einen Anteil am Ertrag dieser Steuer.

Dabei sind zusätzlich zwei Probleme zu lösen: zunächst im Rahmen des *vertikalen Finanzausgleichs* die Verteilung des Steueraufkommens zwischen den einzelnen Ebenen und zweitens im Rahmen des *horizontalen Finanzausgleichs* die Aufteilung der auf eine Ebene entfallenden Steueranteile auf die einzelnen Gliedstaaten.

Schließlich existiert noch das *Zuweisungssystem*, wo die Steuerhoheit bei einer Ebene – in der Regel der Zentrale – liegt, diese jedoch Finanzzuweisungen an die Gliedstaaten tätigt. Die »Föderalismus-Intensität« eines solchen Systems wird dabei im Wesentlichen davon bestimmt, wie weit die empfangende Gebietskörperschaft über diese Zuweisungen frei verfügen kann (blockgrants) oder wie weit die Zuweisung an bestimmte Verwendungszwecke gebunden ist (Zweckzuweisungen – conditional grants). Eine Sonderform stellen Zuweisungen dar, die von der höheren Ebene für bestimmte Zwecke geleistet werden, wenn die tiefere Ebene bereit ist, bestimmte Eigenleistungen zu erbringen (matching grants). Oft ergänzt dieses System als *sekundärer vertikaler Finanzausgleich* die Verteilung der Steuerquellen (*primärer vertikaler Finanzausgleich*).

Welche institutionalisierten Foren und Formen der Konfliktbearbeitung beziehungsweise Konsensfindung auf jeweils welcher Ebene mit den verschiedenen Konzepten verbunden sind und welche Implikationen dies schließlich im Hinblick auf die demokratische Verfasstheit der einzelnen Ebenen hat, soll schließlich im Rahmen meiner Erörterungen – im Schlusskapitel – nicht vergessen werden. Doch zunächst: Welche Aussagen über die Gestaltung der Einnahmenstruktur in föderalen Systemen lassen sich modellhaft aus den beiden Konzeptionen – Wettbewerbsföderalismus und kooperativer Föderalismus – ableiten? Antworten auf diese Frage finden sich im Folgenden.

3.1.1 Die Merkmale eines wettbewerbsföderal organisierten Besteuerungssystems

Die ökonomische Theorie des fiskalischen Föderalismus wurde seit den 1960er Jahren zunächst insbesondere von amerikanischen Ökonomen formuliert.[157] Das in seinem Ursprung sozialethisch verstandene Subsidiaritätsprinzip wurde

157 Zu nennen sind hier insbesondere Charles M. Tiebout (1956), Mancur Olson (1969), Wallace E. Oates (1972), und Albert Breton (1987). Vgl. (Lindner 2002: 15).

quasi in einer Theorie der Dezentralisation ökonomisiert (Lindner 2002: 15). Heute prägen die Prämissen der Theorie auch die Debatten in einzelnen föderal organisierten Staaten, wie auch der Bundesrepublik Deutschland.[158] Hier gehören die Annahmen aus der normativen Theorie des fiskalischen Föderalismus mittlerweile zu den über die Profession der Ökonomen hinaus reichenden und in Politik, Wissenschaft und veröffentlichter Meinung weit geteilten Vorstellungen, wie insbesondere der deutsche kooperativ organisierte Föderalismus in Richtung von mehr Wettbewerb unter den Gliedstaaten zu reformieren sei (Vanberg/Kerber 1994; Windisch 1998; Morath 1999).

Die Befürworter eines wettbewerbsorientierten Bundesstaatsverständnisses gehen davon aus, dass nicht nur der Wettbewerb privater Entscheidungsträger, sondern auch der Wettbewerb zwischen Gebietskörperschaften zu einer effizienten Ordnung führe. Unter dem Druck von Standortentscheidungen von Unternehmen und privaten Haushalten würden sich Staaten veranlasst sehen, eine attraktive Infrastruktur sowie effiziente Steuer- und Regulierungssysteme anzubieten. Ähnlich wie Unternehmen um Kunden konkurrieren, indem sie Produkte zu niedrigen Preisen anbieten, sollen aus Sicht der Vertreter der Theorie des fiskalischen Föderalismus Staaten um mobile Produktionsfaktoren konkurrieren, indem sie versuchen, eine möglichst attraktive Kombination aus öffentlichen Dienstleistungen und Steuer(-preisen) zu finden, die dafür zu entrichten sind (Lenk/Schneider 1999: 4; Seidel/Vesper 1999).

Der Wettbewerbsföderalismus rekurriert an dieser Stelle auf ein Besteuerungsprinzip, das sich ideengeschichtlich in der frühen Neuzeit findet. Aus der Auffassung der Staatswirtschaft als einer Privatwirtschaft im Großen folgte schon im Feudalismus die Rechtfertigung der Steuererhebung. Im Ständestaat war die Steuer eine Leistung der Stände, die mit der Gegenleistung des Fürsten aufgewogen werden musste. Leistung und Gegenleistung mussten einander entsprechen – eine Beziehung, die später und modifiziert bis heute unter dem Begriff des »Äquivalenzprinzips« (nicht zu verwechseln mit den Prinzip fiskali-

158 In der deutschen öffentlichen Diskussion taucht der Begriff »Wettbewerbs-« oder »Konkurrenzföderalismus« zu Beginn der achtziger Jahre auf. Während Schatz/von Ooyen und Werthes (1999: 7 f.) darauf abheben, dass die Verbreitung des Konzepts ursächlich mit den schon seit Mitte der siebziger Jahre verstärkten Auseinandersetzungen um Erfahrungen und Entwicklungsperspektiven des durch Politikverflechtung gekennzeichneten kooperativen Föderalismus zu tun habe, weist einer der damaligen Hauptkritiker und Vertreter der Politikverflechtungsthese, Fritz Scharpf (2005: 7), diesen engen Zusammenhang wie folgt zurück: »Auslöser war wohl weniger die politikwissenschaftliche Kritik an der Politikverflechtung als die neoliberale Version einer ökonomischen Theorie des Föderalismus, die jede Form der Kooperation zwischen Regierenden als ein gegen die Regierten gerichtetes Kartell verdächtigte und demgegenüber die wohlfahrtsfördernden Wirkungen des »Systemwettbewerbs« im allgemeinen und des »Wettbewerbsföderalismus« im besonderen hervorhob.«

scher Äquivalenz, zu dem ich noch kommen werde) seine Entsprechung findet (Uhl 2006a).

Das darin zu findende ökonomische Verhaltenskalkül von Unternehmen und privaten Haushalten bestimmt seine Präferenzen also in erster Linie nach den zugeordneten Preisen, denn Steuern werden als Preise betrachtet: Mehr öffentliche Leistungen erfordern höhere Kosten und damit höhere Steuern (höhere Preise) für die Bürger (Blankart 1994: 515) und umgekehrt.[159]

Sollen öffentliche Leistungen bei regional unterschiedlichen Präferenzen der Bürger beziehungsweise Wähler möglichst effizient bereitgestellt werden, wird davon ausgegangen, dass bei einer Übertragung der Aufgaben an nachgeordnete Gebietskörperschaften gegenüber einer bundeseinheitlichen Bereitstellung Wohlfahrtsgewinne erzielt würden. Voraussetzung dafür ist aber, dass BürgerInnen allzeit ihre Präferenzen offenbaren. Würden schließlich die Präferenzen in der jeweiligen Gebietskörperschaft nicht entsprechend berücksichtigt, könnten Unternehmen und private Haushalte bei offenen Systemen (weitere Voraussetzung) in eine andere Region abwandern (Tiebout 1956).[160] So sollten in einem föderalen Staatswesen Aufgaben und Ausgaben mit regional begrenztem Wirkungskreis dezentral wahrgenommen werden und nur die übrigen Aufgaben und Ausgaben dem Zentralstaat vorbehalten bleiben.

Damit die Vorteile in einem föderal aufgebauten Staatswesen wirksam werden können, sei eine klare Aufgabenverteilung unabdingbar und zudem erforderlich, dass die mit der Aufgabe betrauten Gebietskörperschaften auch über weitgehende Ausgaben- und Einnahmenautonomie verfügen.

Gerade die Möglichkeit, Steuern ändern zu können, ist die Voraussetzung für einen Wettbewerb zwischen den Gebietskörperschaften. Dies hätte – so die Vertreter der Theorie des fiskalischen Föderalismus – den Vorteil, dass Steueränderungen für den Wähler direkter zuordenbar wären. Davon könnte eine zähmende Wirkung ausgehen, die zu einer insgesamt niedrigeren Steuerbelastung führen und den in diesem Zusammenhang oft als »Leviathan« bezeichneten finanzhungrigen Staat in seine Schranken verweisen könnte.

Neben oben genanntem Autonomieprinzip (nachgeordnete Gebietskörperschaften sollen regional Autonomie bei den Ausgaben- und Einnahmenentscheidungen haben) muss aber auch eine Verwirklichung des Konnexitätsprin-

159 Die folgenden Ausführungen basieren im Wesentlichen auf den Darstellungen bei Peffekoven (1993), Blankart (1994), Homburg u. a. (1997), Lenk/Schneider (1999), Morath (1999), Seidel/Vesper (1999), Suntum (1999), Frey (2005).

160 Die unterschiedlichen Autoren weisen natürlich darauf hin, dass die Abwanderung nur dann stattfinden wird, wenn die Kosten der Mobilität, die nicht nur die Umzugskosten sondern auch Determinanten wie Arbeitsmöglichkeiten, sozialisationsbedingte regionale Verbundenheit, andere Lebenshaltungskosten etc. umfassen, den erwarteten Nutzen nicht überwiegen.

zips und des Prinzips der fiskalischen Äquivalenz angestrebt werden.[161] Nach dem Konnexitätsprinzip dürfen Aufgabenkompetenz und Ausgabenverantwortung grundsätzlich nicht auseinanderfallen. Zweck dieser Regel ist, dass eine übergeordnete Gebietskörperschaft einer nachgeordneten die Erfüllung einer bestimmten Aufgabe nicht ohne zusätzliche Finanzausstattung aufzwingen kann. Wird dennoch aus guten Gründen gegen das Konnexitätsprinzip verstoßen, sollte die übergeordnete Institution der untergeordneten bei übertragenen Aufgaben Kostenersatz leisten. Entfällt dieser Kostenersatz, würde den übergeordneten Gebietskörperschaften die Möglichkeit eröffnet, ihre Haushalte auf Kosten der untergeordneten Gebietskörperschaften zu konsolidieren.

Die Grundidee des Prinzips der fiskalischen Äquivalenz (Olson 1969) ist, dass für die verschiedenen öffentlich zu erfüllenden Aufgaben unterschiedliche räumliche Nutzerkreise vorliegen; zum Beispiel kleine Nutzerkreise für örtliche Feuerwehren und große für die Landesverteidigung. Entsprechend sollten die verschiedenen Staatsaufgaben auf die bestehenden Gebietskörperschaften aufgeteilt werden, so dass diese im Ergebnis über ein spezifisches Aufgabenbündel verfügen. Damit strategische Fehlanreize, insbesondere im Sinne eines Trittbrettfahrerverhaltens, vermieden werden, sollte nach dem Prinzip der fiskalischen Äquivalenz der Kreis der (regionalen) Abstimmungsberechtigten so gezogen werden, dass eine möglichst weitgehende Deckungsgleichheit zwischen (regionalen) Kostenträgern und (regionalen) Nutzern eines staatlichen Angebots gewährleistet ist. Dadurch käme es zu einem Prozess des Abwägens bezüglich der Höhe der regionalen Staatsquote und deren Struktur, da die positiven Ausgabeneffekte den aus der Einnahmenerzielung resultierenden negativen Belastungswirkungen gegenübergestellt würden.

Wenn die Gebietskörperschaften – so die Theorie weiter – Aufgaben- und Einnahmenautonomie unter Beachtung der Prinzipien der Konnexität und fiskalischen Äquivalenz haben, sind schließlich die Voraussetzungen für einen Entdeckungs- und Kostenwettbewerb zwischen den Gebietskörperschaften gegeben, der zu innovativeren und kostengünstigeren Aufgabenerfüllungen führen werde. Die Staatsbürger könnten dann Vergleiche anstellen und die eigene Regierung an den Erfolgen oder Misserfolgen anderer Regierungen messen. In einem so unter rein allokativen Gesichtspunkten aufgebauten föderalen Staat würden dann das Angebot an öffentlichen Gütern und die Steuerbelastung regional entsprechend den unterschiedlichen Präferenzen differieren.

161 Die genannten drei Grundprinzipien der Theorie des fiskalischen Föderalimus – Autonomie, Konnexität und fikalische Äquivalenz – hat Peffekoven (1993: 14) herausgearbeitet.

Welche Anforderungen an ein wettbewerbsförmig organisiertes föderales System lassen sich nun aber modellhaft bezogen auf die einzelnen Steuerarten hinsichtlich der Gestaltung der Einnahmenstruktur aus den genannten Prinzipien konkret ableiten?

Zunächst: Die Umsetzung des Autonomieprinzips und des Prinzips der fiskalischen Äquivalenz erfordert die weitgehende Verwirklichung eines Trennsystems. Hinsichtlich einzelner Steuerarten und des Finanzausgleichs werden dabei folgende Vorschläge unterbreitet (Wendt 1996: 27 f.; Blankart 1996: A3 f.; Homburg 1997: 85 f.; Lenk/Schneider 1999: 16 f; Rosenfeld 1999; Weichenrieder 2000: 81 f.):

So sollte die Umsatzsteuer/Mehrwertsteuer dem Bund beziehungsweise der übergeordneten Ebene zugewiesen werden. Zum einen sei sie als Instrument des Standortwettbewerbs nur wenig geeignet. Auch die Forderung nach Radizierbarkeit werde durch die Umsatzsteuer nicht erfüllt: in einer offenen Volkswirtschaft werden Waren frei über Grenzen gehandelt und sind – wenn sie durch die Überwälzung auf die KonsumentInnen schließlich bezahlt werden – nicht mehr örtlich zurechenbar. Dies sollten sie aus Sicht der Fiskaltheorie aber sein (fiskalische Äquivalenz).

Dem Bund beziehungsweise der übergeordneten Ebene sollten darüber hinaus die wesentlichen speziellen Verbrauchsteuern zugewiesen werden. Dies seien jene Steuern, die überwiegend aus nichtfiskalischen Gründen erhoben würden, und deren Lenkungsziel sich auf das gesamte Gebiet bezieht. Entscheidungen über Einführung, Abschaffung und Ausgestaltung müssten einerseits unabhängig von Verteilungsaspekten getroffen werden können, und andererseits sollte sich das fiskalische Resultat derartiger Änderungen auch bei derjenigen Gebietskörperschaft niederschlagen, die darüber zu entscheiden hat. Da alle speziellen Verbrauchsteuern hauptsächlich mit der Begründung der Verhaltensänderung bei den Wirtschaftssubjekten eingeführt wurden, sollten sie auch dem Bund zugeordnet werden.

Die Einkommen- und Körperschaftsteuer sollte dann den Gliedstaaten beziehungsweise der untergeordneten Ebene zugewiesen werden; einmal weil durch die Zuweisung der Umsatz- und Verbrauchsteuern an den Bund den Ländern nur noch diese Steuer als hinreichend ergiebige Einnahmequelle verbliebe, aber auch weil die Einkommen- und Körperschaftsteuer unter dem Gesichtspunkt der Anreizsetzung für einen Wettbewerb der Länder untereinander besonders geeignet erscheint. In Zeiten wachsender Konkurrenz um Investitionen und Ansiedlungen wäre ihnen damit ein Instrument in die Hände gegeben, das es ihnen ermöglicht, um Unternehmensansiedlungen einerseits und um ausgebildete Arbeitskräfte andererseits zu werben. In diesem Fall müssten auch Doppelbesteuerungsabkommen unter den Ländern geschlossen werden.

Die Mehrzahl der Autoren empfehlen jedoch die Variante eines gebundenen Trennsystems: Auf Basis einer einheitlichen Bemessungsgrundlage würde den Gliedstaaten dann die Möglichkeit gegeben, eigene Steuersätze zu erheben und den angestrebten Standortwettbewerb so über die Satzgestaltung auszutragen. Eine einheitliche Bemessungsgrundlage erscheine aus mehreren Gründen sinnvoll. Zum einen würden unterschiedliche Bemessungsgrundlagen die Vergleichbarkeit der Steuerbelastung in verschiedenen Bundesländern erschweren. Mangelnde Transparenz wirke jedoch wettbewerbseinschränkend. Zum anderen wären Unternehmen und Arbeitnehmer bei jedem Umzug über die Landesgrenzen mit einem neuen Steuersystem konfrontiert. Dies bringe hohe Informationskosten mit sich und wirke der angestrebten Mobilität der Produktionsfaktoren entgegen.

Weitgehend einig sind sich die exponiertesten Vertreter des wettbewerbsorientierten Konzepts zunächst darin, dass es – um die Vorteile des Autonomieprinzips nicht zunichte zu machen – einen primären vertikalen Finanzausgleich vom Bund in Richtung Länder nicht geben dürfe. Lediglich Zweckzuweisungen (im Rahmen eines sekundären vertikalen Finanzausgleichs) dürfen unter Umständen erhoben werden.

Auch ein horizontaler Finanzausgleich zwischen den Ländern sei in der Tendenz systemwidrig, so die Mehrzahl der genannten Autoren. Zunächst sei eine Umverteilung in Form einer Versicherung zwischen Staaten mit dem der Theorie zugrunde liegenden methodologischen Individualismus, wonach jedes Individuum und jede Institution ein nutzenmaximierender Akteur sei, nicht zu vereinbaren. Eine Umverteilung solle danach mit Personen und nicht mit Regionen verknüpft sein. Auch bestünde wie bei jeder Versicherung die Gefahr des »moral hazard«: der Versicherte unterließe Vorsorgeanstrengungen, nur weil daraus entstehende Schäden dem Kollektiv aufgebürdet werden könnten ohne die individuelle Versichertenprämie (in diesem Fall also den Beitrag im Finanzausgleich) entsprechend zu steigern.
Anders – wie zu erwarten – fallen die Folgerungen aus dem kooperativen Föderalismus aus.

3.1.2 Die Merkmale eines kooperativ organisierten Besteuerungssystems

Während der wettbewerbsförmig organisierte Föderalismus auf die effiziente Bereitstellung von Gütern über den Wettbewerb der Gebietskörperschaften setzt, ist oberstes Ziel eines kooperativen Föderalismus die Herstellung beziehungsweise die Wahrung einheitlicher Lebensverhältnisse und die Bereitstellung eines gleichen Angebots an öffentlichen Gütern und Dienstleistungen im Rahmen des Sozialstaatsgebots (Klatt 1982: 22). Während sich das Konzept des Wettbewerbsföderalismus in erster Linie aus der Theorie ableitet, hat der kooperative Föderalismus seine Wurzeln eher in der Ideen- und Realgeschichte, was im Folgenden kurz nachgezeichnet werden soll.

Erstmals wurde der Begriff des kooperativen Föderalismus in den 1930er Jahren zur Beschreibung des amerikanischen Bundesstaates eingeführt, als es infolge der sozialpolitischen Intervention des »New Deal«, der mit dem Namen des damaligen demokratischen Präsidenten Roosevelt verknüpft ist, zu einer Verschränkung von Zentralstaat und Gliedstaaten kam, die in diesem Ausmaß bis dahin unbekannt war (Laufer/Münch 1998: 247). Die Wahl des Demokraten war zu der Zeit ein Ausdruck der Unzufriedenheit der amerikanischen Bevölkerung mit der stark an Unternehmensinteressen orientierten Politik seines republikanischen Vorgängers (Hesse/Benz 1987: 3f.). Die Arbeitslosigkeit hatte einen Höhepunkt erreicht, der die untergeordneten Regierungsebenen durch die Gleichzeitigkeit von Steuerausfällen und den wachsenden Bedarf an sozialen Unterstützungsleistungen in eine schwere Finanzkrise führte. Obwohl die Finanzverflechtungen zwischen den verschiedenen Ebenen zuvor bereits zugenommen hatten und 1913 eine US-weite Einkommensteuer eingeführt worden war, nahm die Bedeutung der kooperativen Finanzstrukturen mit den umfangreichen Finanzhilfen seitens des Bundes im Rahmen des »New Deal« überdeutlich zu:[162] »Diese Veränderungen in der ›intergouvernementalen Struktur‹ sind eindeutig mit dem gerade in diesem Zeitraum forcierten Ausbau wohlfahrtstaatlicher Leistungen zu erklären« (Hesse/Benz 1987: 5).

In die bundesdeutsche Debatte wiederum gelangte der Begriff des kooperativen Föderalismus durch das sogenannte Tröger-Gutachten (Kommission für die Finanzreform 1966) im Jahr 1966 (Klatt 1982: 3). Darin vertrat die Kommission die Auffassung, dass das Steuerrecht in einem geschlossenen Wirtschaftsgebiet möglichst einheitlich sein müsse, weshalb dem Zentralstaat die Zuständigkeit für die Steuergesetzgebung gebühre.

Die Datierung im Zusammenhang mit dem Tröger-Gutachten weist aber auch darauf hin, dass der Begriff des kooperativen Föderalismus zur Bezeichnung des bundesrepublikanischen Modells jünger ist als seine tatsächlichen Erscheinungsformen. So erstreckt sich der Entwicklungspfad, der zum Ver-

162 Die zu dieser Zeit neuen Bundesprogramme betrafen vor allem den Sozialsektor. Während 1932 die Transfers des Bundes auf nachgeordnete Ebenen noch 232 Millionen Dollar betrugen, umfassten sie 1940 bereits 2,4 Milliarden Dollar, davon 2 Milliarden im Bereich der Sozial- und Wohlfahrtspolitik (Hesse/Benz 1987: 5),

bundföderalismus der Gegenwart führte, laut Gerhard Lehmbruch (2002: 12) über einen Zeitraum, der noch deutlich vor der Bismarckzeit einsetzte. Zentrale institutionelle Weichenstellungen, die bis heute nachwirken, gingen insbesondere auf die Paulskirchenverfassung von 1849 zurück. Darin sei es darum gegangen, die kulturell bestimmte Zielsetzung der Rechtseinheit, das heißt das unitarische Programm des liberalen Bürgertums, mit dem Interesse der Länderbürokratien an der grundsätzlichen Wahrung ihrer Organisationsdomäne vereinbar zu machen. Dem sollte die in der Paulskirchenverfassung gefundene eigentümliche Form des deutschen Exekutivföderalismus (Gesetzgebung beim Bund, Verwaltung bei den Ländern) dienen. Dies setzte sich schließlich auch später in der Bismarckzeit fort, denn es waren die Nationalliberalen, die im ersten Jahrzehnt des Reiches die Hauptstütze der Bismarck'schen Politik waren (Lehmbruch 2002: 31 und 38 f.). Lehmbruch beschreibt auch eine andere »kulturelle Orientierung« als Triebkraft für die Unitarisierung: Das deutsche Bürgertum fand sich nicht mit der Heterogenität gesellschaftlicher Lebensverhältnisse und administrativer Regelungen ab. Föderative Heterogenität war für die deutsche Öffentlichkeit des 19. Jahrhunderts bis weit ins 20. Jahrhundert hinein mit dem Makel der »Kleinstaaterei« behaftet.

Darüber hinaus hemmten auch die fortschreitende Industrialisierung und die damit einhergehende Verarmung und Verelendung immer weiterer Kreise der Bevölkerung die freihändlerische Begeisterung für die ungehemmte Entfaltung der Wirtschaftsenergien.

So entdeckten auch die nationalliberalen Vertreter – entgegen den klassischen Vorschlägen des Liberalismus – die Einkommensteuer für sich. Dass sie dies taten, erklärt der Finanzwissenschaftler Fritz Karl Mann (1937: 229 f.) mit den Widersprüchlichkeiten, denen diese in der Praxis ausgesetzt waren: »Der geistige Zwang, unter dem die liberalen Staatsmänner standen, machte sie zu geborenen Gegnern der allgemeinen Einkommensteuer. Aber die Gewalt der finanzpolitischen Lage hat sie allmählich mit der theoretischen Unfolgerichtigkeit ausgesöhnt. Dem Staatsinteresse opferten sie ihre Doktrin.« Aber noch mehr: Die liberalen Finanzpolitiker hielten es für ihre Pflicht, das Programm der allgemeinen Einkommensteuer auch wissenschaftlich zu unterbauen und griffen hierbei auf das überlieferte individualistische Gedankenrüstzeug des Naturrechts zurück. So wurde – wie Mann an anderer Stelle beschreibt (Mann 1937: 248) – die naturrechtliche Überlieferung vom Vorrang der direkten Steuern wiederaufgenommen und mit politischen Motivationen gestützt (Rücksicht auf Demokratie und Parlamentarismus durch die Offenkundigkeit der Steuer – zu verstehen gegenüber der »Unsichtbarkeit« indirekter Besteuerung; Rücksicht auf die politische Freiheit: »Die direkte Steuer ist die Steuer des freien Mannes«). Mit diesen Positionen waren die Liberalen in einen neuen und scharfen

Gegensatz zu den konservativen Parteien getreten, die in der Einkommensteuer eine Gefährdung ihrer Besitzinteressen witterten und daher umso vernehmlicher das Loblied der indirekten Steuern sangen. Auch Bismarck bevorzugte die indirekten Steuern – im Gegensatz zum Nationalliberalen und damaligen preußischen Finanzminister Miquel – und verfolgte das Ziel der Abschaffung aller direkten Steuern.

So mag die Ausgestaltung der ersten Finanzverfassung des Reiches kaum verwundern: Hier konnten sich die Länder und die sie tragenden gesellschaftlichen Eliten weitgehend durchsetzen und die direkten Einkommensteuern blieben in Ertrag und Gestaltung den Ländern vorbehalten. Dem Reich blieben schließlich nur Zölle, Verbrauchsteuern und sonstige Abgaben (Mehrwertsteuern wurden zu dieser Zeit noch nicht erhoben). So konnte der auf dem allgemeinen und gleichen Wahlrecht beruhende Reichstag nur über die Abgaben beschließen, die im Wesentlichen den Konsum der breiten Masse belasteten. Über umverteilungsträchtige Steuern auf Einkommen und Vermögen hatten dagegen nur die Landtage und Gemeindeparlamente zu beschließen, in denen höchst ungleiche Wahlrechtsysteme die Besitzenden begünstigten, die wiederum wenig geneigt waren, finanzpolitische Kompetenzen an das Reich abzugeben (Lehmbruch 2002: 47 f.; Witt 1992: 86 f.). Allerdings enthielt die Verfassung des Deutschen Reiches auch ein kleines Zugeständnis an die Nationalliberalen und ihren Finanzminister, der sich mit der Forderung nach direkten Reichsteuern nicht durchsetzen konnte. So behielt Artikel 70[163] dem Reich die Möglichkeit vor, die Länder zu einer Umlage heranzuziehen, so die Einnahmen des Reiches nicht ausreichten. Dieser Verfassungsartikel begründete schließlich auch die Formulierung, die das Reich »zum Kostgänger der Länder« degradierte. Den sogenannten »Matrikularbeiträgen« wurde zur Berechnung die Einwohnerzahl der Länder zugrundegelegt, was schließlich vor allem die kleinen Länder benachteiligte und die Finanzkraftunterschiede zwischen den Gliedstaaten noch verschärfte. Aber auch das Reich litt beständig an Finanznot, insbesondere wegen der Finanzierung der Rüstungspolitik, so dass die Länder schließlich im Jahr 1906 Konzessionen machten und der Einführung einer Erbschaftsteuer als erster großer direkter Bundessteuer zustimmten.

---

163 »Zur Bestreitung aller gemeinschaftlichen Ausgaben dienen zunächst die etwaigen Ueberschüsse der Vorjahre, sowie die aus den Zöllen, den gemeinschaftlichen Verbrauchssteuern und aus dem Post- und Telegraphenwesen fließenden gemeinschaftlichen Einnahmen. Insoweit dieselben durch diese Einnahmen nicht gedeckt werden, sind sie, so lange Reichssteuern nicht eingeführt sind, durch Beiträge der einzelnen Bundesstaaten nach Maßgabe ihrer Bevölkerung aufzubringen, welche bis zur Höhe des budgetmäßigen Betrages durch den Reichskanzler ausgeschrieben werden.« (Artikel 70 der Verfassung des Deutschen Reiches).

Allerdings wurde diese Entwicklung auch durch die gesellschaftlichen Auseinandersetzungen der damaligen Zeit deutlich befördert. So hatten die Nationalliberalen bei ihrer Forderung nach einer zentral organisierten progressiven Einkommensbesteuerung im Reichstag mächtige Verbündete, die Sozialisten.

Aus den politischen Kämpfen, an denen seit Mitte des 19. Jahrhunderts Arbeiterparteien beteiligt waren, formulierte Ferdinand Lassalle im Anschluss an Say, den »Chef der französischen Bourgeois-Oekonomie« (Lassalle 1893: 21) dass jede Steuer ungerecht sei, die den Einzelnen nicht im Verhältnis zu seinen Einkünften träfe. Und gerade die indirekten Steuern träfen jeden umso stärker, je ärmer er sei. Durch die indirekte Steuer sichere sich das Kapital so gut es eben gehe die Steuerfreiheit, die früher in der Adelszeit beim adligen Grundbesitz anzutreffen gewesen sei. So forderten Lassalle und die deutsche Sozialdemokratie zentral die Progression der Einkommensbesteuerung und die Abschaffung der indirekten Steuern.

Im Windschatten einer erstarkenden Arbeiterbewegung forderten auch die bürgerlichen Sozialreformer seit etwa Mitte des 19. Jahrhunderts eine »sozialpolitische Besinnung«. Sozialpolitik und Steuerreform sollten unzertrennlich sein. Die Zeit sollte vorüber sein, so Constantin Frantz (1881: 49), in der das Steuerwesen »nur unter dem fiskalischen Gesichtspunkt gehandhabt« wurde, in der die Finanz zufrieden war, wenn die erforderlichen Steuern eingingen und nicht weiter fragte, »ob die Gesellschaft in Millionäre und Proletarier zerfällt«. Die Steuer erhielt so eine neue umfassende Aufgabe: sie sollte als Regulator der Wohlstandsverhältnisse dienen. Eine soziale Steuerpolitik sollte für einen gerechten Ausgleich der bis dahin als gegeben unterstellten Einkommens- und Vermögensverteilung sorgen. Obwohl bereits zeitlich früher Forderungen nach steuerlicher Abschwächung der Ungleichheit der Besitzverteilung vernehmbar gewesen waren, waren es die Sozialreformer, die dem Staat eine umfassende sozialethische Funktion zuwiesen und damit einhergehend auch die Aufgabe, auf eine »richtige« Verteilung des Volkseinkommens hinzuwirken.

»Die sozialpolitische Zeitströmung war so stark«, so Fritz Karl Mann (1937: 308), dass sogar Bismarck, »dessen steuerpolitische Neigungen in die entgegengesetzte Richtung wiesen, sich ihr nicht zu entziehen vermochte«.

Neben den sozialpolitischen Vorstellungen, die sich im Zuge der Sozialreformen auch auf die Ausgestaltung der Steuersysteme bezogen, gewannen in den 20er Jahren des 20. Jahrhunderts auch zunehmend wirtschaftspolitische Ziele Raum in den finanzwissenschaftlichen Debatten und schließlich auch in den konkreten Steuergesetzen.[164]

164 Mit der von John Maynard Keynes in seiner »General Theory« vorgeschlagenen redistributiven Besteuerung wurde das bis dahin vorwiegend sozial-ethisch motivierte Programm der

Nach dem Zweiten Weltkrieg war aus Sicht der Deutschen, wie Fritz Scharpf (1999a: 25) schreibt, so gut wie unstreitig, dass der weit überwiegende Teil der Gesetzgebungszuständigkeiten dem Bund – als ausschließliche, konkurrierende oder Rahmengesetzgebungskompetenz – zustehen sollte. Damit wurde eine Regelung aufgegriffen und modifiziert, die bereits die Steuerpolitik nach dem Ersten Weltkrieg prägte. So erfuhr die Finanzverfassung des Bismarckreiches bereits nach dem Ersten Weltkrieg eine deutliche Veränderung: Den Hintergrund bildeten sowohl die ideellen Debatten rund um das Thema Steuergerechtigkeit um die Jahrhundertwende, die bereits erwähnten materiellen Schwierigkeiten des Reiches aufgrund der existierenden Finanzverfassung und schließlich die Kriegsfolgen des Ersten Weltkrieges. So wurde in der Weimarer Finanzverfassung und in der sich daran anschließenden Reichsfinanzreform neben der altbekannten Zuständigkeit des Bundes für Zölle und Verbrauchsabgaben dem Reich die konkurrierende Gesetzgebung für sämtliche anderen Steuern und Abgaben zugesprochen, soweit das Reich diese ganz oder teilweise für sich in Anspruch nehmen wollte. Es blieb, wie Gerhard Lehmbruch (2002: 55) schreibt, kein Steuerreservat zugunsten der Länder übrig. Herzstück der Neuordnung waren die Einkommen- und Körperschaftsteuer, die als Verbundsteuer ausgestaltet wurden. Sie wurde vom Reich gestaltet, aber die Länder verfügten (zunächst) über zwei Drittel ihres Ertrages. Konkurrierende gleichartige Länder- und Gemeindesteuern durfte es nicht mehr geben.

Auch wenn die konkrete Ausgestaltung des staatlichen Einnahmensystems im Grundgesetz des Bundesrepublik Deutschland nach dem Zweiten Weltkrieg (vorübergehend wieder) deutlichere Züge eines Trennsystems trug, hatten die Ausgestaltung und Ausübung der Besteuerung ein vorwiegendes Ziel: die Herstellung von einheitlichen Lebensverhältnissen im Bundesgebiet und die Umverteilung im Rahmen des Sozialstaatsgebots.

Die Ideen und realen Ausprägungen eines kooperativen Föderalismus sind im Rückblick also verknüpft mit Vorstellungen über eine im gesamten Gebiet zu erzielende »größtmögliche Rechtseinheit« und Vorstellungen von sozialer Umverteilung: unter den Gliedstaaten und BürgerInnen mit dem Ziel, einheitliche Lebensverhältnisse über verschiedene Mechanismen zu erreichen. Die

Einkommensumverteilung mit einer sozial-ökonomischen Begründung ausgestattet: die »Neigung zum Verbrauch« und damit die effektive Nachfrage sollte durch Einkommensnivellierung verstärkt werden, um zur Vermehrung der Beschäftigung – dem zentralen Ziel der Fiscal Policy – beizutragen. Anzumerken ist, dass im Rahmen der Beschäftigungsorientierung der Fiscal Policy das Hauptaugenmerk auf der Politik der öffentlichen Ausgaben und der öffentlichen Verschuldung liegt, die Steuerpolitik so zwar einbezogen ist, ihr allerdings nicht die zentrale Perspektive gilt.

Umverteilung muss auf der Ebene lokalisiert werden, auf der der Gleichheitsanspruch definiert wird, und muss dort wiederum auch die Ressourcen erwirtschaften können, die nötig sind, um diesen Anspruch auch durchzusetzen.

Welche Anforderungen an ein kooperativ organisiertes föderales System lassen sich modellhaft bezogen auf die einzelnen Steuerarten hinsichtlich der Gestaltung der Einnahmenstruktur aus den genannten Prinzipien konkret ableiten?

Eine »größtmögliche Rechtseinheit« zu gewährleisten, impliziert, sowohl die Gestaltungs- beziehungsweise Gesetzgebungskompetenz als auch die Verwaltungskompetenz in erster Linie bei der Zentrale anzusiedeln, allerdings unter Beteiligung der nachgeordneten Gliedstaaten. Dies ist eine der minimalen Anforderungen ist an eine föderale Struktur im Unterschied zu einem Zentralstaat. Dies gilt für die örtlich nicht zurechenbaren Steuern – Verbrauch- und Umsatzbesteuerung – aber insbesondere auch für diejenigen Steuern, die in erster Linie eine umverteilende Wirkung haben: die Einkommen- und Körperschaftsteuern. Die Erträge der Steuern wiederum werden im Verbundsystem aufgeteilt entsprechend der Aufgabenverteilung. So findet auch hier das Prinzip der Konnexität Anwendung, von dem im Rahmen der Darstellung des wettbewerbsföderalen Modells schon die Rede war. Danach muss zu der jeweiligen Aufgabe, die eine Ebene zu erfüllen hat, auch die entsprechende Finanzierung über Einnahmen möglich sein. Im Falle einer zentral organisierten Steuererhebung wird so ein primärer vertikaler Finanzausgleich nötig.

Geht man von einer Zurechenbarkeit des Steueraufkommens bei der Einkommen- und Körperschaftsteuer nach Gliedstaaten aus, so muss auch hier ein Finanzausgleich gesucht werden. Dies gilt auch deshalb, weil jede Aufteilung der Erträge anhand von Kriterien wie etwa dem örtlichen Aufkommen (wie in der Bundesrepublik), der Einwohnerzahl oder der Wirtschaftskraft (BIP eines Landes) o. Ä. zu Disparitäten führen kann, so die Regionen unterschiedlich dicht besiedelt sind, mit mehr oder weniger Reichtum beziehungsweise Armut aufgrund von Arbeitslosigkeit umgehen (müssen) und/oder sich ihre Wirtschaftskraft unterscheidet. Auf diese Weise wird auch ein vertikales und/oder horizontales Finanzausgleichsystem notwendig, da jede Zuordnung und Verteilung des Steueraufkommens mit Disparitäten unter den Gliedstaaten verbunden ist.

Dieses horizontale und vertikale Finanzausgleichsystem ist es schließlich, das den besonderen Ruf des kooperativen Föderalismus ausmacht. Denn nur über diese Finanzierungsströme können Prinzipien wie die Einheitlichkeit oder zumindest Gleichwertigkeit der Lebensverhältnisse im Bundesgebiet gewährleistet werden. So ist es auch kein Zufall, dass sowohl in den USA wie in der

Bundesrepublik Deutschland das kooperative Element des jeweiligen Fiskalföderalismus insbesondere dann konstatiert wurde, als entsprechende Modelle eingeführt wurden.

Welche Erkenntnisse lassen sich nun aber im Folgenden aus dem Vergleich der modellhaft abgeleiteten Merkmale eines wettbewerbsförmig beziehungsweise eines kooperativ organisierten föderalen Systems mit den derzeit existierenden Systemen in den USA, Deutschland und der Europäischen Gemeinschaft hinsichtlich der Gestaltung der Einnahmenstruktur ziehen? Dies ist Thema des folgenden Abschnittes.

3.2 Idealtypische Merkmale im Abgleich mit der US-amerikanischen, der bundesdeutschen und der europäischen Gegenwart

Zunächst ist festzuhalten, dass keines der drei realweltlichen Modelle die Struktur der modellhaft entwickelten Besteuerungsstrukturen im Bundesstaat aufweist. Die hier betrachteten Ebenen – Zentrale und Gliedstaaten – sind in den derzeit praktizierten Fiskalföderalismen Europas, der USA und Deutschlands einerseits mehr miteinander verstrickt, als die Umsetzung eines rein wettbewerbsföderal organisierten Modells nahe legen würde. Auf der anderen Seite sind sie aber auch weniger in kooperative Strukturen eingebunden, als das diesbezügliche Modell impliziert. Hinsichtlich der europäischen steuerpolitischen Verfasstheit zeigt der Vergleich, dass das europäische Modell den Ansprüchen an eine wettbewerbsföderale Verfasstheit deutlich besser genügen kann als der heutige US-amerikanische Fiskalföderalismus mit seinen vielfältigen Verflechtungen und Überlappungen. Im Unterschied zu den modellhaften Ableitungen aus dem Wettbewerbs- und kooperativen Föderalismus, die im Ergebnis der Bewertung von Mehrwertsteuer und Verbrauchsteuern gar nicht so weit auseinander liegen, spitzen sich die Unterschiede in erster Linie auf die Steuerhoheit bei der Einkommen- und Körperschaftsteuer und den (fehlenden) Finanzausgleich zu. Gerade bei diesen Vergleichen weist die europäische Verfasstheit deutlich in Richtung Wettbewerbsföderalismus.

3.2.1 Zur Einordnung der einkommensteuerlichen Mehrebenenverflechtung Europas

Hinsichtlich des US-amerikanischen Trennsystems auf der einkommensteuerlichen Gesetzgebungsseite ist anzumerken, dass zwar ein Trennsystem im Rahmen der Einkommen- und Körperschaftsteuern (income taxes, corporate income taxes)[165] existiert, allerdings nicht – wie das wettbewerbsföderale System aus Transparenzgründen implizieren würde – lediglich auf einer Ebene. Hier werden auf beiden Ebenen, der Zentrale und der Gliedstaaten, Einkommen- beziehungsweise Körperschaftsteuern erhoben, und zwar jeweils in sehr unterschiedlicher Form. So existiert auf der horizontalen Ebene der Gliedstaaten keine einheitliche Steuerbemessungsgrundlage, die für alle Gliedstaaten Gültigkeit beanspruchen könnte. Aber auch unterhalb dieser Ebene verfügen die USA weder über ein vollständiges Netz an Abkommen zur Verhinderung der Doppelbesteuerung im Rahmen ihrer horizontalen Finanzbeziehungen unter den Gliedstaaten, noch verfügen sie über einheitlichen Regelungen betreffend die steuerliche Anrechnung oder Freistellung bereits gezahlter Steuern. Auch ein einheitliches System von Kontrollmitteilungen oder auch nur des institutionalisierten Informationsaustauschs ihrer Steuerverwaltungen gibt es nicht. Zwar bestehen Abkommen beziehungsweise Vorgaben auf nationaler Ebene, beispielsweise hinsichtlich eines Anrechnungssystems, allerdings wird dies weder in den horizontalen Beziehungen unter den Gliedstaaten noch in den vertikalen Beziehungen zwischen Gliedstaaten und Föderation vollständig umgesetzt. Es existieren in den USA zwar durchaus vertikale Kooperationsformen und vertragliche Gestaltungen mit dem Ziel, die Steuergrenzen durchlässiger zu machen und Wettbewerbsverzerrungen zu minimieren. Allerdings werden diese Kooperationen nicht überall auf Basis vergleichbarer Vorgaben praktiziert, das heißt was an konkreten Verabredungen zwischen Bundesstaat A und B gilt, muss längst nicht dem Inhalt beziehungsweise der Struktur der Steueraufteilung zwischen Bundesstaat B und C entsprechen. Zwar gibt es auch hier einzelne Musterverträge, diese sind jedoch nicht verbindlich und werden in ihren konkreten Vorgaben auch tatsächlich unterschiedlich aufgegriffen.[166] So wird das amerikanische Trennsystem in einer Weise praktiziert, dass aus Sicht des Wettbewerbsföderalismus mangels Transparenz, mangels

165 Die folgenden Ausführungen betreffend die USA basieren im wesentlichen auf Kenyon (1991), Weiner (1992), Heun (1994), Stotsky/Sunley (1997), Sunley/Stotsky (1998), Keman (2000) und dem Bundesministerium der Finanzen (2005a).

166 Für einen Überblick über die unterschiedlichen Ausgestaltungen der körperschaftssteuerlichen Modelle in den amerikanischen Bundesstaaten und die Schwierigkeiten damit, siehe insbesondere Weiner (1992) und Heun (1994).

fiskalischer Äquivalenz und tatsächlicher regionaler Autonomie deutlich zu kritisieren ist.

In dieser Hinsicht verfügt das einkommen- und körperschaftsteuerliche Trennsystem der Europäischen Gemeinschaft über ein deutliches Mehr an eindeutigen Zuordnungen und entsprechender Transparenz für die Wirtschaftsteilnehmer, auch wenn nach wie vor nicht alle Steuergrenzen zwischen den Steuerjurisdiktionen aufgehoben und Wettbewerbsverzerrungen beseitigt sind, wie die Europäische Kommission immer wieder betont und es der Europäische Gerichtshof immer wieder korrigiert. Dennoch kommt das europäische einkommensteuerliche Trennsystem weit näher an die wettbewerbsföderalen Idealvorstellungen heran als das US-amerikanische Einkommens- und Körperschaftsteuersystem.

Die europäischen Mitgliedstaaten sind in ein nahezu vollständiges Netz bilateraler Doppelbesteuerungsabkommen (DBA) eingebunden, das heißt in völkerrechtliche Verträge, die sicherstellen sollen, dass kein Marktteilnehmer für denselben Sachverhalt doppelt besteuert wird. In verschiedenen Richtlinien werden darüber hinaus die Aushandlungsmöglichkeiten, die den Mitgliedstaaten im Rahmen der DBA-Verhandlungen bleiben, in der Weise zusätzlich beschnitten, indem genau festgelegt wird, welchem Mitgliedstaat welcher Anteil an der Steuerbasis zusteht. Auch der Europäische Gerichtshof ist ein verlässlicher Partner auf Seiten der Marktfreiheiten und schränkt die Möglichkeiten der Mitgliedstaaten deutlich ein, durch beschränkende Maßnahmen Steuersubstrat im Land zu halten. So setzt der EuGH die Marktfreiheiten auch gegen die mitgliedstaatlichen Steuersysteme durch.

Schließlich zeichnet sich auf europäischer Ebene ab, dass sich das europäische Modell in Richtung eines gebundenen Trennsystems entwickeln könnte (Gemeinsame Konsolidierte Körperschaftsteuer-Bemessungsgrundlage – GKKB –, siehe Kapitel 1, Abschnitt 1.4.1), wie es auch der alternativen Idealvorstellung, abgeleitet aus der ökonomischen Theorie des fiskalischen Föderalismus entspricht. Denn auf Basis einer einheitlichen Bemessungsgrundlage würde den Gliedstaaten die Möglichkeit gegeben, eigene Steuersätze zu erheben und den angestrebten Standortwettbewerb entsprechend über die Satzgestaltung auszutragen. Dieses gebundene Trennsystem, im Rahmen dessen auch die Verwaltung und die Verfügung über den Ertrag bei den Gliedstaaten verbleiben, gewährleistet aus Sicht der Wettbewerbsföderalisten sowohl die Vergleichbarkeit der Steuerbelastung in verschiedenen Gliedstaaten und ist entsprechend Voraussetzung für einen steuerlichen Standortwettbewerb. Darüber hinaus würde so die Mobilität von Unternehmen und Arbeitnehmern erst richtig möglich, denn diese sind dann nicht bei jedem Umzug, bei jeder Verlagerung über Landesgrenzen hinweg mit einem neuen Steuersystem konfrontiert und damit mit hohen Informationskosten.

Aber auch das bundesdeutsche Verbundsystem bei der Besteuerung von persönlichem Einkommen und Körperschaften weist einige Abweichungen vom Modell des kooperativen Föderalismus auf, die sich wiederum in Richtung des europäischen Modells bewegen. So findet die Gesetzgebung zwar auf nationaler Ebene statt, verwaltet werden die Steuern aber von den Gliedstaaten. Von dort wird dem Bund sein verfassungsmäßiger Anteil zugewiesen.

An dieser Stelle wird schließlich des Öfteren der Vorwurf laut, die bundesdeutschen Länder würden sich durch ihre unterschiedlichen Vorgaben und die unterschiedliche Strenge bei der Ausübung ihrer Verwaltungshoheit Vorteile im bundesweiten Standortwettbewerb verschaffen wollen. So hat zum Beispiel der Bundesrechnungshof in seinem Bericht 2006[167] zum wiederholten Mal darauf hingewiesen, dass es Mängel bei der Verwaltung der Steuern gäbe, die überwiegend im föderalen Steuersystem begründet lägen und eine Übertragung der Verwaltungskompetenzen auf den Bund nötig machen würde.

Dadurch dass die Verwaltungshoheit bei den Ländern liegt, muss darüber hinaus ein recht aufwändiges System des horizontalen Finanzausgleichs praktiziert werden. Würden die Steuern im Verbund durch den Bund eingetrieben, würde sich diese Verteilungsschwierigkeit jedoch ebenfalls stellen. Allerdings würde das Steueraufkommen dann vertikal werden müssen wobei den Ländern weiterhin eine Mitbestimmung im Bundesrat zustehen würde. Dies weist bereits auf zwei Besonderheiten der Bundesrepublik im Hinblick auf die skizzierten idealtypischen Modelle hin: Erstens liegt die Gesetzgebung in der Regel beim Bund, während die Verwaltung den Ländern untersteht. Zweitens ist die Bundesrepublik der einzige föderal organisierte Staat, der den Regierungen der Gliedstaaten die unmittelbare Mitbestimmung über die Gesetzgebung des Bundes einräumt. Dies wiederum kommt in zweierlei Hinsicht den europäischen Strukturen nahe: Erstens werden auch im Falle Europas die europäischen Vorgaben über die Mitgliedstaaten durchgesetzt – oder, entsprechend den Kritiken –, zum Teil auch nicht. Zweitens sind es auch hier die Mitgliedstaaten, die im Rahmen des Rates über die steuerlichen Vorgaben unmittelbar mitbestimmen. Allerdings tun sie dies im Unterschied zur föderalen Mehrheitsregel der Bundesrepublik im Steuerbereich einstimmig.

167 S. Internet http://www.bundesrechnungshof.de/aktuelles/probleme-beim-vollzug-der-steuergesetze (zuletzt aufgerufen am 10.8.2006).

3.2.2 Zur Einordnung der mehrwertsteuerlichen Mehrebenenverflechtung Europas

Im Unterschied zu den Regelungen im Zusammenhang mit der Besteuerung der unterschiedlichen Einkommensarten neigt die europäische Regelung im Hinblick auf die Mehrwertsteuer dem kooperativen Modell zu. Hier tendiert Europa im Wesentlichen in Richtung eines Verbundmodells, da hier auch die Ertragsseite in die vertikale Verflechtung beziehungsweise Verteilung einbezogen ist. Die gesetzlichen Vorgaben werden auf europäischer Ebene entschieden; den Staaten bleiben nur wenige Spielräume im Rahmen von Bandbreiten, auch wenn nur der untere Wert – im Gegensatz zum oberen – verbindlich fixiert wurde. Neben den Gestaltungsvorgaben existieren enge europäische Verwaltungsvorgaben, an die sich die nationalen Steuerbehörden bei der Erhebung halten müssen, auch wenn die Verwaltungseinheiten nach wie vor der nationalen Aufsicht unterstehen. Wenn zuvor über die bundesrepublikanische Verwaltungshoheit bei der Einkommensbesteuerung berichtet wurde, so gehen die autonomen Möglichkeiten der bundesdeutschen Länder hier erheblich über die Möglichkeiten der europäischen Mitgliedsländer hinaus.

Dies gilt im Übrigen auch für die europäische Regelung im Zusammenhang mit der Mehrwertbesteuerung des elektronischen Handels. Hier wird ein Land im Auftrag der europäischen Ebene für alle Mitgliedstaaten tätig und teilt die Einkünfte aus der Mehrwertsteuer schließlich gemäß dem Bestimmungslandprinzip auf. Hier wurde ein Modell verwirklicht, das noch über die modellhaft abgeleiteten Anforderungen an einen kooperativen Föderalismus hinausgeht.

Das Stichwort Bestimmungslandprinzip macht darüber hinaus aber auch die Besonderheit des europäischen Modells gegenüber den modellhaften Ableitungen deutlich. Beide Modelle nehmen die Mehrwertsteuer aus dem Wettbewerb. Aus diesem Grund ist sie im Trennsystem des Wettbewerbsföderalismus auf der nationalen Ebene angesiedelt und wird im kooperativen Modell im Verbund gestaltet und verwaltet.

Würde im europäischen Maßstab das Bestimmungslandprinzip[168] durch das Ursprungslandprinzip ersetzt, wie die Europäische Kommission es erreichen möchte, wäre damit der Steuerwettbewerb in Europa eröffnet. Denn es ist kaum denkbar, dass die Staaten mit hohen Steuersätzen die Produkte und Dienstleistungen, die in ihrem Land produziert werden, dem Nachteil erhöhter Sätze im Vergleich zu Importprodukten aus Ländern mit vergleichsweise niedrigen Sätzen aussetzen werden.

Mit einem solchen Übergang zum Ursprungslandprinzip würden sich die europäischen Mitgliedstaaten dann – jedoch in verschärfter Form – die Nachteile einhandeln, die die US-amerikanischen Bundesstaaten in Ansätzen kennen. Dort unterliegt die Umsatzsteuer (sales and use taxes) im Trennsystem der Steuerhoheit der Bundesstaaten, die diese auf Basis jeweils eigener Gesetze erheben. Diese Umsatzsteuern sind nur in Einzelfällen – und dann auch nur ansatzweise – aufeinander abgestimmt. Die Folgen sind nicht nur Probleme, die sich aus dem Steuerwettbewerb durch die Unterschiedlichkeit der Steuersätze ergeben, sondern auch Probleme im zwischenstaatlichen US-Handel.

Ein europäischer Übergang zum Ursprungslandprinzip wäre dem entgegen weit weniger mit handelshemmenden Wettbewerbsverzerrungen durch unterschiedliche Steuergesetze verknüpft, sondern würde über die Sätze ausgetragen werden. Ein solches Modell – also der Übergang zum Ursprungslandprinzip bei der europäischen Mehrwertbesteuerung ohne vorherige Angleichung der Steuersätze – würde folglich zu einem Wettbewerb führen, der auf der Ebene der modellhaften Ableitungen noch nicht einmal von den Vertretern der Theorie des fiskalischen Föderalismus gefordert wird.

Eine Einordnung der Verfasstheit der europäischen Mehrwertsteuer beim Verbundsystem des kooperativen Modells bietet sich auch deshalb an, weil die Erträge aus der Steuer im Verbund aufgeteilt werden, auch wenn die europäische Ebene deutlich weniger teilhat an diesen Erträgen als vergleichbare real existierende Fiskalföderalismen, wie etwa der Bundesrepublik. Unterlag die Mehrwertsteuer hier über Jahre der Trennung – der Bund war allein zuständig (allerdings beauftragte er die Länder mit der Ausübung der Verwaltungshoheit) – so werden hier die Gemeinden in geringem Umfang beteiligt. Auf europäi-

168 Nur zur Erinnerung: Das Bestimmungslandprinzip besagt, dass beispielsweise Waren zu den Bedingungen desjenigen Landes besteuert werden, in dem sie schließlich an EndverbraucherInnen verkauft werden. Demgegenüber besagt das Ursprungslandprinzip, dass beispielsweise Waren zu den Bedingungen besteuert werden, wie sie im Land ihrer Herstellung gelten. Werden diese in ein anderes Land exportiert, gilt nach wie vor der Steuersatz des Ursprungslandes, obwohl die gleichen Waren im Bestimmungsland, also dem Land, in dem die Waren schließlich an EndverbraucherInnen verkauft werden, möglicherweise einem viel höheren Satz unterliegen.

scher Ebene hingegen machten die sogenannten Mehrwertsteuer-Eigenmittel im Jahr 2004 rund 14, 4 Prozent der gesamten EU-Einnahmen aus.

Die europäischen Mehrwertsteuer-Eigenmittel ergeben sich aus der Anwendung eines einheitlichen Satzes auf die nach Gemeinschaftsvorschriften harmonisierte Mehrwertsteuer-Bemessungsgrundlage eines jeden Mitgliedstaats. Diese Grundlage wird jedoch nicht in vollem Umfang herangezogen, sondern nur bis zu 50 Prozent des Bruttonationaleinkommens (BNE) des betreffenden Mitgliedstaats. Mit dieser Kappung soll vermieden werden, dass die weniger wohlhabenden Mitgliedstaaten, in denen der Verbrauch und somit die Mehrwertsteuer einen verhältnismäßig höheren Anteil am Nationaleinkommen ausmachen, einen Betrag abführen müssen, der nicht in Relation zu ihrer Beitragskapazität steht.[169]

3.2.3 Zur Einordnung der verbrauchsteuerlichen Mehrebenenverflechtung Europas

Über keinen eigenen Anteil verfügt die europäische Ebene hingegen an den speziellen Verbrauchsteuern. Hier erhebt Europa die wichtigsten Steuern in Form eines gebundenen Trennsystems: die zentrale Ebene entscheidet über die Gestaltung der Steuern, die Höhe wird im Rahmen der zulässigen Bandbreiten von den Mitgliedstaaten festgelegt, denen auch die Verwaltung und die Ertragsseite zustehen. Dass es nicht zu einer Wettbewerbssituation unter den Mitgliedstaaten kommt, hat auch hier ursächlich mit den gemeinsamen Verwaltungsstrukturen in Form des Steuerlager-Verbundes und dem damit ein-

169 Neben den Mehrwertsteuer-Eigenmitteln setzt sich die europäische Einnahmenseite im Jahr 2004 – festgeschrieben in der Richtlinie 2000/597/EG, allerdings seit den 1980er Jahren weitgehend unverändert – wie folgt zusammen: Die traditionellen Eigenmittel (Zölle, Agrarabschöpfungen und Zuckerabgaben) werden von den Wirtschaftsbeteiligten entrichtet. Die Mitgliedstaaten erheben sie im Namen der EU und dürfen 25 Prozent davon für ihre Erhebungskosten einbehalten. Zölle und Agrarabschöpfungen werden auf Erzeugnisse erhoben, die aus Drittländern eingeführt werden. Die entsprechenden Zollsätze sind im Gemeinsamen Zolltarif festgeschrieben. Die Zuckerabgaben werden von den Zuckerherstellern entrichtet und dienen der Finanzierung der Ausfuhrerstattungen für Zucker. Sie machen rund 6 Prozent der gesamten traditionellen Eigenmittel aus. Der Anteil der traditionellen Eigenmittel an den EU-Einnahmen insgesamt beläuft sich auf 11,6 Prozent.
Mit den auf dem Bruttonationaleinkommen (BNE) basierenden Eigenmitteln soll der Teil der Ausgaben finanziert werden, der durch die traditionellen Eigenmittel und die MwSt.-Eigenmittel nicht gedeckt werden kann. Zu diesem Zweck wird ein einheitlicher Abrufsatz, der nach Maßgabe der Gemeinschaftsvorschriften berechnet wird, auf das BNE der Mitgliedstaaten angewandt. Die BNE-Eigenmittel machten im Jahr 2004 rund 73,0 Prozent der gesamten EU-Einnahmen aus.

hergehenden Bestimmungslandprinzip zu tun. Auch hier hat Europa eine Lösung gefunden, wie sie mit den modellhaften Ableitungen aus dem Wettbewerbs- beziehungsweise kooperativen Föderalismus kompatibel ist. Beide Modelle nehmen die Verbrauchsteuern aus dem Wettbewerb und weisen sie entweder im Trennsystem der zentralen Ebene zu oder im Verbundsystem allen zu beteiligenden Ebenen. In der US-amerikanischen und der bundesrepublikanischen Praxis werden die Verbrauchsteuern auf den verschiedenen Ebenen im Trennsystem beziehungsweise im deutschen Beispiel auch im gebundenen Trennsystem (schon allein aufgrund der europäischen Vorgaben) erhoben. Während das Beispiel der USA erneut die verschiedenen Verbrauchsteuern vorwiegend auf der Ebene der Gliedstaaten erhebt, verbunden mit all den Schwierigkeiten, die sich hieraus grenzüberschreitend ergeben, können in Deutschland Länder und vorwiegend die Kommunen eigenständige Steuern erheben, so sie auf der übergeordneten Ebene erhobenen Steuern nicht ähnlich sind und örtlich zurechenbar. In dieser Hinsicht gibt es also ein Steuererfindungsrecht der Kommunen, wie es auf europäischer Ebene auch existiert: Eigenständig dürfen Verbrauchsteuern in Europa nur dann erhoben werden, solange sie nicht die Merkmale europäisch normierter Steuern – der Mehrwertsteuer und der speziellen Verbrauchsteuern – aufweisen und nicht grenzwirksam werden. In den USA gibt es hingegen faktisch keine vergleichbare Einschränkung des autonomen Steuererfindungsrechts – im Übrigen auch nicht hinsichtlich der Kapitalverkehrsteuern, die europaweit nur nach der europäisch normierten Gesellschaftsteuer oder eben gar nicht erhoben werden dürfen.

3.2.4 Zur Einordnung der Finanzausgleichströme

Die zuvor beschriebenen vielfältigen Überlappungen und Verflechtungen der derzeitigen amerikanischen Besteuerungssysteme machen es plausibel, dass auf dieser Basis ein horizontaler Finanzausgleich unter den Gliedstaaten kaum möglich erscheint. Und so ist es auch nicht verwunderlich, dass die Finanzhilfen an untergeordnete Gliederungen zu Zeiten des New Deal hauptsächlich in Form von vertikalen Finanzhilfen stattgefunden haben. Dieses System wurde bis heute beibehalten und ausgebaut. Und so sprechen manche Autoren (zum Beispiel Heun 1994) auch bis heute im Hinblick auf die USA eher von einem kooperativen denn von einem Wettbewerbsföderalismus.

Tatsächlich besteht die Unterstützung der Föderation gegenüber den Gliedstaaten und den örtlichen Gemeinschaften aus vertikalen Finanzhilfen des Bundes, in erster Linie in Form von an einen Zweck oder spezifische

Programme gebundene Zuweisungen (conditional grants, in den USA categorial grants genannt). Sogenannte blockgrants – wonach die empfangende Gebietskörperschaft über diese Zuweisungen frei verfügen kann – sind vom finanziellen Aufwand den conditional grants nachgeordnet. Im US-amerikanischen Beispiel existieren zwei Grundtypen solcher zweckgebundenen Zuweisungen: Sogenannte formula grants werden automatisch den berechtigten Empfängern nach einem bestimmten Verteilungsschlüssel beziehungsweise nach Maßgabe bestimmter Faktoren zugeteilt, soweit die Empfänger die gesetzlichen Voraussetzungen erfüllen. Dieses Modell kennt die europäische Ebene im Hinblick auf die Agrarhilfen. Project grants setzen hingegen ein ganz bestimmtes konkretes Vorhaben seitens des Empfängers voraus und werden nur aufgrund einzelner Projektanträge gewährt. Darüber hinaus werden in verschiedenem Umfang finanzielle Eigenbeteiligungen vorausgesetzt. Dieses Modell wiederum ist durch die europäischen Strukturfonds[170] bekannt. Auch die Strukturfonds funktionieren nach dem Prinzip der Kofinanzierung: Zur Finanzierung der geförderten Projekte müssen stets öffentliche Mittel des betreffenden Mitgliedstaates beigesteuert werden.

Auch die Bundesrepublik verfügt über derlei vertikale Finanzierungsströme: es existieren insbesondere zweckgebundene Zuweisungen, an denen sich die Länder finanziell in unterschiedlicher Weise beteiligen (müssen): Bundeszuweisungen an einzelne Länder zum Ausgleich von sogenannten Sonderlasten (beispielsweise erhalten neun kleine Bundesländer Bundesergänzungszuweisungen zu den »Kosten der politischen Führung«) wie auch in erheblich höherem Umfang Zuweisungen im Rahmen von sogenannten Gemeinschafts-

170 Europa verfügt über vier Strukturfonds: Der Europäische Fonds für regionale Entwicklung (EFRE) unterstützt Regionen mit Entwicklungsrückstand und Strukturproblemen. Er finanziert zum Beispiel Infrastrukturmaßnahmen und produktive Investitionen zur Schaffung von Arbeitsplätzen in kleinen und mittleren Unternehmen wie auch Maßnahmen, die der Forschung und technologischen Entwicklung sowie dem Schutz der Umwelt dienen. Der Europäische Sozialfonds (ESF) ist das wichtigste beschäftigungspolitische Instrument der EU. Sein Hauptanliegen besteht darin, Arbeitslose bei der Wiedereingliederung in den Arbeitsmarkt zu unterstützen und durch Bildungsmaßnahmen diejenigen zu fördern, die zwar einen Arbeitsplatz haben, aber dennoch ihre beruflichen Chancen verbessern müssen. Der Europäische Ausrichtungs- und Garantiefonds für die Landwirtschaft – (EAGFL-A) – hat zum Hauptinhalt die nachhaltige Verbesserung der Agrarstruktur durch Modernisierung der Betriebe, Unterstützung der Verarbeitung und Vermarktung von Agrarerzeugnissen und Förderung von Maßnahmen zur Entwicklung des ländlichen Raums (zum Beispiel Infrastruktur, Dorfsanierung, Tourismus). Das Finanzierungsinstrument für die Ausrichtung der Fischerei (FIAF) ist ein strukturpolitisches Finanzinstrument für den Fischereisektor. Es soll dem Wirtschaftszweig der Fischerei helfen, sich den heutigen wirtschaftlichen Herausforderungen zu stellen sowie eine nachhaltige ökologische und ökonomisch rentable Bewirtschaftung der Fischbestände garantieren. Internet: http://www.bundesfinanzministerium.de/cln_01/nn_1270/DE/Europa/Europapolitik/EU__Strukturpolitik/2204.html (1.10.2006).

aufgaben von Bund und Ländern: Investitionen zum Zweck des Küstenschutzes sind hier ebenso zu nennen wie Investitionen zum Zweck der Stadtsanierung und -entwicklung.

Eine größere Rolle spielen im bundesdeutschen Föderalismus horizontale Finanzierungsströme unter den Gliedstaaten, mit dem Ziel, die Gleichwertigkeit der Lebensverhältnisse im Bundesgebiet sicherzustellen und die – neben den Gemeinschaftsaufgaben – im Zentrum der Kritik seitens der Vertreter der ökonomischen Theorie des fiskalischen Föderalismus stehen.

Die verschiedenen vertikalen und horizontalen Finanzausgleichsmechanismen sind es schließlich, die ein deutliches Kennzeichen für ein kooperatives Modell darstellen. Die Europäische Gemeinschaft kennt – wie bereits erwähnt – einen sekundären vertikalen Finanzausgleich, nicht jedoch einen mit dem Ziel, die Lebensverhältnisse in den Mitgliedstaaten anzugleichen. Insofern neigt die europäische Verfasstheit auch hier in Richtung des wettbewerbsföderalen Modells.

3.3 Aufkommensseitiger Wettbewerbsföderalismus in Europa? Ein Fazit

Wie lassen sich die Befunde des Vergleichs der verschiedenen Fiskalföderalismen zusammenfassen? Welches Fazit ist aus dem Vergleich der europäischen Mehrebenenverflechtung mit den idealtypischen Merkmalen aus dem Wettbewerbs- beziehungsweise kooperativen Föderalismus zu ziehen, welches aus dem Vergleich mit den real existierenden derzeitigen Finanzverfassungen der USA und Deutschlands? Handelt es sich – wie die Ausgangsthese nahe legt – tatsächlich um wettbewerbsföderale Züge, die das Besteuerungssystem Europas prägen? Die Antwort ist: vorwiegend ja.

Die Hauptunterschiede der idealtypisch abgeleiteten Besteuerungsmodelle des Wettbewerbsföderalismus und des kooperativen Föderalismus liegen insbesondere im Bereich der Steuerhoheit betreffend die Einkommens- und Körperschaftsbesteuerung sowie im Finanzausgleich.

Das wettbewerbsföderale Modell setzt hier auf die Autonomie der Gliedstaaten und den steuerlichen Standortwettbewerb unter ihnen. Dieser Wettbewerb bezieht sich in erster Linie auf die mobilen Besteuerungsgrundlagen, die im Rahmen der Einkommen- und Körperschaftsteuer besteuert werden. Ein Finanzzuweisungssystem, das nicht nur gezielt auf einen bestimmten Zweck hin kofinanziert, darf aus Sicht wettbewerbsföderal orientierter Protagonisten keinen Platz auf der staatlichen Aufkommensseite haben. Demgegenüber setzt der kooperative Föderalismus auf die Zusammenarbeit der Ebenen – gerade und insbesondere bei den genannten Steuern auf mobile Besteuerungsgrundlagen. Und der kooperative Föderalismus baut auf Finanzausgleichsmaßnahmen unter den Gliedstaaten, mit dem Ziel, Disparitäten zwischen den Regionen und Gliedstaaten möglichst zu verringern.

Im Hinblick auf die Ausgestaltung der Einkommens- und Körperschaftsbesteuerung neigt das europäische Modell sehr eindeutig in Richtung Wettbewerbsföderalismus. Noch viel deutlicher als der US-amerikanische Trennföderalismus. Dieser hat das Problem überlappender Steuern: Einkommen- und Körperschaftsteuern werden sowohl auf Bundesebene als auch auf Ebene der Gliedstaaten erhoben und dies jeweils auf sehr unterschiedliche Art und Weise. Darüber hinaus ist es den amerikanischen Staaten bis heute nicht gelungen, Doppelbesteuerungen weitgehend zu vermeiden, wie es das wettbewerbsföderale Modell grundlegend vorsieht. Da die Gliedstaaten der USA sehr unterschiedliche Steuern auf die verschiedenen Einkommensarten erheben, können auch die Ansprüche an eine Minimierung der Transaktionskosten aus dem Wettbewerbsföderalismus in keiner Weise eingelöst werden. Im Vergleich mit dem US-amerikanischen derzeitigen Modell ist das europäische von geradezu eindrucksvoller Transparenz, auch wenn hier bei weitem nicht alle Wünsche im Hinblick auf Wettbewerbsverzerrungen und Durchlässigkeit der Steuergrenzen erfüllt sind, wie sie sich Wettbewerbsföderalisten wünschen würden.

Allerdings tendiert das europäische Modell deutlich in Richtung wettbewerbsföderaler Wunscherfüllung, wenn – wie gegenwärtig – ernsthaft über die Harmonisierung der Bemessungsgrundlagen bei der Unternehmensbesteuerung geredet wird. In einem solchen gebundenen Trennsystem werden auf der zentralen Ebene das Steuersystem und die Bemessungsgrundlagen gestaltet. Die Gestaltung der Steuersätze unterliegt ebenso wie die Verwaltung und die Verfügung über den Ertrag den Gliedstaaten.

Auch im Hinblick auf den Finanzausgleich tendiert Europa in Richtung des wettbewerbsföderalen Modells. In Europa existieren Formen eines sekundären vertikalen Finanzausgleichs – das heißt restriktiv gewährte zweckgebundene Zuweisungen von der europäischen Ebene, entweder direkt an die Betroffenen, wie im Falle der Agrarzuweisungen, oder an Projekte, wie im Falle der Strukturfonds, die von den untergeordneten Ebenen kofinanziert werden. Ein Mehr an vertikalen Finanzströmen darf aus Sicht des Wettbewerbsföderalismus nicht fließen. Auch hier erreicht das zum Vergleich herangezogene US-System nicht die wettbewerbsföderale Qualität, wie sie Europa erreicht. Dort haben seit den 1930er Jahren im Zusammenhang mit dem New Deal die vertikalen Finanzierungsströme auch ohne Kofinanzierung in erheblichem Umfang zugenommen – und auch die Kritik daran.

Weniger prägnant als im Zusammenhang mit der Einkommensbesteuerung und den Finanzausgleichssystemen unterscheiden sich das wettbewerbsföderale und das kooperative Modell im Hinblick auf Mehrwertsteuer und Verbrauchsteuern. Merkmal beider Modelle ist, dass sie diese Steuern nicht dem Wettbewerb unterstellen wollen. Allerdings weist der Wettbewerbsföderalismus beide Steuerarten im Trennsystem dem Bund zu, abgeleitet aus der Erkenntnis, dass in einem Wirtschaftsgebiet oder Binnenmarkt die indirekten Steuern nicht einem Gliedstaat örtlich zuzuordnen sind, wie es die Umsetzung des Prinzips fiskalischer Äquivalenz erfordern würde. Dass diese örtliche Zuordnung im Falle Europas trotz Binnenmarkt und weitgehend harmonisierter Steuern bei dennoch unterschiedlichen Steuersätzen in den Mitgliedstaaten funktioniert, hat ursächlich mit dem Verwaltungsverfahren zu tun. Dieses ermöglicht die Beibehaltung des Bestimmungslandprinzips, welches besagt, dass das Produkt dem Steuersatz des Landes unterliegt, in dem der Endverbrauch stattfindet. Die Einführung des Ursprungslandprinzips, wonach der Steuersatz des produzierenden Mitgliedstaates gelten soll, das von der Europäischen Kommission nach wie vor gefordert wird, würde die Mitgliedstaaten dem gegenüber dem steuerlichen Wettbewerb untereinander aussetzen. Eine solche Forderung ist aus Sicht der Wettbewerbsföderalisten nicht zwingend.

Im kooperativen Modell hingegen unterstehen Gestaltung, Verwaltung und Ertrag bei der Mehrwertsteuer dem Verbund der Ebenen, während die Aussagen im Hinblick auf Verbrauchsteuern durchaus variabel sind. Hier sind sowohl ein gebundenes Trennsystem wie auch ein Trennsystem zugunsten untergeordneter Ebenen nicht ausgeschlossen. Und so zeigt sich, dass im Falle der indirekten Steuern Europa eher dem kooperativen Modell zuneigt.

Das gemeinsame Mehrwertsteuersystem Europas ist im Verbund organisiert, die speziellen Verbrauchsteuern im gebundenen Trennsystem. Die Gestaltung untersteht der europäischen Ebene; Änderungen unterliegen der gliedstaatlichen Zustimmung. Im Falle der Bundesrepublik Deutschland genügt die einfache Mehrheit zur Zustimmung im Bundesrat, während im Europäischen Rat Einstimmigkeit herrschen muss.

Verwaltungsseitig sind im Zusammenhang mit der Mehrwertsteuererhebung die Länder diejenigen, die die Verwaltungshoheit im Auftrag des Bundes ausüben. Anders als bei der Einkommensbesteuerung verfügt der Bund jedoch formell über die Verwaltungshoheit. Im Falle Europas korrespondieren die formalen Verwaltungsvorgaben also im Falle Deutschlands mit der Umsetzung durch die bundesrepublikanischen Länder.

Verglichen mit der bundesdeutschen Ausprägung stehen der übergeordneten europäischen Ebene geringere Erträge zur Verfügung. In beiden Fällen allerdings ist die untergeordnete Ebene an den Entscheidungen über die Verteilung beteiligt.

Hinsichtlich der Verbrauchsteuern ist das europäische Modell nahezu identisch mit dem bundesrepublikanischen; es ist vorwiegend als gebundenes Trennsystem organisiert. Auch die Beschränkungen des – den untergeordneten Ebenen zugestandenen – Steuererfindungsrechts unterliegen ähnlichen Beschränkungen wie auf europäischer Ebene. Nur dass für den deutschen Fiskalföderalismus eine neue Ebene hinzu getreten ist: die europäische.

Wenn trotz dieser Ähnlichkeiten zwischen europäischem und kooperativem Modell, im Falle der indirekten Steuern ein europäisches Gesamtfazit in Richtung wettbewerbsföderaler Ausprägung gezogen wird, wie lässt sich dies begründen?

Und: wie ist es einzuschätzen, dass die europäische Ebene, neben dem Verbund bei der Mehrwertsteuer und den Einnahmen aus Zöllen, Agrar- und Zuckerabgaben, über keine eigene Steuerquelle verfügt, wie sie beide Modelle – der Wettbewerbsföderalismus wie auch sein kooperativer Gegenpart – ja durchaus vorsehen?

Meine Antwort auf die erste Frage ist bereits angeklungen. So unterscheiden sich die modellhaften Ableitungen aus dem Wettbewerbs- beziehungsweise dem kooperativen Föderalismus hauptsächlich im Hinblick auf den Umgang mit mobilen Bemessungsgrundlagen. Während die einen die Mobilität ausnutzen wollen, um auf dieser Basis einen Wettbewerb unter den Gliedstaaten mit dem Ziel der effektiven Bereitstellung öffentlicher Güter zu forcieren, geht es den anderen um Kooperation genau auf diesem Gebiet, mit dem Ziel der gerechten Bereitstellung öffentlicher Güter für alle. Die einen möchten genau aus diesem Grund Finanzausgleichströme möglichst verhindern, die anderen setzen auf sie. Da diese normative Grundhaltung den zentralen Unterschied zwischen den beiden Modellen ausmacht, scheint es legitim, den Bewertungsmaßstab in erster Linie auf die Einschätzungen im Zusammenhang mit der Einkommens- und Körperschaftsbesteuerung zuzuspitzen.

Auch der zweite Teil des Arguments ist bereits angeklungen. Es bezieht sich auf die nachrangige Bedeutung der indirekten Steuern im Bewertungsmaßstab. So ist ein Ziel, das es im Zusammenhang mit der Mehrwertsteuer und den Verbrauchsteuern zu erreichen gilt, aus Sicht des Wettbewerbsföderalismus die örtliche Zurechenbarkeit. Europa hat in dieser Hinsicht einen Weg gefunden. Das sogenannte Übergangssystem lässt es zu, dass die Gesetzgebungshoheit in wesentlichen Teilen auf europäischer Ebene liegt und trotz Binnenmarktes – das heißt offener Grenzen – eine örtliche Zurechenbarkeit stattfinden kann. Insofern ist der europäische kooperative Weg bei der Mehrwertsteuer kein »Gegenprojekt« zum Wettbewerbsföderalismus – er stellt lediglich eine beachtenswerte Modifikation dar.

Hinsichtlich der Bedeutung einer fehlenden ausschließlich europäischen Ertragshoheit über eine Steuerart stellt sich sehr grundlegend die Frage, ob meine Behauptung einer fiskalföderalen europäischen Organisationsform überhaupt aufrecht erhalten werden kann. Meine Antwort ist ja, wie unschwer zu erraten ist, und für diese Antwort sprechen erneut zwei Argumente.

Das erste Argument ist dabei vergleichsweise schlicht: Europa hat eigene Einnahmequellen – Zölle, Agrarabschöpfungen und Zuckerabgaben – und verfügt über eigene Anteile an der Mehrwertsteuer. Auf diese Weise steht Europa schon beinahe besser da als die amerikanische Föderation an ihrem Beginn.

Der zweite Teil der Antwort ist weiter gefasst und bezieht sich auf das Verhältnis zwischen der Aufgabenformulierung und ihrer Finanzierung. So ist die Ertragsseite deutlich ins Verhältnis zu setzen zu den Aufgaben, die die Ebenen jeweils zu erfüllen haben. Hier ist es in der Literatur weitgehend unstrittig, dass die europäische Ebene insbesondere über regulative Vorgaben, verbindliche oder »weiche« Rahmensetzungen, also beispielsweise Benchmark-Verfahren oder Anreizsysteme, in die Mitgliedstaaten hineinwirkt. Europa ist so nicht direkt für die Bereitstellung der öffentlichen Güter und Dienstleistungen verantwortlich, sondern gibt den Mitgliedstaaten in vielen Fällen die Bedingungen oder den Rahmen vor, innerhalb dessen staatliche Aufgaben zu erfüllen sind. Zu einem solchen Verfahren passt es durchaus, auch auf der Einnahmenseite in erster Linie regulierend einzugreifen. Enge Vorgaben dazu zu machen, wie Steuern von Seiten der Nationalstaaten zu erheben sind, und nach welchem Wertmaßstab, passt in dieser Hinsicht sehr gut zur regulativen Formulierung der Ausgabenseite. Dass Europa und die Mitgliedstaaten im Hinblick auf die Verbindlichkeit der Aufgabenformulierung und der Einnahmenerzielung einen Wandel vollzogen haben, war in Bezug auf die Steuerseite bereits Gegenstand des vorangegangenen Kapitels.

Und so ist es nicht nur Zufall, dass sich Europa heute hinsichtlich seiner steuerpolitischen Vorgaben und hinsichtlich des Standes seiner Steuerintegration in einer Art Wettbewerbsföderalismus wiederfindet. Über die Folgen dessen für die europäischen Wohlfahrtsstaaten der Gegenwart soll im Rahmen der folgenden Schlussbetrachtungen diskutiert werden.

Zusammenfassung: Geteilte Steuerstaatlichkeit in Europa

So stellt sich am Ende die Frage, was all die gesammelten Befunde für den Staat als Institution eigentlich bedeuten. Auf den vorangegangenen Seiten ging es mir im ersten Kapitel darum aufzuzeigen, welche steuerpolitischen Vorgaben auf europäischer Ebene bereits geschaffen wurden und wie diese in Bezug auf die Steuerautonomie in die Nationalstaaten zurückwirken. Es zeigte sich, dass die Nationalstaaten heute ihre Steuerautonomie im Hinblick auf die Gestaltung und Verwaltung von Steuern weitgehend an die europäische Ebene abgegeben haben.

Mehrwertsteuer, spezielle Verbrauchsteuern und Kapitalverkehrsteuern werden heute *de jure* von der europäischen Ebene strukturiert. Weder können die europäischen Mitgliedstaaten noch autonom über die Steuersysteme als solche noch über deren Bemessungsgrundlagen und Sätze (mit Ausnahme der Bewegung innerhalb von Bandbreiten beziehungsweise oberhalb von Mindestsätzen) entscheiden. Ihr Steuererfindungsrecht – das heißt die Möglichkeit allein im nationalen Rahmen neue Steuern oder umgestaltete Steuern zu erheben – ist ebenso eingeschränkt, wie die Verwaltungsverfahren europäisch angeglichen sind. Auch wenn formal nach wie vor dieselben nationalen oder gliedstaatlichen – also keine europäischen – Verwaltungseinheiten mit der konkreten Umsetzung der Verwaltungsvorgaben betraut sind, so handeln doch alle nach weitgehend denselben europäischen Vorgaben.

Im Bereich der persönlichen Einkommens- und Unternehmensbesteuerung zeigte sich hingegen, dass die *De-jure*-Handlungsspielräume der europäischen Mitgliedstaaten deutlich weniger beschränkt sind. Hier beziehen sich die europäischen Vorgaben vorwiegend auf die Gestaltung der Bemessungsgrundlagen. Doppelbesteuerungen von Steuerpflichtigen, die Einkommen in verschiedenen Mitgliedstaaten erzielen, wurden qua EG-vertraglicher Aufforderung im Wege bilateraler Abkommen weitgehend eingehegt, ergänzt durch punktuell greifende Richtlinien die Besteuerung von Unternehmen betreffend. Insbesondere durch die seit den späten 1990er Jahren zunehmende Rechtsprechung des EuGH werden darüber hinaus nationale Maßnahmen zur Verhinderung von Steuerflucht und Steuervermeidung insbesondere im Unternehmensteuerbereich zunehmend verunmöglicht. Umgekehrt wird es den Mitgliedstaaten seit einiger Zeit zumindest ansatzweise erschwert, sich durch sogenannte schädliche Steuerpraktiken offensiv als innereuropäische Steueroasen zu etablieren. Verbindliche Verwaltungsvorgaben hinsichtlich des Informationsaustauschs und Kontrollmitteilungen die Zinsen Privater betreffend tun ihr Übriges dazu. *De-facto*-Autonomieverluste ergeben sich für die Mitgliedstaaten darüber hinaus vor allen durch die unterschiedlichen Implikationen des steuerlichen Standortwettbewerbs untereinander. Diese Entwicklung betrifft sowohl die Einkommensteuersysteme als auch die Steuersätze.

Diese *De-facto*-Autonomieverluste durch die mitgliedstaatliche Unterordnung unter die tatsächlichen oder vermeintlichen Zwänge des Steuerwettbewerbs sind dabei, wie auch anhand der historischen Rekonstruktionen[171] im zweiten Kapitel gezeigt wurde, kein Zufall. So hat der positive Bezug auf die vermeintlich wohlfahrtsteigernde Wirkung des wahlweise als »gesund« oder »gut« bezeichneten Steuerwettbewerbs unmittelbar mit dem Wandel der Integrationsmethode zu tun: von der verbindlichen Angleichung im Wege europäischer Sekundärrechtsetzung durch einstimmigen Beschluss der mitgliedstaatlichen Regierungen hin zur Angleichung über den Markt im Wege des Standortwettbewerbs seit Ende der 1980er, Anfang der 1990er Jahre.

Auch zeigte sich, dass die in den Integrationstheorien häufig als die beiden zentralen institutionellen Hemmnisse für einen erfolgreichen Integrationsprozess genannten Faktoren – die aufgrund ihrer nationalen Traditionen große Verschiedenheit der Steuersysteme sowie die Einstimmigkeitserfordernis im Rat – eine eher untergeordnete Rolle spielen.

Beide institutionelle Faktoren erklären weniger das Ausbleiben von Integrationsschritten als deren konkretes Ergebnis: Steuerpolitische Integration fand zumeist auf Basis des kleinsten gemeinsamen Nenners statt und ermöglichte einzelnen Mitgliedstaaten national begründete Ausnahmen und Abweichungen von der gemeinsam gesetzten Regel.

Welchen Charakter die gemeinsam gesetzten Regeln im Hinblick auf die Frage nach der steuerpolitischen Verfasstheit Europas haben, war Gegenstand des Kapitels 3, in dem ich zu begründen versuchte, warum diese Verfasstheit heute wettbewerbsföderale Züge trägt. Idealtypisch herausgearbeitet Merkmale

171 Wie sich dieser Wandel im Integrationsprozess darstellte wurde im Rahmen von fünf Fälle rekonstruiert: im Bereich der indirekten Steuern waren dies die Umsatzsteuer-/Mehrwertsteuersystemangleichung (1968), die Angleichung der mehrwertsteuerlichen Bemessungsgrundlagen (1977), die Mehrwertsteuersatz-Angleichung und die Angleichung der Verbrauchsteuern (1992). Im Bereich der direkten Steuern lag der Schwerpunkt der Untersuchung auf der Angleichung von Bemessungsgrundlagen zu Verhinderung der doppelten Besteuerung (1990/2000) und die Angleichung der Besteuerung von Zinserträgen (2000/2005).

bezogen auf zwei konträre Modelle – den kooperativen Föderalismus und den Wettbewerbsföderalismus – bildeten den Rahmen für einen Vergleich mit den steuerpolitischen Verflechtungen Europas. In diesem Vergleich spielten auch die derzeitigen Ausprägungen der Fiskalföderalismen der USA und Deutschlands eine Rolle. Das Ergebnis zeigte, dass sich die europäischen steuerstaatlichen Verflechtungen heute viel mehr in Richtung wettbewerbsföderaler Wunscherfüllung entwickeln, als es die zahlreichen steuerlichen Überlappungen unter den amerikanischen Bundesstaaten und gegenüber der Föderation können. Die Kontrastierung der Modelle machte aber auch Weiteres deutlich: Mit beiden Modellen sind normative Implikationen verbunden, die Auswirkungen haben auf die konkreten Lebensverhältnisse. Diese betreffen die Frage nach der Rangfolge und Gewichtung von Gleichheit, Gerechtigkeit und Effizienz als Leitmaximen staatlichen Handelns.

Und so sind wir schließlich wieder zurück bei der Institution Staat, uns als seinen BürgerInnen und unseren Erwartungen an »den Staat«. Unzweifelhaft sind unsere Erwartungen an diesen höchst unterschiedlich und strittig. Und so ist, wie Dieter Grimm (1994: 771) beschreibt, jeder Lebensbereich, der sich überhaupt menschlicher Einwirkung öffnet, auch schon Gegenstand staatlicher Tätigkeit gewesen. Weit weniger strittig ist jedoch, dass jede Antwort auf die Frage, was die Merkmale des Staates oder seine normative Orientierung sein sollte(n), verknüpft ist mit Besteuerungsrechten. Ohne Steuern gibt es keinen modernen Staat. Oder wie Josef Schumpeter (1918: 19) im Hinblick auf die »Staatswerdung« formulierte: »Die Steuer hat den Staat nicht nur mitgeschaffen. Sie hat ihn auch mitgeformt.«

War die Staatslehre auf der Ebene der Verwaltung in der Frühen Neuzeit begleitet vom Aufstieg eines umfassenden Begriffs der »Policey«, so liegt der zentrale Kern des modernen Steuerstaates des 20. Jahrhunderts in seiner Verknüpfung mit dem Wohlfahrtsstaat. Für diese Verknüpfung des Steuerstaates mit dem Wohlfahrtsstaat sind zwei Merkmale konstitutiv: erstens die Fähigkeit, Steuereinnahmen in dem nötigen Umfang zu erzielen, dass wohlfahrtsstaatliche Aufgaben finanziert werden können, und zweitens diese so zu erzielen, dass mit dem Steuersystem selbst die ursprüngliche Wohlstandsverteilung korrigiert werden kann.

Und so stellt sich die Frage, was die Befunde hinsichtlich nationalstaatlicher Autonomieverluste in der Steuerpolitik bedeuten – für den Staat an sich und den modernen Wohlfahrtsstaat im Besonderen. Meine Antwort: Letzterer ist in Gefahr, ersterer wohl nicht.

Ich möchte mit dem Letzteren beginnen. Beide Verknüpfungen von Wohlfahrts- und Steuerstaatlichkeit des »Goldenen Zeitalters« (Leibfried/Zürn 2005) sind von den Autonomieverlusten des nationalen Steuerstaates betroffen. Dies gilt sowohl für die Fähigkeit auf Basis autonomer Entscheidungen Einnahmen zu erzielen, als auch die Umverteilungsfunktion zur Korrektur der vorgefundenen Wohlstandsverteilung, des vorgefundenen Reichtums mithilfe der Progression einer über alle unterschiedlichen Einkommensarten gleichermaßen erhobenen, allgemeinen Einkommensbesteuerung.

So verbanden die europäischen Wohlfahrtsstaaten eine soziale Funktion auch mit ihren Steuersystemen selbst. Große Einkommensdifferenzen sollten über die progressive Einkommensteuer geschmälert werden. Die gegenwärtigen Entwicklungen laufen jedoch – wie gezeigt wurde – in die entgegengesetzte Richtung. Es hat nicht nur eine immer deutlichere Trennung nach Einkommensarten stattgefunden, auch die Steuerprogression wurde abgeschmolzen. Und es hat eine Verschiebung stattgefunden: von den direkten zu den indirekten Steuern und innerhalb der direkten Steuern weg von der Unternehmens- und Kapitalbesteuerung hin zum Faktor Arbeit. Viele Mitgliedstaaten nutzten ihre Erhöhungsmöglichkeiten im Rahmen der Bandbreiten bei der Mehrwertsteuer und den speziellen Verbrauchsteuern, auch, um die Senkung der Einkommensteuerspitzensätze und der Körperschaftsteuern auszugleichen. Diese Veränderungen haben die Einkommensunterschiede der BürgerInnen in den jeweiligen Mitgliedstaaten nicht geschmälert, sondern deutlich vergrößert.

Dabei weist nicht nur der erste Blick auf diese Entwicklung bereits auf deren zentrales Gerechtigkeitsproblem hin: Mehrwert- und Verbrauchsteuern sind von allen Menschen in gleicher Höhe und somit unabhängig von der Höhe der individuellen Einkommen zu bezahlen. Arme zahlen so viel wie Reiche. Mit jeder Erhöhung der Steuersätze steigt folglich auch die Belastung der Armen gegenüber den Reichen überproportional an.

Gleichzeitig haben die Mitgliedstaaten aber keine autonome Möglichkeit mehr, ihre indirekten Steuersysteme nach sozialeren Kriterien umzubauen. Die im ersten Kapitel zitierten Vorschläge von Frau Merkel und Herrn Fischer im bundesdeutschen Wahlkampf 2005 machen es deutlich. Frau Merkel schlug – als kleinen sozialen Teilausgleich für die Erhöhung der Mehrwertsteuer – kurzzeitig vor, Kinderkleidung künftig mit einem Nullsteuersatz zu belegen. Herr Fischer forderte aus Gründen der Gerechtigkeit vorübergehend einen Mehrwertsteuer-Luxussteuersatz für Luxusgüter. Beide Forderungen können als rein nationale Entscheidung nicht getroffen werden. Es müsste sogar erst europäisches Sekundärrecht in einem aufwendigen Verfahren geändert werden.

Darüber hinaus wird die soziale Funktion der Besteuerung über einen zweiten europäischen Trend geschmälert, wenn verschiedene Einkommensarten mit unterschiedlichen Steuersätzen belegt werden. Im Rahmen der dualen Einkommensteuer werden immobile Lohneinkommen erheblich höher besteuert als mobiles Kapital und Unternehmen. Auch dies verschärft die Einkommensdifferenzen je höher die Steuern auf Arbeit und je niedriger die Steuern auf Kapital und Unternehmensgewinne werden. Noch die Sozialreformer der Jahrhundertwende, so zum Beispiel Albert Schäffle (1873) und Constantin Frantz (1881), argumentierten bestechend plausibel, dass Einkommen aus Vermögen und Erträgen allein unter Rationalitätserwägungen im Ergebnis höher besteuert werden müssten als Arbeitseinkommen. Denn wer lediglich ein zeitlich befristetes, weil auf die Dauer seiner Berufstätigkeit begrenztes Einkommen beziehe, müsse für sein Alter oder seine Kinder etwas zurücklegen, während der andere, dessen Einkommen aus vererblichem Vermögen stammt, sein gesamtes Einkommen verbrauchen könne, ohne seine oder die Zukunft seiner Kinder zu gefährden. Dies ist heute geradezu eine Erwägung aus dem Bereich der Fantasie.

So brechen beide der zuvor genannten Entwicklungen – die Verschiebung der Einnahmen hin zu den direkten Steuern und innerhalb der direkten Steuern die Verlagerung hin zu Arbeitseinkommen – nicht nur mit einem der Prinzipien von Steuerstaatlichkeit im 20. Jahrhundert, sondern werfen auch ernsthafte Gerechtigkeitsfragen auf.

Auch die zweite Verknüpfung zwischen Steuerstaat und Wohlfahrtsstaat im 20. Jahrhundert – seine Fähigkeit, Einnahmen in dem Umfang zu erzielen, wie sie nötig sind, um seine wohlfahrtstaatlichen Aufgaben erfüllen zu können – ist heute ernsthaft unter Druck. Seit den 1980er Jahren sind die Anforderungen an den Wohlfahrtsstaat gewachsen. Nicht weil die Menschen anspruchsvoller geworden wären, sondern aufgrund langsameren ökonomischen Wachstums und der Arbeitslosigkeit vieler. Auf der anderen Seite stagnierten die Einnahmen bestenfalls, in einigen Mitgliedstaaten sinken diese auch real. In jedem Fall aber passen die Einnahmen seit einiger Zeit nicht (mehr) zu den Ausgaben.

Die Frage ist: Können die Nationalstaaten – noch jenseits der sie in ein restriktives Korsett schnürenden Kriterien von Maastricht – autonome Entscheidungen über die Höhe ihrer Einnahmen treffen? Auch hier gibt es *De-jure-* und *De-facto-*Einschränkungen, wie gezeigt wurde. Es ist den Staaten nicht mehr möglich, völlig autonom neue Steuern einzuführen, um ihre Einnahmen zu erhöhen, genauso wenig wie sie es teilweise *de facto* wollen oder können aus Gründen des Steuerwettbewerbs. Auch die Urteile des EuGH werden zunehmend kassenwirksam werden, da das gerichtliche Beklagen von nicht mit dem Gemeinschaftsrecht zu vereinbarenden Steuertatbeständen insbesondere in den mitgliedstaatlichen Einkommensteuersystemen gerade erst begonnen hat.

Wenn nun also der nationale Wohlfahrtsstaat der 1960er und 1970er Jahre – der im Übrigen eine deutlichere demokratische Fundierung durch die

Garantie tatsächlich unbedingter Rechte noch gut hätte brauchen können – wenn nun also dieser unter bürgerrechtlichen Gesichtspunkten keinesfalls optimale nationale Wohlfahrtsstaat durch die steuerlichen Autonomieverluste in seinen Grundfesten bereits deutlich angekratzt ist, wie ist es dann um den Nationalstaat selbst bestellt?

Auch wenn die nationalstaatliche Steuerautonomie weitestgehend ein verlorenes oder – besser gesagt – abgegebenes Merkmal ist, so wird dies den Nationalstaat so lange nicht in seinen Grundfesten erschüttern, wie er an der Steuerhoheit partizipieren kann. Aber es erschüttert seinen Alleinvertretungsanspruch mehr als deutlich, wenn sich heute mehr steuerstaatliche Funktionen auf europäischer Ebene finden als auf der nationalstaatlichen. Und dies verändert den Blick auf Europa. Wenn dieses Europa nämlich derart bedeutende steuerstaatliche Funktionen von den Nationalstaaten übertragen bekommen hat, hat Europa dann nicht auch selbst steuerstaatliche Qualität? Und wenn es diese hat, ist Europa dann nicht bereits selbst ein Steuerstaat? Meine Antwort ist ein »Ja« und ein »Derzeit eher nein«.

Steuerstaatliche Qualität weist Europa dadurch auf, dass es heute über wesentliche steuerpolitische Verantwortungsbereiche verfügt, die noch in den 1960er Jahren bei den Mitgliedstaaten lagen. Wesentliche Entscheidungen über die Gestaltung und die Verwaltung von Steuern bis zur Regulierung mitgliedstaatlicher Budgets auf der Einnahmen- wie auch auf der Ausgabenseite finden sich heute auf der europäischen Ebene. Wird Staatlichkeit auf diese Weise aufgefächert in verschiedene Verantwortungsbereiche, so kann durchaus über Steuerstaatlichkeit auf europäischer Ebene gesprochen werden und auch über eine mindestens geteilte Steuerstaatlichkeit.

Um jedoch ein Steuerstaat zu sein, dafür fehlt der europäischen Ebene derzeit einerseits die nötige institutionalisierte politische Legitimation wie auch politischer Streit um Politikalternativen. Tatsächlich findet das Wenige, was sich an politischer Kontroverse um steuerpolitische Fragestellungen rankt, nach wie vor hauptsächlich auf nationalstaatlicher Ebene statt.

Dabei hätte das steuerpolitische Europa heute mehr denn je eine politische Debatte nötig. Denn die derzeitige Art und Weise des Umgangs mit in der Vergangenheit noch nicht harmonisierten Steuern – das heißt der Besteuerung der unterschiedlichen Einkommensarten – trägt ein deutliches Gesicht, das sich jedoch jenseits öffentlicher Kontroversen und vor allem aber jenseits einer adäquaten politischen Legitimation entwickelt hat. Die Implikationen aus der wettbewerbsföderalen Verfasstheit des derzeitigen steuerpolitischen Europas sind sehr deutlich an Effizienzgesichtspunkten ausgerichtet, die auch eine Unterfinanzierung des Staates in Kauf nehmen. Und dies betrifft insbesondere die staatlichen Einnahmen aus denjenigen Steuern, die unter Gerechtigkeits-

und Umverteilungsgesichtspunkten im Zentrum staatlichen Interesses stehen müssten: Kapital- und Unternehmensteuern.

Eine andere als die derzeitige Politik gestalten zu wollen, würde jedoch voraussetzen, zu einer Auffassung von Wettbewerb zurückzukehren, wie sie noch bis Ende der 1980er/Anfang der 1990er Jahre auch europäisch praktiziert wurde: den unverfälschten Wettbewerb der Unternehmen im Binnenmarkt über rechtlich verpflichtende Angleichungsmaßnahmen herzustellen und nicht den Wettbewerb der Staaten untereinander um mobiles Kapital und Unternehmen weiterzuführen. Die Freiheit des Kapitalverkehrs und der Niederlassung in Europa wäre auch auf dieser Grundlage gewährleistet.

Und so geht das Plädoyer an dieser Stelle dahin, den *De-facto*- Autonomieverlust im Rahmen der Einkommensbesteuerung in einen *De-jure*- Autonomieverlust durch verpflichtende Harmonisierung statt Wettbewerb umzuwandeln: Nur so ließe sich dieser Prozess von den Mitgliedstaaten und vor allem den entmachteten nationalen Parlamenten auch selbst gestalten. Ein steuerpolitisches Laisser-faire wie bisher führte und führt – wie im dritten Kapitel gezeigt wurde – in eine bestimmte wettbewerbsföderale Richtung. Mit einem solchen Befund bewusst umzugehen bedeutet auch, die Auseinandersetzung darum offensiver eröffnen zu können: Wie viel Gleichheit der BürgerInnen und Gleichwertigkeit der Lebensverhältnisse in den Regionen wollen wir – BürgerInnen – nicht nur in den jeweiligen Mitgliedsländern, sondern in Europa eigentlich erreichen? Die Antwort auf diese Frage impliziert nicht nur jeweils eine normative Grundhaltung, sondern auch ein Modell von Kooperation oder Wettbewerb.

Die Entscheidung, welchem Modell Europa folgen soll, sollte aber zumindest bewusst getroffen werden. Sachzwänge gibt es in diesen Fragen nicht. Nur eine Notwendigkeit: die nämlich, dass der politische Streit über die weitere Entwicklung Europas auch geführt wird. Denn nur diese politische Auseinandersetzung bietet eine Voraussetzung dafür, dass eine Idee von einem Europa, das auf Ausgleich zwischen den Menschen und Regionen setzt, überhaupt die Chance bekäme, wirkungsmächtig zu werden. Und dies wäre – aller Integrationserfahrung nach – die Voraussetzung für Veränderungen.

Tabellen

Literatur

Agúndez-García, Ana (2006), *The Delineation and Apportionment of an EU Consolidated Tax Base for Multi-jurisdictional Corporate Income Taxation: a Review of Issues and Options*, European Commission – Taxation Papers, Brüssel.

Alter, Karen J. (1998), Who are the »Masters of the Treaty«? European governments and the European Court of Justice, in: *International Organization 52,* 1, S. 121–148.

Altvater, Elmar/Mahnkopf, Birgit (1999), *Grenzen der Globalisierung. Ökonomie, Ökologie und Politik in der Weltgesellschaft*, 4. Auflage, Münster.

Andel, Norbert (1971/72), Die Harmonisierung der Steuern im Gemeinsamen Markt, in: *Finanzarchiv N.F. 30,* 2, S. 224–256.

Anschütz, Ulrich (1972), Harmonization of direct taxes in the European Economic Community, in: *Harvard International Law Journal 13,* 1, S. 1–58.

Auel, Katrin (2003), »Strategische Anpassung nationaler Parlamente an das europäische Mehrebenensystem. Ein deutsch-britischer Vergleich«, in: Grande, Edgar/Prätorius, Rainer (Hg.), *Politische Steuerung und neue Staatlichkeit*, Baden-Baden, S. 259–280.

Balmes, Frank /Ribbrock, Martin (2006), Die Schlussanträge in der Rechtssache Meilicke – Vorschlag einer zeitlichen Begrenzung der Wirkung des Urteils »auf Zuruf« der Mitgliedstaaten?!, in: *Betriebs-Berater 61,* 1, S. 17–20.

Bayerischer Städtetag (2003), *Reform der Gewerbesteuer – Anforderungen und Auswirkungen*, München.

Benz, Arthur (1998), »Ansatzpunkte für ein europafähiges Demokratiekonzept«, in: Kohler-Koch, Beate (Hg.), *Regieren in entgrenzten Räumen*, Politische Vierteljahresschrift – Sonderheft 29/1998, Opladen, S. 345–368.

— (2003), »Mehrebenenverflechtung in der Europäischen Union«, in: Jachtenfuchs, Markus/Kohler-Koch, Beate (Hg.), *Europäische Integration*, Opladen, S. 317-351.

Bernardi, Luigi/Profeta, Paola (2004) (Hg.), *Tax Systems and Tax Reforms in Europe*, London, New York.

Bieg, Thorsten (1997), *Der Gerichtshof der Europäischen Gemeinschaften und sein Einfluß auf das deutsche Steuerecht: dogmatische Grundlagen, verallgemeinerungsfähige Prinzipien und Auswirkungen der Rechtsprechung des EuGH zu den direkten Steuern*, Frankfurt a.M.

Bieling, Hans-Jürgen/Deppe, Frank (2003), »Die neue europäische Ökonomie und die Transformation von Staatlichkeit«, in: Jachtenfuchs, Markus/Kohler-Koch, Beate (Hg.), *Europäische Integration*, Opladen, S. 513-540.

Bieling, Hans-Jürgen/Lerch, Marika (2005) (Hg.), *Theorien der europäischen Integration*, Wiesbaden.

Bieling, Hans-Jürgen/Steinhilber, Jochen (2000) (Hg.), *Dimensionen einer kritischen Integrationstheorie*, Münster.

Biersteker, Thomas J./Weber, Cynthia (1996) (Hg.), *State Sovereignty as a Social Construct*, Cambridge.

Birk, Dieter (1995) (Hg.), *Handbuch des europäischen Steuer- und Abgabenrechts*, Herne, Berlin.

Blankart, Charles B. (1994), *Öffentliche Finanzen in der Demokratie: eine Einführung in die Finanzwissenschaft*, München.

— (1996), Die Schwäche der Finanzverfassung, *Handelsblatt* 21.3.1996, S. A3-A4.

Blaschke, Karlheinz (1986), Finanzwesen und Staatsräson in Kursachsen zu Beginn der Neuzeit, in: *Der Staat 25,* 1, S. 373-383.

Bodin, Jean (1580), *Les six livres de la république*, Paris.

Bohle, Dorothee (2005), »Neogramscianismus«, in: Bieling, Hans-Jürgen/Steinhilber, Jochen (Hg.), *Theorien der europäischen Integration*, Wiesbaden, S. 197-222.

Bond, Stephen/Chennells, Lucy (2000), *Corporate Income Taxes and Investment: A Comparative Study*, London.

Bratton, William/McCahery, Joseph (2001), »Fiscal federalism, jurisdictional competition and tax coordination: Translating Theory to policy in the European Union«, in: Esty, Danel C./Geradin, Damien (Hg.), *Regulatory competition and economic integration*, Oxford, S. 157-189.

Breton, Albert (1987), Towards a Theory of Competitive Federalism, in: *European Journal of Political Economy Special Issue 3,* 1/2, S. 263-329.

Bröhmer, Jürgen (2002), »Das Niederlassungsrecht«, in: Calliess, Christian/Ruffert, Matthias (Hg.), *Kommentar zu EUV und EGV*, Neuwied u.a.

Bundesamt für Außenwirtschaft (1974), *Italien: Reform der direkten Steuern*, Rechtsinformation, 51, Bonn.

Bundesministerium der Finanzen (2004a), *Effizienz und Effektivität in der Steuerverwaltung*, Positionspapier des Bundesministeriums der Finanzen vom 11.Mai 2004, Berlin.

— (2004b), *Flat Tax oder Duale Einkommensteuer? Zwei Entwürfe zur Reform der deutschen Einkommensbesteuerung*, Berlin.

— (2004c), Wettbewerb der Steuersysteme braucht Regeln – die koordninierende Rolle der OECD in der internationalen Steuerpolitik, in: *Monatsbericht,* 09.2004, S. 45-55.

— (2005a), *Die wichtigsten Steuern im internationalen Vergleich 2005*, Berlin.

— (2005b), *Steuereinnahmen nach Steuerarten*, Berlin.

Burgess, Michael (2006), *Comparative Federalism – Theory and practice*, London, New York.

Burley, Anne-Marie/Mattli, Walter (1993), Europe before the Court: A political theory of legal integration, in: *International Organization 47*, 1, S. 41-76.

Busch, Andreas (1999), »Die Globalisierungsdebatte. Ein einführender Überblick über Ansätze und Daten«, in: Busch, Andreas /Plümper, Thomas (Hg.), *Nationaler Staat und internationale Wirtschaft. Anmerkungen zum Thema Globalisierung*, Baden-Baden, S. 13-39.

Caporaso, James A. (1996), The European Union and Forms of the State: Westphalian, Regulatory or Post-Modern, in: *Journal of Common Market Studies 34*, 1, S. 29-52.

CEPS (1989), *Indirect tax harmonisation in the European Community*, Brüssel.

Clemens, Reinhard/Paulini, Monika (1991), *Harmonisierung der indirekten Steuern im europäischen Binnenmarkt*, Stuttgart.

Cnossen, Sijbren (1986), *Tax Harmonisation in the European Community*, Deventer.

— (2000), »Taxing capital income in the European Union: summary and discussion«, in: Cnossen, Sijbren (Hg.), *Taxing Capital Income in the European Union*, Oxford.

Cox, Robert W. (1993), »Gramsci, Hegemony and International Relations«, in: Gill, Stephen (Hg.), *Gramsci, Historical Materialism and International Relations*, Cambridge, S. 49-66.

Czakert, Ernst (2006), Der Stand der Arbeiten an einer gemeinsamen konsolidierten Körperschaftssteuer-Bemessungsgurndlage in der Europäischen Union, in: *Internationales Steuerrecht 15*, 16, S. 561-566.

Dashwood, Alan (1977), »Hastening slowly: The Communities' path towards harmonization«, in: Wallace, Helen/Wallace, William/Webb, Carole (Hg.), *Policy-making in the European Communities*, Chichester, S. 273-300.

Daviter, Jürgen /Könke, Jörn/Schwerin, Otto von (1969), *Steuertechnik und Steuerpraxis in Frankreich, Großbritannien, Italien und Deutschland*, Köln.

de Mooij, Ruud A./Ederveen, Sjef (2006), *What a Difference does it Make? Understanding the Empirical Literature on Taxation and International Capital Flows*, General Directorate Economic and Financial Affairs Workshop on Corporate Tax Competition and Coordination in Europe, Brüssel, 25. September 2006.

Debatin, Helmuth (1972), »Die Harmonisierung der Unternehmensbesteuerung im Gemeinsamen Markt«, in: Börner, Bodo (Hg.), *Die Harmonisierung der Unternehmensbesteuerung im Gemeinsamen Markt*, Köln, S. 3-18.

Delors, Jacques (1991), *The Principle of Subsidiarity: Contribution to the Debate*, Maastricht.

Denzer, Horst (1973), *Jean Bodin: Verhandlungen der internationalen Bodin Tagung in München*, München.

Deppe, Frank (2000), »Zum Wandel kritischer Integrationstheorien«, in: Bieling, Hans-Jürgen/Steinhilber, Jochen (Hg.), *Die Konfiguration Europas: Dimensionen einer kritischen Integrationstheorie*, Münster, S. 331-349.

Deringer Bericht (1963), *Bericht im Namen des Binnenmarktausschusses über den Vorschlag der EWG-Kommission an den Rat (Dok. 121/1962-1963) über eine Richtlinie zur Harmonisierung der Rechtsvorschriften der Mitgliedstaaten betreffend die Umsatzsteuer*, Luxemburg.

Desai, Mihir A./Fritz, Foley C./Hines, James R. (2006), The Demand for Tax Haven Operations, in: *Journal of Public Economics 90*, S. 513-531.

Deutscher Bundestag (2002), *Schlußbericht der Enquete-Kommission – Globalisierung der Weltwirtschaft – Herausforderungen und Antworten*, BT-Drucksache 14/9200, Berlin.

Devereux, Michael P. (2006), *The Impact of Taxation on the Location of Capital, Firms and Profit: A Survey of Empirical Evidence (with Data Appendix by Giorgia Maffini)*, University of Warwick, Working Paper.

Devereux, Michael P./Griffith, Rachel/Klemm, Alexander (2002), Corporate income tax reforms and international tax competition, in: *Economic Policy 17*, S. 451-495.

Devereux, Michael P./Lockwood, Ben/Redoano, Michela (2004), *Do Countries Compete over Corporate Tax Rates?*, Manuscript University of Warwick, Online: http://www2.warwick.ac.uk/fac/soc/economics/staff/faculty/lockwood/dlrrev.pdf, letzter Zugriff: 10. Januar 2008.

Easson, Alex (1992), »Integration Through Law: The Court of Justice and the Achievement of the Single Market and the European Union«, in: Michelmann, Hans J. /Soldatos, Panayotis (Hg.), *European Integration. Theories and Approaches*, Lanham, New York, London, S. 77-97.

Easson, Alex J. (1993), *Taxation in the European Community*, London.

Eder, Klaus (1999), »Integration durch Kultur? Das Paradox der Suche nach einer europäischen Indentität.«, in: Viehoff, Reinhold/Segers, Rien T. (Hg.), *Kultur, Identiät, Europa. Über die Schwierigkeiten und Möglichkeiten einer Konstruktion*, Frankfurt a.M.

Eggert, Wolfgang /Genser, Bernd (2005), *Dual Income Taxation in EU Member Countries*, CESifo Dice Report, 1/2005, München.

Eichel, Hans (2004), Steuerwettbewerb in der EU, in: *Monatsbericht 09.2004*, S. 35-38.

Eising, Rainer (2003), »Europäisierung und Integration. Konzepte in der EU-Forschung«, in: Jachtenfuchs, Markus/Kohler-Koch, Beate (Hg.), *Europäische Integration*, Opladen, S. 387-416.

Elliott, Peter (1993), United Kingdom, in: *EC Tax Review 2*, 1, S. 43-51.

Europäische Gemeinschaft (1957 bis 2007), in: http://eur-lex.europa.eu/de/.

Europäische Kommission (1962), *Bericht des Steuer- und Finanzausschusses (Neumark-Bericht)*, Brüssel.

— (1985), *Vollendung des Binnenmarktes. Weißbuch der Kommission an den Europäischen Rat*, Brüssel.

— (1992), *Bericht des unabhängigen Sachverständigenausschusses zur Unternehmensbesteuerung (Ruding-Bericht)*, Brüssel.

— (1996a), *Die Steuern in der Europäischen Union: Bericht über die Entwicklung der Steuersysteme (KOM (96) 546)*, Brüssel.

— (1996b), *Steuern in der Europäischen Union (SEK (96) 487)*, Brüssel.

— (2001a), *Ein Binnenmarkt ohne steuerliche Hindernisse – Strategien zur Schaffung einer konsolidierten Körperschaftssteuer-Bemessungsgrundlage für die grenzüberschreitende Unternehmenstätigkeit in der EU, KOM(2001)582*, Brüssel.

— (2001b), *Steuerpolitik in der Europäischen Union – Prioritäten für die nächsten Jahre KOM(2001)260*, Brüssel.

— (2001c), *Unternehmensbesteuerung im Binnenmarkt. Arbeitsdokument der Dienstellen der Kommission KOM(2001)582 endg.*, Brüssel.

— (2003), *Ein Binnenmarkt ohne unternehmenssteuerliche Hindernisse. Ergebnisse, Initiativen, Herausforderungen, KOM(2003)726*, Brüssel.

— (2005), *Die Mehrwertsteuersätze in den Mitgliedstaaten der Europäischen Gemeinschaft*, Brüssel.

— (2006), *Umsetzung des Lissabon-Programms der Gemeinschaft: Bisherige Fortschritte und weitere Schritte zu einer gemeinsamen konsolidierten Körperschaftsteuer-Bemessungsgrundlage (GKKB), KOM(2006)157 endg.*, Brüssel.

— (2007), Die Mehrwertsteuersätze in den Mitgliedstaaten der Europäischen Gemeinschaft, in: http://ec.europa.eu/taxation_customs/resources/documents/taxation/vat/how_vat_works/rates/vat_rates_de.pdf.

Europäischer Gerichtshof (1995 bis 2007), in: http://curia.europa.eu/de/.

Europäisches Parlament (2002) (Hg.), *Steuerkoordinierung in der EU – Der neueste Stand*, Luxemburg.

— (2003) (Hg.), *Besteuerung in Europa – Jüngste Entwicklungen*, Luxemburg.

European Commission (1990), *Commission communication to parliament and the council. Guidelines on company taxation (SEC (90) 601)*, Brüssel.

— (2001), *Company Taxation in the Internal Market, SEC (2001)1681*, Brussels.

— (2004), *Structures of the Taxation Systems in the European Union, Data 1995–2002*, Luxembourg.

— (2006), *Structures of the Taxation Systems in the European Union, 1995–2004*, Luxembourg.

— (2006/2007), *Article 27 Derogations in Force, December 31st 2006*, Online: http://ec.europa.eu/taxation_customs/resources/documents/taxation/vat/key_documents/table_derogations/vat_index_derogations_en.pdf.

— (2007), *Taxation trends in the European Union*, Online: http://ec.europa.eu/taxation_customs/resources/documents/taxation/gen_info/economic_analysis/tax_structures/Structures2007.pdf.

Feld, Lars P. (2004), *Fiskalischer Föderalismus in der Schweiz – Vorbild für die Reform der deutschen Finanzverfassung?*, Gütersloh und Berlin.

Fischer-Zernin, Justus (2004), Der Europäische Gerichtshof wird Motor der deutschen Steuergesetzgebung, *Frankfurter Allgemeine Zeitung* 28.12.2004, S. 13.

Fischer, Joshka (2000), »Vom Staatenverband zur Föderation: Gedanken über die Finalität der europäischen Integration«, in: Joerges, Christian/Mény, Yves/Weiler, Joseph H.H. (Hg.), *What kind of constitution for what kind of polity? Responses to Joschka Fischer*, Florenz, S. 5-17.

Fischer, Susanne (2001), *Primäres Gemeinschaftsrecht und direkte Steuern: die Bindung des Steuergesetzgebers an die Grundfreiheiten des EG-Vertrages*, Frankfurt a.M.

Forsthoff, Ernst (1954), Begriff und Wesen des sozialen Rechtsstaates, in: *VVDStRL 12,* 8, S. 30-38.

Forsthoff, Ulrich (2006), EuGH versus Europäischer Gesetzgeber – oder Freiheiten über alles?, in: *Internationales Steuerrecht 15,* 7, S. 222-224.

Fraenkel, Michael/Giegold, Sven (2005), Zahlen muss nur, wer verschläft. Die groß angekündigte EU-Zinsrichtlinie wird praktisch wirkungslos bleiben, *Frankfurter Rundschau* 29.6.2005, S. 8.

Frantz, Constantin (1881), *Die soziale Steuerreform als die conditio sine qua non, wenn der sozialen Revolution vorgebeugt werden soll*, Mainz.

Freiburghaus, Dieter (1997), Subsidiarität – ein Nachruf. Überlegungen zur Bedeutung von »Zauberworten« im europäischen politischen Diskurs, in: *Schweizerische Zeitschrift für Politische Wissenschaft 3,* 3, S. 197-227.

Frey, René L. (2005), »Standortwettbewerb und neuer Finanzausgleich«, in: Frey, René L. (Hg.), *Föderalismus zukunftstauglich?!*, Zürich, S. 11-42.

Friedrich, Carl J. (1937), *Constitutional government and politics*, New York.

Fuest, Clemens/Becker, Johannes (2006), Kapital und Arbeit unterwegs? Empirische Befunde zu Steuerarbitrage und Unternehmensverlagerungen, vorgestellt auf der Veranstaltung »Harmonisierung – Kooperation – Wettbewerb. Steuerpolitische Vorschläge in und für Europa«, Konferenz der Friedrich-Ebert-Stiftung, Berlin, 4.-5. Dezember 2006.

Gammie, Malcolm/Radaelli, Claudio (2000), *The future of tax policy in the EU. From ›harmful‹ tax competition to EU corporate tax reform*, Brüssel.

Ganghof, Steffen (2005), Konditionale Konvergenz. Ideen, Institutionen und Standortwettbewerb in der Steuerpolitik von EU- und OECD-Ländern, in: *Zeitschrift für Internationale Beziehungen 12,* 1, S. 7-40.

— (2006), Wie schränkt der europäische Steuerwettbewerb nationale Handlungsspielräume in der Einkommensbesteuerung ein? Das Problem der Besteuerung übernormaler Gewinne, vorgestellt auf der Veranstaltung »Harmonisierung – Kooperation – Wettbewerb. Steuerpolitische Vorschläge in und für Europa«, Konferenz der Friedrich-Ebert-Stiftung, Berlin, 4.-5. Dezember 2006.

Ganghof, Steffen/Genschel, Philipp (2006), *Company Taxation in an Enlarging EU: Is There a Case For a Minimum Tax Rate?*, MPIfG Working Paper, 06/2, Köln.

— (2007), *Taxation and Democracy in the EU*, MPIfG Working Paper, 07/2, Köln.

Garrett, Georfrey (1992), International cooperation an institutional choice: the European Community's internal market, in: *International Organization 46,* 2, S. 533-560.

Genschel, Philipp (2002), *Steuerharmonisierung und Steuerwettbewerb in der Europäischen Union*, Frankfurt a.M.

— (2003), »Kontexteffekte in der europäischen Integration: Das Beispiel der Zinsbesteuerung«, in: Plümper, Thomas (Hg.), *Politische Integration*, Opladen, S. 28-52.

Genschel, Philipp/Rixen, Thomas/Uhl, Susanne (2007), »Die Ursachen des europäischen Steuerwettbewerbs«, in: Tömmel, Ingeborg (Hg.), *Die Europäische Union: Governance und Policy-Making*, PVS Sonderheft 40.

Genschel, Philipp/Uhl, Susanne (2006), »Der Steuerstaat und die Globalisierung«, in: Leibfried, Stephan/Zürn, Michael (Hg.), *Transformationen des Staates*, Frankfurt a.M., S. 92–119.

Godet, Michel/Ruyssen, Olivier (1981), *The Old World and the new technologies*, Luxemburg.

Hesse, Joachim Jens/Benz, Arthur (1987), *»New Federalism« unter Präsident Reagan*, Speyer.

Heun, Werner (1994), Die bundesstaatliche Finanzverfassung der USA: Die Finanzbeziehungen zwischen Bund und Gliedstaaten in den Vereinigten Staaten von Amerika, in: *Staatswissenschaften und Staatspraxis 5*, 1, S. 97-152.

Hilz, Wolfram (1999), Bedeutung und Instrumentalisierung des Subsidiaritätsprinzips für den europäischen Integrationsprozeß, in: *Aus Politik und Zeitgeschichte*, B 21-22, S. 28-38.

Himsel, Gabriele (2007), Steuerbetrug: Eine Bedrohung des europäischen Binnenmarktes?, in: http://european-tax-adviser.com/wordpress/wp-content/uploads/2007/08/gabriele-himsel.pdf.

Hinnekens, Luc (2002), The search for the framework conditions of the fundamental EC Treaty principles as applied by the European Court to Member States´ direct taxation, in: *EC Tax Review 11*, 3, S. 112-119.

— (2006), The ECJ and the New Path in Community Tax Law, vorgestellt auf der Veranstaltung »CFE Forum«, Brüssel, 27. April 2006.

Hirsch, Joachim (1995), *Der nationale Wettbewerbsstaat. Staat, Demokratie und Politik im globalen Kapitalismus*, Berlin.

Hirst, Paul/Thompson, Grahame (1999), *Globalization in question*, Cambridge.

Höffe, Otfried (1997), Subsidiarität als Gesellschaft- und Staatsprinzip, in: *Schweizerische Zeitschrift für Politische Wissenschaft 3*, 3, S. 259-290.

Hoffmann, Stanley (1966), Obstinate or obsolete? The fate of the nation-state and the case of Western Europe, in: *Daedalus 95*, 3, S. 862-915.

Holzinger, Katharina (2005), »Die EU als Mehrebenensystem«, in: Holzinger, Katharina /Knill, Christoph/Peters, Dirk/Rittberger, Berthold/Schimmelpfennig, Frank/Wagner, Wolfgang (Hg.), *Die Europäische Union: Theorien und Analysekonzepte*, Paderborn, S. 81-152.

Homburg, Stefan (1997), »Ursachen und Wirkungen eines zwischenstaatlichen Finanzausgleichs«, in: Homburg, Stefan/Sinn, Hans-Werner/Nowotny, Ewald (Hg.), *Fiskalföderalismus in Europa*, Berlin, S. 60-95.

— (2000), »Perspektiven der internationalen Unternehmensbesteuerung«, in: Andel, Norbert (Hg.), *Probleme der Besteuerung III*, Berlin, S. 9-61.

Hoorn, van J. Jr. (1991), Verhaltene Entwicklung des EG-Fiskalrechts. Harmonisierungsschwerpunkte bei den indirekten Steuern, *Neue Zürcher Zeitung* 28.9.1991.

Hrbek, Rudolf (1995) (Hg.), *Das Subsidiaritätsprinzip in der europäischen Union – Bedeutung und Wirkung für ausgewählte Politikbereiche*, Baden-Baden.

Jachtenfuchs, Markus (1995), Ideen und internationale Beziehungen, in: *Zeitschrift für Internationale Beziehungen 2,* 2, S. 417-442.

— (1997), »Die Europäische Union – ein Gebilde sui generis?«, in: Wolf, Klaus-Dieter (Hg.), *Projekt Europa im Übergang? Probleme, Modelle und Strategien des Regierens in der Europäischen Union*, Baden-Baden, S. 15–35.

— (2001), The governance approach to European Integration, in: *Journal of Common Market Studies 39,* 2, S. 245-264.

— (2002), *Die Konstruktion Europas – Verfassungsideen und institutionelle Entwicklung*, Baden-Baden.

Jachtenfuchs, Markus/Kohler-Koch, Beate (2003), »Regieren und Institutionenbildung«, in: Jachtenfuchs, Markus/Kohler-Koch, Beate (Hg.), *Europäische Integration*, Opladen, S. 11-46.

Jessop, Bob (1999), Globalisierung und Nationalstaat. Imperialismus und Staat bei Nicos Poulantzas – 20 Jahre später., in: *PROKLA 116 29,* 3, S. 469-495.

Jochum, Heike (2006), Zur Fortsetzung der Rechtssache Marks & Spencer: Gestattet das europäische Gemeinschaftsrecht eine »geltungserhaltende Reduktion« des nationalen Steuerrechts?, in: *Internationales Steuerrecht 15,* 18, S. 621-623.

Keman, Hans (2000), »Federalism and policy performance. A conceptual and empirical inquiry.«, in: Wachendorfer-Schmidt, Ute (Hg.), *Federalism and Political Performance*, London and New York, S. 196–227.

Kenyon, Daphne A. / Kincaid, John (1991) (Hg.), *Competition among States and Local Governments: Efficiency and Equity in American Federalism*, Washington, D.C.

Kessler, Wolfgang/Spengler, Christoph (2003), Der EG-Vertrag birgt Sprengstoff für das Steuerrecht – Mehr als 100 deutsche Normen stehen unter Verdacht, *Frankfurter Allgemeine Zeitung* 30.7.2003, S. 17.

Kincaid, John (1991), »The Competitive Challenge to Cooperative federalism: A Theory of Federal Democracy«, in: Kenyon, Daphne A. /Kincaid, John (Hg.), *Competition among States and Local Governments: Efficiency and Equity in American Federalism*, Washington, D.C.

Klatt, Hartmut (1982), Parlamentarisches System und bundesstaatliche Ordnung – Konkurrenzföderalismus als Alternative zum kooperativen Bundesstaat, in: *Aus Politik und Zeitgeschichte,* 31, S. 3-24.

Knill, Christoph (2005), »Die EU und die Mitgliedstaaten«, in: Holzinger, Katharina/Knill, Christoph/Peters, Dirk/Rittberger, Berthold/Schimmelfennig,

Frank/Wagner, Wolfgang (Hg.), *Die Europäische Union: Theorien und Analysekonzepte*, Paderborn, S. 153-180.

Koalitionsvertrag von CDU, CSU und SPD (2005), *Gemeinsam für Deutschland. Mit Mut und Menschlichkeit*, Berlin.

Kohler-Koch, Beate (1998), »Einleitung. Effizienz und Demokratie: Probleme des Regierens in entgrenzten Räumen«, in: Kohler-Koch, Beate (Hg.), *Regieren in entgrenzten Räumen*, Opladen, S. 11-25.

Kokott, Juliane (2004), Tendenzen der EuGH Rechtsprechung: Diskriminierung / Kohärenz / Meistbegünstigung, vorgestellt auf der Veranstaltung »Tendenzen der Europäischen Unternehmensbesteuerung – 21. Tagung zur Internationalen Besteuerung«, Hamburg, 3. Dezember 2004.

Kommission der Europäischen Gemeinschaften (1970), *Memorandum betreffend die Industriepolitik der Gemeinschaft*, Bundestags-Drucksache VI/606.

— (1972), *Vorschläge von Richtlinien des Rates auf dem Gebiet der Sonderverbrauchsteuern und ihnen gleichzusetzenden Steuern*, Bulletin der Europäischen Gemeinschaften Beilage 3/72, Brüssel.

Kommission für die Finanzreform (1966), *Gutachten über die Finanzreform in der Bundesrepublik Deutschland (Tröger-Gutachten)*, Stuttgart.

Krasner, Stephen D. (1991), Global communications and national power. Life on the Pareto Frontier, in: *World Politics 43,* 3, S. 336-366.

Krause-Junk, Dr. Gerold/Lehner, Moritz/Weichenrieder, Alfons (2002), Besteuerung multinationaler Unternehmen – wie sind die Vorschläge der EU-Kommission zu bewerten?, in: *Ifo-Schnelldienst 55,* 2, S. 3–11.

Kuntze, Christian (1999), *Die Kompetenzen der Europäischen Gemeinschaft auf dem Gebiet des Steuerrechts*, Frankfurt a.M.

Lassalle, Ferdinand (1893), *Die indirekte Steuer und die Lage der arbeitenden Klassen. Eine Vertheidigungs-Rede vor dem königl. Kammergericht zu Berlin gegen die Anklage, die besitzlosen Klassen zum Haß und zur Verachtung gegen die Besitzenden öffentlich angereizt zu haben.*, Berlin.

Laufer, Heinz/Münch, Ursula (1998), *Das föderative System der Bundesrepublik Deutschland*, Opladen.

Lehmbruch, Gerhard (2002), *Der unitarische Bundesstaat in Deutschland: Pfadabhängigkeit und Wandel*, MPIfG Working Paper, 02/2, Köln.

Leibfried, Stephan/Zürn, Michael (2005) (Hg.), *Transformations of the State?*, Cambridge.

Lenk, Thomas/Schneider, Friedrich (1999) (Hg.), *Zurück zum Trennsystem als Königsweg zu mehr Föderalismus in Zeiten des »Aufbau Ost«?*, Arbeitspapier Nr. 9805, Linz.

Lepoivre, Hélène (2003), *Staatlichkeit und Souveränität in der Europäischen Union am Beispiel Frankreichs*, Berlin.

Lindberg, Leon N. (1963), *The political dynamics of European Economic Integration*, Stanford.

Lindner, Christian (2002), Demontierter Streibegriff oder fundierte Reformperspektive? Finanzpolitische Aspekte des Wettbewerbsföderalismus, in: *liberal,* 2, S. 15-18.

Litfin, Karen T. (1997), Sovereignty in World Ecopolitics, in: *Mershon International Studies Review 41*, 2, S. 167-204.

Loth, Wilfried/Wessels, Wolfgang (2001) (Hg.), *Theorien europäischer Integration*, Opladen.

Lübbe, Hermann (1994), *Abschied vom Superstaat, Vereinigte Staaten von Europa wird es nicht geben*, Berlin.

Luda, Manfred (1963), Wettbewerbsneutral durch Systemwechsel, *Der Volkswirt* 10.3.1963, S. 10-11.

Maier, Matthias Leonhard (2003), »Wissens- und ideenorientierte Ansätze in der Politikwissenschaft: Versuch einer systematischen Übersicht«, in: Maier, Matthias Leonhard, u.a. (Hg.), *Politik als Lernprozess: wissenszentrierte Ansätze der Politikanalyse*, Opladen, S. 25-77.

Mann, Fritz Karl (1937), *Steuerpolitische Ideale – Vergleichende Studien zur Geschichte der ökonomischen und politischen Ideen und ihres Wirkens in der öffentlichen Meinung 1600-1935*, Jena.

Martín Jiménez, Adolfo J. (1997), *An institutional comparative analysis of company taxation in the European Community*, Florenz.

Mersmann, Wolfgang (1959/60), Die Ausgleichung und Harmonisierung der Steuersysteme, in: *Steuerberater Jahrbuch 11*, S. 35-83.

— (1963), Das künftige EWG-Steuerrecht, in: *Deutsche Steuer-Zeitung 51*, 18, S. 293-296.

Mette, Stefan (1994), *Europäischer Binnenmarkt und Mehrwertsteuerharmonisierung. Entscheidungsprozesse in der Europäischen Gemeinschaft*, Baden-Baden.

Mintz, Jack M. (1995), Corporation tax: A survey, in: *Fiscal Studies 16*, S. 23-68.

Mintz, Jack/Tulkens, Henry (1986), Commodity Tax Competition Between Member States of a Federation: Equilibrium and Efficiency, in: *Journal of Public Economics 11*, 2, S. 133-172.

Mintz, Jack/Weiner, Joann Martens (2003), Exploring Formula Allocation for the European Union, in: *International Tax and Public Finance 10*, S. 695-711.

Morath, Konrad (1999) (Hg.), *Reform des Föderalismus. Beiträge zu einer gemeinsamen Tagung von Frankfurter Institut und Institut der Deutschen Wirtschaft*, Bad Homburg.

Moravcsik, Andrew (1993), Preferences and power in the European Community: A liberal intergovernmentalist approach, in: *Journal of Common Market Studies 31*, 4, S. 473-524.

Mors, Matthias (2001), »Der EU-Verhaltenskodex zur Unternehmensbesteuerung«, in: Müller, Walter/Fromm, Oliver/Hansjürgens, Bernd (Hg.), *Regeln für den europäischen Steuerwettbewerb*, Marburg, S. 197-215.

— (2006), Der Steuerwettbewerb in der EU: Erfahrungen mit dem Verhaltenskodex zur Unternehmensbesteuerung, vorgestellt auf der Veranstaltung »Harmonisierung – Kooperation – Wettbewerb. Steuerpolitische Vorschläge in und für Europa.«, Konferenz der Friedrich-Ebert-Stiftung, Berlin, 4.-5. Dezember 2006.

Mouffe, Chantal (1979), »Hegemony and ideology in Gramsci«, in: Chantal, Mouffe (Hg.), *Gramsci and Marxist Theory*, London, S. 168-204.

Müller, Klaus/Meyer, Bettina (2002), Leichter gesagt als getan, in: *politische ökologie 20,* 77-78, S. 49-50.

Neyer, Jürgen/Wolf, Dieter (1996), Zusammenfügen was zusammengehört! Zur Notwendigkeit eines Brückenschlages zwischen alten und neuen Fragestellungen in der Integrationsforschung, in: *Zeitschrift für Internationale Beziehungen 3,* 2, S. 399-423.

Nonhoff, Martin (2006), *Politischer Diskurs und Hegemonie*, Bielefeld.

Nowotny, Ewald (1991), *Der öffentliche Sektor. Einführung in die Finanzwissenschaft*, Berlin.

Nullmeier, Frank (2006), »Links – Rechts«, in: Lessenich, Stephan/Nullmeier, Frank (Hg.), *Deutschland – eine gespaltene Gesellschaft*, Frankfurt a.M.

Oates, Wallace E. (1972), *Fiscal federalism*, New York.

Olson, Mancur (1969), The Principle of »Fiscal Equivalence«: The Division of Responsibilities among Different Levels of Government, in: *The American Economic Review 59,* 2, S. 479-487.

Oppermann, Thomas (1993), »Der Maastrichter Unionsvertrag – Rechtspolitische Wertung«, in: Hrbek, Rudolf (Hg.), *Der Vertrag von Maastricht in der wissenschaftlichen Kontroverse*, Baden-Baden, S. 103-120.

Overbeek, Henk (2000), »Auf dem Weg zu einer neo-gramscianischen Theorie der Integration – das Beispiel der Steuerharmonisierung«, in: Bieling, Hans-Jürgen/Steinhilber, Jochen (Hg.), *Die Konfiguration Europas: Dimensionen einer kritischen Integrationstheorie*, Münster, S. 162-188.

Painter, Martin (1991), Intergovernmental Relations in Canada: An Institutional Analysis, in: *Canadian Journal of Political Science 24,* 2, S. 269-288.

Palan, Ronen (2002), Tax Havens and the Commercialization of State Sovereignty, in: *International Organization 56,* 1, S. 151-176.

Parsche, Rüdiger/Seidel, Bernhard/Teichmann, Dieter (1988), *Die Beseitigung von Steuergrenzen in der Europäischen Gemeinschaft*, Berlin.

Passerini, Paolo (2000), *Starker Zuwachs der Direktinvestitionen zwischen den EU-Mitgliedstaaten*, Luxemburg.

Patterson, Ben (2001), *Tax Co-ordination in the EU – the latest Positions*, Luxembourg.

Peffekoven, Rolf (1993), Finanzausgleich im Spannungsfeld zwischen allokativen und distributiven Zielsetzungen, in: *Beihefte der Konjunkturpolitik,* 41, S. 11-27.

Perraton, Jonathan/Goldblatt, David/Held, David/Mc Grew, Anthony (1998), »Die Globalisierung der Wirtschaft«, in: Beck, Ulrich (Hg.), *Politik der Globalisierung*, Frankfurt a.M.

Pierson, Paul (2000), Increasing returns, path dependence, and the study of politics, in: *American Political Science Review 94,* 2, S. 251-267.

Puchala, Donald J. (1984), *Fiscal harmonization in the European Communities. National politics and international cooperation*, London.

Quaritsch, Helmut (1986), *Souveränität : Entstehung und Entwicklung des Begriffs in Frankreich und Deutschland vom 13. Jh. bis 1806*, Berlin.

Radaelli, Claudio M. (1997), *The Politics of Corporate Taxation in the European Union. Knowledge and international policy agendas*, London, New York.

— (2003), »The Europeanization of Public Policy«, in: Featherstone, Kevin/Radaelli, Claudio M. (Hg.), *The Politics of Europeanization*, Oxford, S. 27-56.

Randzio-Plath, Christa (1999), Steuerpolitik in der Union: keine Reklame für den Binnenmarkt, in: *Wirtschaftsdienst 79*, 11, S. 665-670.

Rasch, Steffen (1994), Zinsbesteuerung. Vereinheitlichung als Selbstzweck, in: *EU-Magazin (Baden-Baden) 11*, S. 7-8.

Risse, Thomas (2003), »Konstruktivismus, Rationalismus und Theorien Internationaler Beziehungen – warum empirisch nichts so heiß gegessen wird, es es theoretisch gekocht wurde«, in: Hellmann, Gunther/Wolf, Klaus Dieter/Zürn, Michael (Hg.), *Die neuen Internationalen Beziehungen*, Baden-Baden, S. 99-132.

Rixen, Thoma/Rohlfing, Ingo (2004), Bilateralism and Multilaterlism: Institutional Choice in International Cooperation, vorgestellt auf der Veranstaltung »American Political Science Association Meeting«, Chicago, 3.-7. September 2004.

Rixen, Thomas (2006), Die institutionellen Grundlagen des globalen Steuerwettbewerbs, vorgestellt auf der Veranstaltung »Harmonisierung – Kooperation – Wettbewerb. Steuerpolitische Vorschläge in und für Europa«, Konferenz der Friedrich-Ebert-Stiftung, Berlin, 4.-5. Dezember 2006.

— (2007), *The Political Economy of Global Tax Governance. Institutional Choice and Development in International Taxation*, Dissertation, Jacobs University Bremen.

Rosenfeld, Martin T.W. (1999), Wo stehen wir mit dem kooperativen Föderalimus in Deutschland?, in: *Beihefte der Konjunkturpolitik*, 49, S. 55-101.

Sassen, Saskia (1998), Zur Einbettung des Globalisierungsprozesses: Der Nationalstaat vor neuen Aufgaben, in: *Berliner Journal für Soziologie 8*, 3, S. 345-357.

— (2006), *Territory, Authority, Rights. From Medieval to Global Assemblages*, Princeton.

Schäffle, Albert (1873), *Das gesellschaftliche System der menschlichen Wirtschaft*, Tübingen.

Schanz, Georg (1892), Zur Frage der Steuerpflicht, in: *Finanz-Archiv 9*, S. 32-43.

Scharpf, Fritz W. (1985), Die Politikverflechtungs-Falle: Europäische Integration und deutscher Föderalismus im Vergleich, in: *Politische Vierteljahresschrift 26*, S. 323-256.

— (1994), *Optionen des Föderalismus in Deutschland und Europa*, Frankfurt a.M.

— (1999a), »Föderale Politikverflechtung: Was muss man ertragen? Was kann man ändern?«, in: Morath, Konrad (Hg.), *Reform des Föderalimus*, Bad Homburg, S. 23-36.

— (1999b), *Regieren in Europa. Effektiv und demokratisch?*, Frankfurt a.M.

— (2005), *Recht und Politik in der Reform des deutschen Föderalismus*, MPIfG Working Paper, 05/6, Köln.

Schatz, Heribert/van Ooyen, Robert Chr./Werthes, Sascha (1999), *Wettbewerbsföderalismus: Inhaltsanalytische Untersuchung zur Karriere des Themas in der deutschen Presse und Kritik der Anreizthese. Gutachten erstellt im Auftrag der Freien und Hansestadt Hamburg, des Landes Brandenburg, der Freien Hansestadt Bremen, des Landes Mecklenburg-Vorpommern, des Landes Niedersachsen und des Landes Sachsen-Anhalt*, Duisburg.

Scheipers, Thomas/Maywald, Andreas (2006), Zur Vereinbarkeit des § 20 Abs. 2 AStG mit EG-Recht unter Berücksichtigung der Ausführungen des Generalanwalts Léger in der Rs. Cadbury Schweppes, in: *Internationales Steuerrecht 15,* 14, S. 472-477.

Scheunemann, Marc P. (2005), EuGH-Urteile gelten auch rückwirkend: Haushaltsrisiken für Mitgliedsländer, *Frankfurter Allgemeine Zeitung* 13.4.2005, S. 25.

Schlegelmilch, Kai (1999) (Hg.), *Green budget reform in Europe. Countries at the forefront,* Berlin.

— (2002), Zehn Jahre und kein bisschen Fortschritt?, in: *politische ökologie 20,* 77-78, S. 51-53.

Schmidt, Vivien A./Radaelli, Claudio M. (2004), Policy Change and Discourse in Europe: Conceptual and Methodological Issues, in: *West European Politics 27,* 2, S. 183-210.

Schmitt, Michael (2005), Ausflug in die Rechtsprechung des EUGH zu den Ertragsteuern – Auswirkungen auf das deutsche Steuerrecht, Vortrag gehalten vor dem »Rechts- und Steuerausschuss« der IHK Nordschwarzwald.

Schmitter, Philippe C. (1969), Three neo-functional hypotheses about international integration, in: *International Organization 23,* 1, S. 161-166.

Schmölders, Günter (1953a), Der Steuerstreit in der Montanunion, in: *Archiv des öffentlichen Rechts 79,* 2, S. 91-106.

— (1953b), *Organische Steuerreform. Grundlagen, Vorarbeiten, Gesetzentwürfe,* Berlin.

Schneider, Volker/Werle, Raymund (1989), »Vom Regime zum korporativen Akteur. Zur institutionellen Dynamik der Europäischen Gemeinschaft«, in: Kohler-Koch, Beate (Hg.), *Regime in den internationalen Beziehungen,* Baden-Baden, S. 409-434.

Schratzenstaller, Margit (2002), *Steuerwettbewerb und Steuerpolitik in der Europäischen Union – Sachstand und Alternativen,* Studie im Auftrag der PDS-Delegation in der Konföderalen Fraktion der Vereinten Europäischen Linken/Nordische Grüne Linke (GUE/NGL) im Europäischen Parlament, Reihe Materialien Nr. 2, Brüssel.

— (2004), Company tax competition in an Enlarged EU, vorgestellt auf der Veranstaltung »1st Euroframe Conference on Economic Policy Issues in the European Union ›Fiscal Policies in the European Union‹«, Paris, Juni 2004.

Schumpeter, Joseph (1918), *Die Krise des Steuerstaats,* Graz.

Schwarz, Peter (2007), Does Capital Mobility Reduce the Corporate-Labor Tax Ratio?, in: *Public Choice,* im Erscheinen.

Seidel, Bernhard/Vesper, Dieter (1999), Fiscal Federalism – an International Comparison, in: *Vierteljahreshefte zur Wirtschaftsforschung 68,* 3, S. 449-472.

Serrano, Ben Patterson and Alicia Martinez (1998), *Tax competition in the European Union,* Strassbourg.

Sinn, Hans-Werner (1990), Tax harmonization and tax competition in Europe, in: *European Economic Review 34,* 2-3, S. 489-504.

— (1994), Wieviel Brüssel braucht Europa? Subsidiarität, Zentralisierung und Fiskalwettbewerb im Lichte der ökonomischen Theorie, in: *Staatswissenschaften und Staatspraxis 5,* S. 155-186.

Smith, Stephen (1988), Excise Duties and the Internal Market, in: *Journal of Common Market Studies 27(2), 147-160.*

— (1993), »Subsidiarity« and the co-ordination of indirect taxes in the European Community, in: *Oxford Review of Economic Policy 9,* 1, S. 67-94.

Sorensen, Bent E. (2002), *To Harmonise or not to Harmonise?*, CESifo Forum, 3, S. 31-37.

Sorensen, Peter B. (2005), Dual Income Taxation: Why and How?, in: *Finanz-Archiv 64,* 4, S. 559-586.

Spengel, Christoph (2002), *Inwieweit eignen sich die International Accounting Standards für die steuerliche Gewinnermittlung?*, ZEW Discussion Paper, Mannheim.

Steichen, Alain (1997), »Der Gleichheitssatz im Europäischen Steuerrecht«, in: Burmester, Gabriele/Endres, Dieter (Hg.), *Aussensteuerrecht, Doppelbesteuerungsabkommen und EU-Recht im Spannungsverhältnis. Festschrift für Helmut Debatin zum 70. Geburtstag,* München.

Stewart, Kenneth/Webb, Michael (2006), International competition in corporate taxation: evidence from the OECD time series, in: *Economic Policy January*, S. 153-201.

Stone Sweet, Alec/Sandholtz, Wayne (1997), European integration and supranational governance, in: *Journal of European Public Policy 4,* 3, S. 297-317.

Stotsky, Janet G./Sunley, Emil M. (1997), »United States«, in: Ter-Minassian, Teresa (Hg.), *Fiscal federalism in theory and practice*, Washington D.C., S. 359-383.

Sunley, Emil M. /Stotsky, Janet G. (1998), »The United States«, in: Messere, Ken (Hg.), *The tax system in industrialized countries*, Oxford, S. 377-430.

Suntum, Ulrich van (1999), »Die Idee des wettbewerblichen Föderalimus«, in: Morath, Konrad (Hg.), *Reform des Föderalismus*, Köln, S. 13-22.

Swank, Duane/Steinmo, Sven (2002), The new political economiy of taxation in advanced capitalist democracies, in: *American Journal of Political Science 46,* 3, S. 642-655.

Takacs, Peter (1998), *Das Steuerrecht der Europäischen Union: unter besonderer Berücksichtigung der Regelungen Österreichs und Deutschlands*, Wien.

Tempel, Arnold J. van den (1970), *Impôt sur les sociétés et impôts sur le revenu dans les Communautés européennes*, Luxembourg.

Terra, Ben/Wattel, Peter (2001), *European Tax Law*, London.

Themaat, Pieter Verloren van (1966), Die Steuerharmonisierung in der EWG, in: *Der Betrieb 19*, S. 834-840.

Thiel, Servaas van (2003), Removal of Income Tax Barriers to Market Integration in the European Union: Litigation by the Community Citizen instead of Harmonization by the Community Legislature?, in: *EC Tax Review 12,* 1, S. 4-19.

Tiebout, Charles M. (1956), A Pure Theory of Public Expenditures, in: *Journal of Political Economy 65*, S. 416-424.

Trittin, Jürgen (2002), Wirksamkeitstest bestanden, in: *politische ökologie 20,* 77-78, S. 38-40.

Tsebelis, George/Garrett, Geoffrey (2001), The institutional foundations of intergovernmentalism and supranationalism in the European Union, in: *International Organization 55,* 2, S. 357-390.

Tsoukalis, Loukas (1997), *The New European Economy Revisited*, Oxford.

— (2005), *What Kind of Europe?*, Oxford.

Uhl, Susanne (2005), *Zurück in die Zukunft! Ein Parforce-Ritt durch die neuzeitliche Steuergeschichte*, Sonderforschungsbereich 597 »Staatlichkeit im Wandel«, TranState Working Paper, 30, Bremen.

— (2006a), Die Gebührengesellschaft. Kehrt die Steuerpolitik zu ihren Anfängen zurück?, in: *vorgänge 45,* 2, S. 15-22.

— (2006b), Time for a Tea Party? Why Tax Regimes beyond the Nation States Matter, and Why Citizens Should Care, in: *European Review 14,* 4, S. 565-585.

Uhl, Susanne/Rixen, Thomas (2007), *Unternehmensbesteuerung europäisch gestalten – mitgliedstaatliche Handlungsspielräume gewinnen*, Gutachten für die Friedrich-Ebert-Stiftung, Berlin.

Vanberg, Viktor/Kerber, Wolfgang (1994), Institutional Competition Among Jurisdictions: An Evolutionary Approach, in: *Constitutional Political Economy 5,* 2, S. 193-219.

VerLoren van Themaat, Pieter (1966), Die Steuerharmonisierung in der EWG, in: *Der Betrieb,* 22, S. 834-840.

Vogel, Klaus (1990), *Doppelbesteuerungsabkommen der Bundesrepublik Deutschland auf dem Gebiet der Steuern vom Einkommen und Vermögen: Kommentar auf der Grundlage der Musterabkommen*, München.

Wathelet, Melchior (2006), Direct Taxation and European Law (the recent case law of the ECJ), vorgestellt auf der Veranstaltung »CFE Forum«, Brüssel, 27. April 2006.

Weichenrieder, Alfons J. (2000), *Fiskalföderalismus und Europäische Integration*, München.

— (2005), *(Why) Do We Need Corporate Taxation?*, CESifo Working Paper, 1495, Online: http://www.cesifo-group.de/~DocCIDL/cesifo1_wp1495.pdf, letzter Zugriff: 5. Juli 2006.

Weiner, Joann E. (1992), »Steuerkoordinierung und -konkurrenz in den Vereinigten Staaten von Amerika«, in: Europäische Kommission (Hg.), *Bericht des unabhängigen Sachverständigenausschusses zur Unternehmensbesteuerung (Ruding-Bericht)*, Brüssel, BT-Drucksache 13/4138, Anhang 9c.

Wendt, Rudolf (1996), »Finanzverfassung im Spannungsfeld zwischen Zentralstaat und Gliedstaaten«, in: Pommerehne, Werner W./Ress, Georg (Hg.), *Finanzverfassung im Spannungsfeld zwischen Zentralstaat und Gliedstaaten*, Baden-Baden, S. 17-33.

Wessels, Wolfgang (2000), *Die Öffnung des Staates. Modelle und Wirklichkeit grenzüberschreitender Verwaltungspraxis*, Opladen.

— (2005), »Theoretischer Pluralismus und Integrationsdynamik: Herausforderungen für den »acquis académique««, in: Bieling, Hans-Jürgen/Lerch, Marika (Hg.), *Theorien der europäischen Integration*, Wiesbaden, S. 427-457.

Windisch, Rupert (1998), Modellierung von Systemwettbewerb: Grundlagen, Konzepte, Thesen, in: *Jahrbuch für neue politische Ökonomie 17*, S. 121-154.

Wirtschafts- und Sozialausschuss (2002), *Direktbesteuerung von Unternehmen. Stellungnahme des Wirtschafts- und Sozialausschusses (2002/C 241/14)*, Brüssel.

Wissenschaftlicher Beirat beim Bundesfinanzministerium (1953), *Organische Steuerreform*, Bonn.

— (1962), *Probleme der Netto-Umsatzbesteuerung*, Bonn.

— (1982), *Gutachten zur Reform der Gemeindesteuern in der Bundesrepublik Deutschland*, Bonn.

Wissenschaftlicher Dienst des Deutschen Bundestages (1989), *Die Harmonisierung der Mehrwert- und Verbrauchsteuern im Hinblick auf den europäischen Binnenmarkt*, Bonn.

Witt, Peter-Christian (1992), »Finanzen und Politik im Bundesstaat – Deutschland 1871-1933«, in: Huhn, Jochen /Witt, Peter-Christian (Hg.), *Föderalismus in Deutschland: Traditionen und gegenwärtige Probleme*, Baden-Baden, S. 75-99.

Ziltener, Patrick (1999), *Strukturwandel der europäischen Integration. Die Europäische Union und die Veränderung von Staatlichkeit*, Münster.

— (2000), »Die Veränderungvon Staatlichkeit in Europa – regulations- und staatstheoretische Überlegungen«, in: Bieling, Hans-Jürgen/Steinhilber, Jochen (Hg.), *Die Konfiguration Europas: Dimensionen einer kritischen Integrationstheorie*, Münster, S. 73-101.

Zito, Anthony (2002), »Integrating the Environment into the European Union: The History of the Controversial Carbon Tax«, in: Jordan, Andrew (Hg.), *Environmental Policy in the European Union – Actors, Institutions and Processes*, Sterling, VA, S. 241-255.

Zürn, Michael (1998), *Regieren jenseits des Nationalstaates*, Frankfurt a.M.

— (2003), »Die Entwicklung der Internationalen Beziehungen im deutschsprachigen Raum nach 1989«, in: Hellmann, Gunther/Wolf, Klaus Dieter/Zürn, Michael (Hg.), *Die neuen Internationalen Beziehungen. Forschungsstand und Perspektiven in Deutschland*, Baden-Baden, S. 21-46.